이병원 지음

머리말

최근에 괴테Johann Wolfgang von Goethe의 〈이탈리아 기행Italienische Reise〉을 읽었어요. 괴테는 1786년에 이탈리아를 2년에 걸쳐 여행했어요. 바이마르 공화국Weimarer Republik의 재상을 지낸 분의 여행기라서 특별히 관심을 갖고 읽었어요.

괴테가 238년 전에 30대 후반의 나이로 이탈리아 여행을 하면서 기행문을 남긴 이유는 고향에 있는 친구들에게 소식을 전하기 위함이었어요. 당시에는 인터넷이 있는 것도 아니고 카톡이 있는 것도 아니었으니, 유일한 소통 방법은 우편이었겠죠.

우편으로 이탈리아 여행기를 고향 친구들에게 보내면 한 달이 넘어야 전달이 되었어요. 여행 중에 쓴 원고를 받은 출판사로부터의 답신 또한 한 달 열흘이 지나야 수신할 수 있음을 알았어요. 아직 독일이라는 나라도 생기기 전에 바이마르 공화국과 도시국가였던 베네치아, 밀라노, 피렌체, 제노바 그리고 나폴리 공화국 간에 우편 교환이 가능했다는 사실이 신기합니다. 더군다나 괴테가 한 곳에 머문 것이 아니라 이탈리아 북부로부터 남쪽의 나폴리 그리고 시칠리아 섬까지 이동 중이었음에도 본국과 서신을 주고받았다는 사실이 경이롭기만 합니다.

사실 저도 십 수 년 전에 저의 카친들에게 여행 중의 소식을 전한 글들을 모아 〈아프리카 여행 스케치〉와 〈인도, 네팔, 스리랑카 여행 스케치〉를 발간했어요. 물론 괴테가 쓴 기행문이 품위가 더 있지요. 그러나 괴테와 제가 시칠리아를 여행한 시차가 약 240년 정도 차이가 나다 보니 제가 괴테보다 더 호사스런 여행을 했어요. 괴테는 마차를 탔고, 때로는 마구간에서 잠을 자기도 했지만 저는 비행기로 가서 현대적인 자동차로 움직이며 호텔에서 묵었으니 괴테보다 더 럭셔리한 여행을 한 셈입니다. 창덕궁 후원에 전시한 고종황제의 차보다 저의 차가 성능이 훨씬 뛰어난 것과 같은 이야기죠.

괴테는 시칠리아의 팔레르모와 메시나 지역을 둘러보았지만, 저는 팔레르모와 메시나 지역 외에 시라쿠사와 카타니아 그리고 아그리젠토에 더해 몰타까지 여행했어요. 이는 현대 문명의 혜택과 과학기술 발전의 혜택을 괴테보다 제가 더 많이 받은 결과라고 여겨집니다. 특히 교통수단의 획기적인 발달과 관광산업의 인프라가 비교할 수 없을 정도로 발달했기 때문입니다. 이런 환경과 처지를 허락하신 하나님께 감사할 따름입니다.

지중해를 둘러싼 나라들이 많지만 본 여행기에서는 시칠리아(이탈리아의 자치구), 몰타, 모로코, 이집트, 스페인과 포르투갈을 스케치했어요. 아드리아해의 여러 나라들 중에서는 크로아티아, 슬로베니아, 보스니아 헤르체코비나 그리고 몬테네그로를 스케치해 보았어요. 이번에 다루지 못한 나라들은 추후 보완하여 발간할 것임을 약속드립니다.

현재 준비 중인 〈중·남미 여행 스케치〉와 〈북해, 발트해 여행 스케치〉도 기대해 주세요. 마지막으로 추천사를 써 주신 분들께 감사의 말씀을 드립니다.

이병원

추천사

박신배
(전 강서대학교 총장. 현 구약학 교수)

여행은 바로 인생의 여정이다. 이번 이병원 교수의 〈지중해 아드리아해 여행 스케치〉는 이러한 순례 여행기의 최고 절정의 묘미를 보여 주는 책이요, 마르코 폴로의 〈동방견문록〉에 비견되는 책이라고 생각된다. 이 〈동방견문록〉은 원나라의 여행기를 기록하여 유럽 사람들에게 소개함으로 대항해 시대를 연 저서이다.

〈동방견문록〉은 마르코 폴로가 1296년 베네치아 제노바 전쟁에서 제노바의 포로가 되어 감옥에 갇혀 있을 때 같이 있던 죄수가 마르코 폴로의 이야기를 듣고 글로 기록한 것이다. 마르코 폴로는 두 번에 걸친 여행을 통해 여행서의 표본을 보였다. 그는 아버지 니콜로와 삼촌인 마페오와 함께 무역을 하며 흑해 연안과 볼가강 유역을 갔다가 부하라(우즈베키스탄)을 거쳐 베이징까지 여행하였다. 또 몽고(원나라) 쿠빌라이 칸의 요청으로 로마 교황의 친서를 지참하고 17년간 중국에서 보낸 후 이탈리아로 돌아오는 이야기를 하고 있다.

이를 통해 페르시아까지 서아시아, 중앙아시아, 일본, 원나라의 수도, 중국의 북부, 서남부, 동남부, 인도양, 대초원 등을 상세히 기술한다. 이 〈동방견문록〉을 통해 만두가 피자가 되고 중국의 국수가 스파게티 음식문화가 새로 발생하는 일이 생긴다. 음식 문화의 발전에 신기원이 생긴 것이다. 이처럼 동서양의 문화 교류뿐만 아니라 새로운 세기, 새로운 시대New Epoch를 여는 촉매제가 되었던 것을 기억한다.

이병원 교수의 〈지중해 아드리아해 여행 스케치〉는 제1부 시칠리아(지중해, 아! 이탈리아, 시칠리아로의 여정, 아! 시칠리아, 타오르미나에서 정명훈을 대면하다, 카스텔 몰라, 불 뿜는 에트나 화산, 카타니아의 성녀 아가타와 작곡가 벨리니, 체팔루와 시네마 천국, 시칠리아 주도 팔레르모와 몬레알레 대성당, 아그리젠토와 신전들의 계곡, 시라쿠사와 아르키메데스, 산타 루치아 성녀와 영화 〈몰레나〉, 시칠리아의 이모저모), 제2부 몰타(아~ 몰타, 발레타와 성 요한 기사단, 마르사실로크와 고르바초프, 산파울일바하르, 그리고 사도 바울과 뽀빠이, 고조 섬, 임디나와 딩글리 절벽, 발레타 트리톤 분수와 성 요한 기사단장 발레트, 발레타 어퍼 바라카 가든과 BTS, 성 요한 대성당과 카라바조의 세례요한이 참수, 메리에하의 2차 세계대전 방공호와 키프로스, 사도 바울 신앙의 원점인 구브로 섬), 제3부 이집트와 모로코, 제4부 스페인과 포르투갈, 제5부 크로아티아, 슬로베니아, 보스니아 헤르체코비나 몬테네그로(끝으로 코토르와 포드고리차) 등으로 구성되어 있다.

이 여행지를 저자는 유머의 대가로서 '유머학의 아버지 이병원 교수'와 함께 독서 여행을 떠나면서 박식하고 해박한 일명 〈서방 견문록〉(일 밀레오네 - 백만 가지 이야기, 지식 백만장자의 책)을 보게 된다. 이 책을 통해 독자들은 서양의 문물이 어떻게 기원하는지, 문화와 역사, 정치와 경제 등 다각도의 새로운 관점과 폭넓은 지식을 얻을 뿐 아니라 포스트 팬데믹 시대의 세계 흐름과 문화의 대변혁에 대하여 예측할 수 있게 될 것이다. 4년여의 기나긴 팬데믹 증후군은 새로운 시대와 세기를 여는 지혜가 필요함을 우리에게 알려 주었다. 스페인과 포르투갈은 바로 신대륙을 여는 콜럼버스의 새 항해 시대가 이루어진 곳이고, 사도 바울의 기독교 목표지가 되었던 서바나이기에 우리는 많은 통찰력과 그 예시력을 얻을 수 있을 것이다.

이병원 교수는 여러 박사 학위자답게 문화의 빛, 전령자로서 오늘의 시대와 문화의 나침반 같은 역할을 한다. 특히 문화의 빛과 진리의 소유자로서 진리의 선구자(헤럴드)의 역할을 하고 있음을 이 책에서 포착할 수 있다. 김찬삼 선생, 세계 여행가의 후계자로서 동서양을 넘나들며 엘리트 지식인의 지혜와 지식을 가진 것을 보게 될 것이다. 뿐 아니라 팬데믹 시대의 문명사를 예언하는 듯하는 저술의 면모를 아울러 보게 될 것이다. 그는 아프리카에서 문명의 원형을 찾고 사도 바울의 여행지와 문화사 변천지를 보면서 바울의 심정으로 여행기를 기록하고 있음을 깨닫게 될 것이다.

오늘날 시대는 종말을 향하여 달려가고 있는 빠른 열차, 고속 비행의 시대라고 일컬을 수 있다. 이러한 시대에 그는 '노아 방주'와 같은 혜안과 지혜를 제시하고 있어서 문명의 빛의 소개자와 예언자의 예지를 찾게 되리라 기대된다. 우리는 그와 같이 기쁨의 여행을 하면서 많은 은혜와 복을 누릴 수 있을 것이다. 이 책의 직접적인 탐독과 그와 함께하는 유머 세계 여행은 실로 우리들에게 큰 기쁨과 소소한 행복을 줄 것이다. 이에 적극적인 추천과 더불어 많은 사람들에게 구두 전파, 홍보를 부탁드리며 추천의 글에 갈음한다.

2023년 7월 7일

봉화산 기슭 서재에서 박신배

추천사

Georgia Central University 총장
Rev. Paul C. KIM, Ph.D.

이병원 교수님의 〈지중해 아드리아해 여행 스케치〉를 읽으면서 사도 바울을 떠올려 봅니다. 신학대학원에서 사도 바울 과목을 훌륭하게 가르치는 모 교수님이 바울의 3차 전도여행의 현장을 한 번도 찾아보지 않고서도 바울서신 강좌를 열심히 강의하는 모습을 떠올려 보면 이병원 교수는 지중해와 아드리아해를 여행하며 사도 바울의 전도여행의 현장을 몇 번이나 마주하며 자신의 신앙을 점검하는 계기로 삼았으리라 봅니다.

바울의 제1차 전도여행인 구브로 섬에서의 사건에서 보듯 우리는 자신의 신앙을 바나바처럼 자기보다 못한 사람을 위로 높이며 순종하는 삶을 살 수 있을까요?

사도 바울이 원래 '큰 자'란 의미의 사울에서 '작은 자'란 의미의 바울로 이름을 바꾼 곳이 바로 제1차 전도여행의 구브로 섬이었다는 사실입니다.

바울의 마지막 전도여행에서 멜리데(몰타)에서 타고 간 배가 난파되어 불시착한 현재의 몰타에서 뱀에 물려도 죽지 않은 초인적인 삶과 보블리오 부친의 불치병을 치료하고 하나님께서 맡겨 주신 사역을 훌륭하게 감당한 장면을 보며 목사로서 미국대학교의 총장으로서 맡겨진 사명을 잘 감당하고 있는지를 다시 한 번 점검할 수 있어서 <지중해 아드리아해 여행 스케치>를 쓰게 하신 하나님께 감사를 드립니다.

<지중해 아드리아해 여행스케치>는 단순한 여행기가 아니라 사도행전 29장에 넣어야 할 순례 행전이라 부르고 싶습니다.

저자의 <아프리카 여행 스케치>와 <인도, 네팔, 스리랑카 여행 스케치>에 이은 <지중해 아드리아해 여행 스케치>는 여행하며 현장의 역사와 문화를 놓치지 않고 위트와 유머로 승화시키는 저자만의 특유한 글쓰기 솜씨에 저로 하여금 살며시 미소를 짓게 합니다.

앞으로 발간될 이병원 교수의 중미와 남미의 여행 스케치를 설레는 마음으로 기대해 봅니다.

추천사

키르기스스탄 유라시아대학교 총장
Paul K. Chang

이병원 교수 하면 떠오르는 것이 독특한 수염이요, 사랑하고 존경하는 것이 있다면 열정과 거침없는 도전정신입니다. 아울러 그의 정신력과 체력이 늘 나에게 도전하는 마음과 감동을 불러 일으켰습니다.

자랑스러운 친구 이병원 교수의 <아프리카 여행 스케치>와 <인도, 네팔, 스리랑카 여행 스케치>에 이어 <지중해 아드리아해 여행 스케치>의 출간을 진심으로 축하합니다. 머지않아 내가 사는 중앙아시아 스텝초원을 가로 질러 옛 실크로드 선상의 키르기스스탄을 비롯한 5개 스탄으로 불리는 실크로드, 유라시아 여행 스케치를 발간할 날을 기대해 봅니다.

<지중해 아드리아해 여행 스케치>를 통해 시칠리아, 몰타, 모로코, 이집트, 스페인 그리고 포르투갈의 풍부한 역사와 문화 그리고 관광자원에 대한 설명을 읽노라면 내가 함께 여행을 다녀 온 듯한 느낌을 받습니다. 지중해를 둘러싼 유럽, 아프리카 그리고 중동이 오랜 기간 주도권을 잡으려고 침략하고 내어주는 반복된 역사가 고스란히 현재의 지중해에 남아

있음도 알 수 있었습니다.

　관광 전문가의 시각으로 지중해와 아드리아해를 스케치하였지만 행간들에서 10여 개의 각 나라들에 대한 역사와 문화 그리고 그들의 삶의 모습을 보고 느낄 수 있어서 여느 여행기행문에서는 느낄 수 없는 값진 인문학적 간접체험을 할 수 있어서 참 좋았습니다.

　아드리아해에 접한 국가들의 글을 읽으며 내가 사역하고 있는 키르기스스탄의 역사와 오버랩되는 장면들이 떠올랐습니다. 소련 치하에서 독립한 키르기스스탄이나 유고 연방의 해체 과정에서 태어난 신생 국가들이 겪은 폭력과 살상은 인간의 잔인한 역사의 뒤안길을 보는 듯하여 씁쓸한 전율감을 느꼈습니다. 이런 피비린내 나는 내전과 갈등을 겪고 난 아드리아해의 풍경은 그래서 더욱 영롱하고 아름답게 다가옵니다.

　지중해와 아드리아해를 방랑하며 때로는 유유자적하는 낭만을 즐기고, 때로는 냉혹한 현장의 아픔에 동참하며, 유머와 위트로 독자들에게 웃음을 선사하는 이병원 교수의 문필력에 찬사를 보냅니다. 〈지중해 아드리아해 여행 스케치〉를 읽고 나서 소감을 요약하면 이렇습니다.

　첫째, 진솔하고 재미있다. 둘째, 배울 것이 많아 유익하다. 셋째, 읽다 보면 시간 가는 줄 모른다.

　이병원 교수의 유라시아 여행스케치 발간을 기대하며 다시 한 번 〈지중해 아드리아해 여행 스케치〉 발간을 진심으로 축하합니다.

목차

머리말 _ 2
추천사 _ 4

01 시칠리아

지중해 _ 20
아~ 이탈리아 _ 29
시칠리아로의 여정 _ 32
아! 시칠리아 _ 37
타오르미나에서 정명훈을 대면하다 _ 41
카스텔 몰라 _ 47
불 뿜는 에트나 화산 _ 50
카타니아의 성녀 아가타와 작곡가 벨리니 _ 53
체팔루와 시네마 천국 _ 63
시칠리아의 주도 팔레르모와 몬레알레 대성당 _ 70
아그리젠토와 신전들의 계곡 _ 77
시라쿠사와 아르키메데스의 유레카! _ 85
산타 루치아 성녀와 영화 <말레나> _ 92
시칠리아의 이모저모 _ 100

02 몰타

아~ 몰타! _ 114

몰타의 수도 발레타와 성 요한 기사단 _ 120

어부 마을 마르사실로크와 고르바초프 _ 130

산파울일바하르와 뽀빠이 빌리지에서 사도 바울과 뽀빠이를 만나다 _ 139

고조 섬 탐방 _ 145

옛 수도 임디나와 딩글리 절벽 _ 155

발레타 트리톤 분수와 성 요한 기사단장 발레트 _ 163

발레타 어퍼 바라카 가든과 BTS _ 170

성 요한 대성당과 카라바조의 세례 요한의 참수 _ 176

멜리에하의 제2차 세계대전 방공호와 키프로스 _ 185

사도 바울 신앙의 원점인 구브로 섬을 지나며 _ 193

03 이집트/모로코

출애굽기? 입애굽기! _ 202
오랜만에 열린 이집트의 문 _ 204
이집트는 아랍국인가, 아프리카국인가? _ 207
피라미드와 이집트 왕조시대의 마감 _ 210
이집트 문명과 피라미드, 그리고 신전 _ 213
이집트 역사 훑어보기 _ 216
최고의 파라오 람세스 2세의 형님, 모세 _ 219
모르고 가는 모로코! 알고는? _ 222
카사블랑카! 험프리 보가트, 잉그리드 버그만 _ 225
모르고 간 모로코의 이모저모 _ 228
모로코를 떠나며 _ 231

04 스페인/포르투갈

두바이(1)_주메이라 비치와 아틀란티스호텔 _ 238
두바이(2)_두바이의 이모저모 _ 242
가우디와 구엘 공원 그리고 바르셀로나! _ 244
카탈루냐 독립과 세월호 노랑 리본! _ 248
몬세라트 수도원과 가우디 _ 250
올리브, 포도, 귤의 발렌시아! _ 253
아르간 오일, 올리브유 등 스페인 특산물 _ 256

그라나다 알함브라 궁전의 추억 _ 259

투우의 발상지 론다! _ 262

안달이 나서 다시 찾은 안달루시아! _ 265

세비야 성당과 아야 소피아의 정반대 역사! _ 268

공중에 떠 있는 대성당 안의 콜럼버스의 묘! _ 271

콜럼버스가 발견한 신대륙이 아메리카가 된 내력! _ 274

콜럼버스에서 갈릴레이까지 _ 278

콜럼버스와 마젤란! _ 281

플라멩코, 까르멘 그리고 세빌리아의 이발사 _ 284

포르투갈의 수도 리스본은 리스보아! _ 287

리스보아의 오리지널 에그 타르트를 맛보다! _ 289

대항해 시대를 연 포르투갈과 바스쿠 다 가마! _ 293

유라시아 대륙 땅끝 마을 카보 다 로카! _ 296

포르투갈의 파티마 성당 _ 298

2천 년의 고도 톨레도 _ 301

풍차 마을에서 만난 돈키호테 _ 305

스페인의 수도 마드리드 _ 308

마드리드는 도시 전체가 걸작 세상! _ 310

애국가의 작곡가 시대를 잊서간 안익태 _ 313

500년 전 스페인은 지금의 미국보다 더 강국 _ 315

마드리드의 푸에르타 델 솔 광장 _ 318

마드리드의 프라도 국립미술관! _ 321

05 크로아티아/슬로베니아/ 보스니아 헤르체코비나/ 몬테네그로

아드리아해 _ 326
아드리아해를 낀 나라들 _ 330
인천, 이스탄불, 자그레브 _ 333
자그레브 대성당 _ 335
반 옐라치치 광장과 성 마르크 성당 _ 337
크로아티아의 생활상 _ 340
슬로베니아 입국과 소개 _ 342
슬로베니아의 경제와 문화 _ 345
슬로베니아의 수도 류블랴나 _ 348
슬로베니아의 블레드 섬 _ 352
크로아티아의 플리트비체 국립공원 _ 356
자다르의 바다오르간 _ 361
스플리트의 디오클레티아누스 궁전 _ 364

그레고리우스 닌 동상 _ 368

보스니아 헤르체고비나의 모스타르 _ 370

메주고레 _ 374

마르코 폴로의 고향 코르출라! _ 377

지상의 최대 낙원 두브로브니크 _ 383

두브로브니크의 성벽 투어 _ 387

스폰자 궁과 헤르체그노비 _ 390

코토르와 포드고리차 _ 394

1부

시칠리아
Regione Sicilia

지중해

지중해地中海, mediterranean sea는 유럽, 아프리카, 아시아로 둘러싸인 면적 약 250만 km²의 바다입니다. 북아프리카를 중동에 포함시키면 중동과 남유럽 사이에 위치한 바다가 됩니다.

지중해가 지금의 모습을 갖춘 것은 지질학적으로 고작 533만 년 전으로 보며, 약 590만 년 전까지는 대서양과 지중해가 연결되어 있었어요. 그러나 베틱 장벽Betic corridor이 해협에서 장벽이 되면서 호수가 된 지중해가 마르며 메시나절 염분 위기Messinian salinity crisis를 일으킵니다. 하지만 533만 년 전 해수면이 간빙기에 상승하면서 지브롤터 해협을 통해 물이 어마어마하게 넘쳐 분지를 물바다로 만들었고, 지브롤터 해협은 이 물의 흐름에 의해 침식되었어요.

지질학적으로는 뜻깊은 바다입니다. 약 3억 년 전 판게아Pangaea가 있던 시절 판게아 동쪽은 테티스해Tethys Sea라는 큰 바다가 있었는데, 테티스해의 동쪽은 인도판과 오스트레일리아판 등이 북상하면서 소멸되고 지금의 지중해에 해당하는 부분만 남게 되었어요. 즉 지중해는 오늘날 잔존하는 먼 옛날 테티스해의 마지막 조각인 셈입니다. 한국의 석촌호수가 송파강의 흔적인 것과 같아요.

지금도 지브롤터 해협Strait of Gibraltar을 가로막는다면 그 많은 강물이 흘러들어가더라도 지중해는 수천 년 만에 말라버리게 됩니다. 게다가 아프리카 대륙이 북상하고 있어서 300만 년 뒤에 지브롤터가 막히면 지중해는 순식간에 사막으로 돌아갈 것이라고 합니다. 미래 동물 대탐험에서 빙하기에 지중해를 소금 사막으로 가정하는 게 괜히 있는 일이 아니지요.

보라색으로 표시된 지중해

지중해는 오래전부터 여러 민족이 오가면서 교류하였기 때문에 세계사에서 매우 중요한 바다로 여겨집니다. 바다의 북쪽과 서쪽은 유럽, 남쪽은 아프리카, 동쪽은 아시아에 면해 있어요. 바다로 시각을 돌리면 지브롤터 해협을 통해서는 대서양과 연결되고, 이오니아해, 에게해와도 이어집니다. 또 지브롤터 해협만큼이나 좁디좁은 이스탄불 시내의 보스포루스 해협을 통해 흑해와 연결됩니다. 그리고 수에즈 운하 준공 이후 홍해와 인도양과도 연결이 되었어요.

지중해의 어원은 라틴어로 지구의 중심을 뜻하는 mediterraneus에서 비롯되었어요. 고대 유럽인들의 관점에서 지중해는 그들이 알고 있던 세계의 한 가운데에 위치한 바다였기 때문입니다. 현대 그리스어에서도 이 용례를 직역해서 Μεσόγειος(메소기오스)라는 표현을 쓰고 있으나 역사적으로는 다양한 명칭으로 불려왔어요. 대표적으로는 로마인이 명명한 Mare Nostrum(우리의 바다)이 있고, 중세 아랍인은 '로마인의 바다'라고 불렀어요. 터키인은 흑해 Karadeniz에 대조시켜 '하얀 바다'라는 뜻의 Akdeniz(악데니즈)라고 부르고 있으며, 성경에서는 뒤쪽 바다 혹은 서쪽 바다라고 불렀어요.

주변 지역이 대부분 비옥하고 유럽, 아시아, 아프리카 세 대륙이 맞닿는 지점이라 고대로부터 페니키아인, 그리스인들이 활동하는 무역과 물산의 중심지였으며 많은 국가가 이 지역을 장악하기 위해 노력을 기울였어요. 본격적으로 이 지역을 완전 장악한 국가는 고대 로마였으며, 이후 기독교와 이슬람교의 등장에 따라 이 지역은 양 진영 사이의 주도권 싸움이 이어졌어요.

로마제국(비잔틴 제국), 우마이야 왕조, 아글라브 왕조, 아말피 공화국, 피사 공화국, 제노바 공화국, 베네치아 공화국, 시칠리아 왕국, 파티마 왕조 등이 중세 지중해와 해당 지역의 패권 국가로 군림해 왔어요. 또 아메리카 대륙 발견 이후 대서양 무역이 시작된 이후에도 서양 세계의 문화적, 정치적 중심지는 스페인과 오스만 제국이라는 근세 유럽의 양대 거인이 엉덩이를 깔고 있었죠. 한때 오스만 제국이 해적 출신 제독 바르바로스 하이레딘 파샤의 활약에 힘입어 프레베자 해전에서 기독교 함대를 격파하며 로마제국 이후 다시 지중해의 패권을 잡을 뻔했으나 레판토 해전 이후로 동지중해의 이익을 차지하는 데 만족해야 했고, 서지중해의 패권은 막강한 스페인과 제노바, 토스카나 등 이탈리아계 제후국들이 나눠 먹어 16세기~17세기에 걸쳐 마치 현대의 냉전을 방불케 하는 메시나 해협을 경계로 하는 지중해의 양분이 이루어졌어요. 그런데 막상 이런 식으로 지중해가 잠잠해지고 나니 이후 무역의 중심이 북해와 대서양으로 옮겨감에 따라 과거와 같은 중요성이 부각되지 않게 되었어요.

그러나 19세기 이후 전략적인 측면에서 이 지역은 다시 중요한 거점으로 부각되었는데, 우선 러시아 제국은 오스만 제국을 몰아내고 지중해의 부동항不凍港을 얻어 해상활동을 자유롭게 하기를 원했으며 영국은 이집트를 점령한 뒤 수에즈 운하를 매입하여 인도로 통하는 대영제국의 생명줄로 삼았어요. 또한 독일 역시 이스탄불을 통한 진출을 꾀하기도 했고 북아프리카의 모로코, 알제리, 튀니지, 리비아 등에서 이권을 취하고 있던 프랑스, 스페인, 이탈리아 등 다른 서구 열강들도 중요하게 여기는 곳이었기 때문에 19세기부터 20세기 중반까지 열강의 각축장이 되었어요. 이 때문에 20세기 냉전 종식 이후에도 이 지역은 갈등의 불씨가 남아 있는 경우가 좀 있어요. 발칸 반도의 코소보 문제라든지 이스라엘과 하마스 간의 팔레스타인 문제도 그렇지요.

겨울철의 레반트 지역(시리아, 요르단, 이라크)은 미칠 듯한 북풍으로 배가 떠밀려가 난파되기 일쑤였어요. 고대 그리스인들이 바람, 특히 북풍신을 두려워했던 것도 이와 같은 맥락에서였어요. 성경에도 '에우로클뤼돈 εὐροκλύδων'이란 북동풍 때문에 사도 바울이 탄 배가 난파되는 장면이 나옵니다.

지중해 연안의 기후는 일반적으로 온대기후나 아열대기후에 속하지만, 동아시아 지역과는 강수량 패턴이 정반대입니다. 즉 여름철에 강수량이 적고 건조하며, 대신 겨울철에 습하고 강수량이 많은 편이고, 경우에 따라서는 눈이 내리기도 합니다. 이러한 기후를 지중해성 기후라고 부르며, 쾨펜의 기후 구분으로는 'Csa'로 표기합니다. 동아시아와 강수 패턴이 정반대라 여름에는 고온 건조하고, 겨울에는 온난 습윤합니다. 지중해 근처라고 다 이런 기후를 띠는 것은 아니지만, 남유럽 대부분 지역과 북아프리카 마그레브 지역의 아틀라스 산맥 이북 지역의 기후가 이 기후 또는 이와 비슷한 기후에 속합니다. 이러한 기후 지역에서 해발고도가 높아지면 냉대기후의 일종인 Dsa가 되며, 겨울철에는 비가 눈으로 바뀌어 내리는 빈도가 늘어납니다.

하지만 강수량이 집중되는 철만 동아시아와 정반대일 뿐 연 강수량이 200~500mm 수준으로 적은 나라들이 많은 데다 여름 가뭄이 잦아서 물 부족과 사막화 문제로 어려움을 겪고 있어요. 열대성 저기압이 잘 발생하지 않는 지역이나, 일단 발생했다고 하면 사이클론으로 분류됩니다. 이 사이클론은 대체로 이탈리아 쪽에 상륙하며, 간혹 프랑스 마르세유, 스페인 바르셀로나 쪽으로 상륙하기도 합니다. 이렇게 상륙하면 보통 독일 남부나 오스트리아 정도까지 영향을 미치다 소멸되는 경우가 많은데, 알프스 산맥에 의해 가로막히기 때문이죠.

난민 문제도 복잡합니다. 북아프리카를 경유해 몰려드는 난민들 때문에 몸살을 앓고 있어요. 그나마 북아프리카가 건재하던 시기에는 이들 지역의 정권과 협정을 맺고 난민을 북아프리카 땅에서 수용하여 먹여 살리는 대신 해당국에 원조(관리비+기타 무상원조금)를 지원했어요. 그런데 중동과 아프리카의 내전 및 혼란의 만성화로 인해 이런 원조만으로는 난민의 유입 방지가 불가능해지고, 북아프리카의 여러 국가들이 붕괴 수순을 밟거나 크게 약화되면서 지중해로 매년 수십만이 몰려들기 시작했어요.

이들 대다수는 이탈리아로 향하는데 이탈리아 정부가 구조는 할 수 있지만 수용은 좀 나눠서 하자고 하소연할 만큼 규모가 커지자 결국 견디지 못한 이탈리아는 2014년 말 구조 활동을 프론텍스에 떠넘기고 진짜 대형 참사가 발생할 상황 아니면 무시하기로 결정하고 중단했어요. 그 뒤 국경

경비는 사실상 자진해서 나선 람페두사 섬 어민들과 프론텍스의 몫이 되었는데 그 결과 난민들의 희생이 급증해 2015년 4월 기준으로 이미 2014년과 비슷한 수의 난민이 사망하거나 실종되었어요.

결국 2015년 4월 말 추정 인원이 무려 800여 명이나 탄 배가 리비아 해안에서 침몰하여 25명만 살아남고 나머지는 모두 바다에 빠져 죽은 사건이 발생했는데, 국제 사회의 비난이 빗발치자 유럽에서도 대책 논의에 들어갔지만 뾰족한 수가 없어서 사실상 방치하는 상황입니다. 난민을 나눠 수용했다가는 요즘같이 민심이 흉흉한 시기에 구조하기로 결정한 정권은 다음 선거에서 패배할 테고, 그렇다고 근본적인 문제 해결에 나서자니 돈도 없지만, 과거 지원에 나섰던 미국이 밑 빠진 독이라는 걸 몸으로 때워가며 입증했기 때문에 도저히 여론을 설득할 수가 없는 상황입니다.

결국 더 이상 방치할 수 없었던 독일이 시리아 난민에 한해 신청하는 대로 받겠다는 초강수를 뒀어요. 물론 전쟁 중이라 난민으로 받겠다는 것이지 이후 정착 등의 사안까지 보장한 것은 아니지만, 시리아의 전쟁 상황이 앞으로도 장기간 이어질 것이 확실한 만큼 사실상 정착까지 각오했다고 할 수 있어요. 독일은 다른 EU 국가에도 난민을 나눠 수용할 것을 권했고, 이에 대해 대부분의 EU 국가들은 반발하고 있어요.

난민에 대한 책들도 많이 출간되고 있어요. 아민 그레어Armin Greder의 〈지중해Mediterraneo〉, 엘르 파운틴Ele Fountain의 〈난민87Refugee87〉 등이 난민 문제를 다룬 그림책과 소설책으로 대표적인 서적입니다.

인류가 가장 오래전에 문명 및 문화를 꽃피운 곳이 바로 이 지중해 일대였어요. 조금 더 정확히 말하자면 비옥한 초승달 지대라 불리던 메소포타

미아와 나일강을 낀 고대 이집트 및 아나톨리아 반도로부터 고대 문명이 시작되어, 페니키아(고대 그리스), 로마제국으로 이어지는 서구 문명의 요람 역할을 했던 곳입니다. 문명의 태동이 일찍 시작되었다는 것은 곧 일찍이 농업이 발달했음을 의미하는데, 역시나 인류 최초의 농업 문화가 꽃피운 곳으로도 잘 알려져 있어요. 대략 11,000년 전부터 현재의 터키 일대에서 농사가 시작된 것으로 보고 있는데, 이렇게 인류의 문화가 일찍부터 발달하기 시작한 곳이 지중해 연안이었기에 인류에 의한 사막화 피해를 가장 일찍부터 광범위하게 입은 곳이었어요.

좋은 예로 가장 먼저 문명이 꽃피었던 비옥한 초승달 지대는 이미 사막으로 변해버린 지 오래입니다. 만 년이 넘는 오랜 농업 역사로 인한 대규모의 삼림파괴와 지력이 쇠한 상황에서 관개시설을 통해 근근이 이어오던 농업 기반 문화는 이슬람 제국 시기부터 이미 쇠퇴 단계에 이르렀으며, 13세기 몽골의 침략으로 그 끝을 맞이하여 현재 레반트 지역의 대부분은 황량한 사막으로 변했어요. 원래부터 사막이었던 아라비아 반도 및 사하라와는 다르게 오래전부터 인류 문명의 꽃을 피울 수 있었던 기반이 바로 비옥한 토질과 지중해성 기후가 가져다주는 풍부한 겨울 강수량이었는데, 지금은 아라비아 반도 및 사하라와 전혀 다를 바 없이 변해버린 것입니다. 참고로 사하라 사막과 아라비아 반도는 선사시대에 잠시나마 사막을 벗어난 적이 있었어요.

역사 시대 단위로 서서히 사막화가 이루어진 레반트 일대는 차치하고, 현재에도 지중해권 곳곳에 사막화가 진행되고 있어요. 대표적인 예로 스페인과 튀르키예를 들 수 있는데, 두 지역 모두 아주 오래전부터 문명이 꽃을 피운 곳으로 척박한 땅과 비옥한 땅 모두 넓게 펼쳐진 지역이었는데, 현재는 비옥했던 땅들의 상당수가 심각한 사막화로 몸살을 앓고 있다고 합니다. 특히 튀르키예 내륙 대부분은 이미 사막화가 상당수 진행되어 농사가 사실상 불가능한 상태에 몰려 있으며, 스페인 역시도 안달루시아 및 카스티야, 아라곤 지방 등등 북부, 서부를 제외한 대부분의 지역에서 밀, 포도, 올리브 재배를 포기하고 황량한 빈 땅이 되어가는 상황이라고 합니다. 스페인 영토의 무려 1/3이 이러한 사막화가 진행되고 있고, 비옥한 땅이 비교적 넓은 튀르키예는 사막화 문제가 더 심각함에도 불구하고 제대로 수면 위에 드러나지 못하는 상황입니다. 양국의 공통점은 사방이 산으로 덮인 분지가 많고, 지형이 비교적 험준한 편인데, 이러한 점이 사막화를 부추기는 원인 중 하나로 지목받고 있기도 합니다.

이뿐만이 아니라 이탈리아 남부, 그리스, 키프로스, 몰타 등등 그동안 사막과는 거리가 먼 지역들마저 사막화로 몸살을 앓고 있어요. 실제로 그리스에 대규모의 산불이 난 이후 건조한 지중해성 기후의 특징 때문에 원래의 숲을 복구하는 것은 사실상 불가능해진 상황에서, 강수량의 감소와 그에 따른 물 부족으로 그리스 농업이 큰 타격을 입고 있답니다. 이탈리아 남부 역시 지속적인 가뭄과 물 부족으로 토양이 산성화, 고염분화하는 문제를 앓고 있어요. 이러한 환경이 지속될 경우 남프랑스, 북이탈리아, 발칸 일대를 제외한 전 지역이 사막으로 바뀔 가능성이 있다고 알려져 있어서 지중해의 사막화에 많은 전문가들이 큰 우려를 표하고 있어요.

설상가상으로 지구 온난화 현상도 지중해 일대의 사막화를 불러올 것이라는 예측이 있어요. 2016년, 조엘 기요 엑스-마르세유대학 교수팀은 파리 기후협약이 목표한 대로 2100년까지 기온상승을 최대 섭씨 1.5도까지 억제할 경우와 기온 상승이 섭씨 5도에 이르렀을 때 최악의 경우 등 4가지 상황에 따른 지중해와 지중해 주변 지역의 변화 모습을 예측했으며, 파리기후협약의 목표가 달성되지 않아 온난화가 방치되면 스페인 남부와 시칠리아 등지가 이번 세기 내에 급격히 사막화할 것이라는 연구 결과를 내놓았어요.

지중해에 접한 나라들은 국력이 강해지면 지중해를 아예 자국의 내해로 만들고자 지중해를 공유하는 다른 국가나 세력들을 흡수, 병합, 지배, 정복하는 적극적인 팽창 정책을 추구하곤 했는데, 이러한 경향을 가리켜 '마레 노스트로Mare nostro'라고 불러요. 그 대표적인 사례가 지중해의 패권을 두고 벌어진 로마와 카르타고의 포에니 전쟁, 유럽 기독교 세력과 중근동 이슬람 세력의 대결입니다.

이 지중해의 섬인 시칠리아와 몰타를 둘러보고 지중해에 면한 북아프리카의 대표적인 나라 이집트와 지브롤터 해협에 면한 모로코를 경유하여 지브롤터 해협을 건너 스페인과 포르투갈로 출발합니다. 기대해 주세요.

아~ 이탈리아

　20여 년 전에 이탈리아, 프랑스, 스위스 등을 여행했고 이번에는 시칠리아와 몰타를 향해 출발합니다. 시칠리아는 이탈리아 지도를 보면 축구화의 발가락 앞에 있는 지중해에서 가장 큰 섬이랍니다.
　이탈리아의 역사와 문화를 다시 새겨 보렵니다. '이태리'라고도 불리는 이탈리아 공화국은 남유럽에 위치한 단일 의회공화국입니다. 이탈리아는 본토와 지중해의 두 섬 시칠리아, 사르데냐로 이루어져 있어요. 북쪽 알프스 산맥을 경계로 프랑스, 스위스, 오스트리아, 슬로베니아와 국경을 맞대고 있어요. 주변 바다는 동쪽의 아드리아해, 남쪽의 이오니아해, 서쪽의 티레니아해와 리구리아해가 있어요. 세계에서 가장 아름다운 바다는 어느 바다일까요? '사랑해'입니다요. 😛
　이탈리아의 영토 안쪽에 위요지圍繞地 국가인 산마리노San Marino와 바티칸 시국State of the Vatican City이 있고, 스위스 영토 안쪽에는 이탈리아의 월경지越境地 캄피오네디탈리아Campione d'Italia가 있답니다.
　이탈리아의 면적은 대한민국의 세 배 정도이고, 인구는 유럽에서 여섯 번째인 6천만 명이 조금 넘어요. 이탈리아의 주요 도시를 떠올리면 수도인 로마와 밀라노, 나폴리, 제노바, 토리노, 베네치아 등을 들어보신 적이 있지요? 로마는 옛 로마제국의 수도로서 수 세기 동안 서구문명의 정치·문화적 중심지였어요.

달도 차면 기우는 법이죠? 로마제국이 몰락하자 이탈리아는 오랫동안 게르만족, 몽골족, 사라센 등 타민족의 침입에 시달렸어요. 그리고는 사르데냐 왕국, 양시칠리아 왕국, 밀라노 공국 등의 왕국과 베네치아 공화국 같은 도시국가들로 분열되었다가 1861년에 리소르지멘토Risorgimento; 이탈리아 통일운동라는 격변기를 거쳐 통일이 되어 오늘에 이르고 있어요.

이탈리아는 세계 5위 관광대국으로 연 5,000만 명 정도가 이탈리아를 찾고 있으며, 유네스코 세계문화유산이 44곳으로 세계에서 가장 많은 문화유산을 보유하고 있는 나라입니다.

이탈리아는 세계의 수입과 수출을 주도하는 나라로 세계 최고급 수준의 자동차, 기계공업, 음식, 디자인, 패션으로 유명하며 세계에서 여섯 번째 가는 제조국가이면서 중소기업이 대기업보다 많은 나라입니다.

이탈리아는 남부와 북부의 경제 격차가 아주 심해요. 북부는 산업화와 공업화로 소득이 높고, 남부는 주로 농업에 의존하다 보니 소득이 낮아요. 사람들의 체구도 북쪽은 크고 남쪽은 작은 편입니다.

이탈리아는 세계에서 제일가는 와인 제조국이며 토스카나의 키안티 와인과 피에몬트 와인이 유명해요. 와인 외에도 올리브유, 사과, 포도, 오렌지, 레몬, 배, 헤이즐넛, 복숭아, 체리, 딸기, 키위 등의 농산물들을 수출하고 있어요.

이탈리아는 세계 패션의 수도로 밀라노, 피렌체, 로마 등이 유명하고 명품 브랜드를 보면 구찌, 아르마니, 베르사체, 프라다, 발렌티노, 돌체 앤 가바나, 미쏘니, 막스마라, 트루사디, 펜디, 모스키노 등이 있어요. 〈보그 이탈리아VOGUE Italia〉는 세계에서 가장 권위 있는 패션잡지로 평가받고 있어요.

이탈리아의 대다수 레스토랑에서는 EU 법에 따라 오직 정부에서 지정한 농장이나 사육장에서 생산한 식재료만을 취급합니다. 디저트도 유명한데 피스타치오, 아몬드 등을 사용한 리코타 치즈, 마스카포네 치즈, 젤라또, 티라미수, 카사타 등이 유명해요.

이탈리아는 축생축사의 나라입니다. 축구에 살고 축구에 죽는 나라입니다. FIFA 월드컵에서 1934년, 1938년, 1982년, 2006년에 우승을 했어요. 2002년 한일 월드컵에서 이탈리아 페루자 소속 안정환 선수가 4년 뒤 우승한 이탈리아를 상대로 결승골을 넣어 이탈리아 팬들의 극성 때문에 결국 이탈리아로 돌아가지 못했지요. 정말로 축구에 살고 죽는 나라입니다. 이탈리아의 최대 종교는 가톨릭과 축구교랍니다. 축구교를 믿는 신자가 국민의 52%인 3,000만 명을 넘는다고 합니다. 100년이 넘도록 매주 일요일 아침 성당에서 미사를 드리고, 낮에는 축구 하는 풍경을 보고 축구교라고 한답니다. 한국의 3대 종교를 기독교, 불교, 그리고 대학교라고 하는 것과 같아요. 🤣

피사의 사탑과 콜로세움 등의 역사적인 건축물과 피자와 파스타 등의 음식, 포도주, 생활양식, 우아함, 디자인, 영화, 연극, 문학, 시, 미술, 오페라 음악, 관광 등은 이탈리아를 세계적 문화국가로 만들었어요.

시칠리아로의 여정

　인천국제공항에서 비행기를 타고 10여 시간 만에 두바이에 도착하여 두 시간 반 정도를 기다렸다가 이탈리아 카타니아Catania행 비행기로 바꾸어 타고 7시간 정도 날아서 드디어 이탈리아 시칠리아Sicilia의 카타니아 공항에 내리니 오전 11시쯤 되었어요. 어젯밤 자정쯤에 비행기를 탔으니 12시간 정도 걸린 것 같지만 사실은 20시간 정도 걸렸어요. 그 이유는 한국과 시칠리아 간의 시차가 8시간 나기 때문인데, 덕분에 제가 8시간 젊어졌어요.
　인천공항에서 두바이까지는 A380 기종의 대형 항공기로 얼추 500명 정도 탑승할 수 있는데 빈 좌석 없이 꽉 찼어요. 한국 사람만이 아니라 여러 나라 사람들이 함께 탔어요. 비행기를 타면 저는 항상 설렌답니다. 왜일까요? 바로 기내식이 어떻게 나올지 궁금하기 때문이죠. 드디어 기내식이 나왔어요. 생선 요리에 고추장과 김치가 나와서 아주 맛있게 먹었어요. 승무원도 한국 분이 계셔서 분위기가 편안합니다.
　두바이에서 시칠리아의 카타니아행 비행기로 갈아타기 위해 간편한 입출국 신고 절차를 거쳐 면세점들을 사열하며 게이트로 들어갔어요. 기다리던 버스에 올라 20분도 넘게 공항 안을 달려 드디어 비행기에 올라탔어요. 비행기 몸통에 두바이 항공이라고 적혀 있어요. 200명 정도 타는 소형 비행기입니다. 이 비행기에는 한국 승무원이 없어요. 승객 중 한국인의 비중도 확 줄었어요. 커피와 맥주 등의 음료수도 사 먹어야 해요. 흔히 말

두바이 항공 비행기

하는 저가 항공기인 것 같아요. 7시간의 비행 여정이라 식사는 돈을 받지 않고 주는데 김치는 당연히 없고 이전의 기내식보다 한국인의 입맛에는 덜 어울려요.

두바이 항공의 비행기가 시리아 사막을 횡단할 때에는 황량한 사막이 계속 이어지더니 홍해의 북단 두 갈래의 뿔처럼 생긴 서쪽 뿔을 지나갈 때 코로나 이전에 이집트 크루즈 여행 시 홍해와 인접한 후루가다Hurghada에서 며칠을 쉰 기억이 나서 아래를 유심히 살펴보았어요. 물론 후루가다 리조트를 육안으로는 볼 수가 없었어요.

후루가다보다 더 역사적인 장면이 눈앞에 펼쳐졌어요. 바로 수에즈 운하가 홍해에서 시작되는 부분입니다. 운하가 시작되기 전의 홍해는 아주 넓어요. 넓은 바다 위에 50여 척의 배들이 서성이고 있어요. 아마 홍해 아

비행기에서 내려다 본 수에즈 운하

래쪽 아덴만 근처에 후티Houthis 반군이 서방의 배들을 공격하기 때문에 감히 아래로 내려가지 못하고 홍해 북단에서 기다리고 있는 것 같아요. 현재 지역은 중국의 배와 아랍 지역의 배만 안전하게 통과할 수 있답니다.

  수에즈 운하는 유럽의 지중해와 인도양을 잇는 숏컷 루트라서 물동량이 엄청납니다. 후티 반군의 공격으로 지금은 아프리카 희망봉을 돌아서 오가니 물류 비용과 소요 시간이 엄청 늘어나서 아주 난처한 상황입니다. 미국이 후티 반군 거점을 공격하고는 있는데 후티 반군의 공격은 멈추지 않고 있어요.

  수에즈 운하는 고대 이집트 때부터 필요성을 알고 개발을 시도한 적이 있지만 성사되지는 못했어요. 프랑스의 외교관인 페르디난도 레셉스 Ferdinand Marie de Lesseps가 162.5km의 이 역사적인 수에즈 운하를 모든 악조건에도 불구하고 1869년 11월 17일에 완공해서 오늘에 이르고 있어요.

  수에즈 운하를 완공한 레셉스는 태평양과 카리브해를 잇는 파나마 운하를 건설하기로

파나마 운하

했어요. 말라리아 풍토병과 자연적인 악조건을 극복하지 못하고 운하 굴착권을 미국에 헐값인 4,000만 달러에 팔아 넘겼어요. 당시 이 지역은 콜롬비아가 통치하고 있어서 미국과 콜롬비아 간의 협상이 난항을 거듭했어요. 당시 이 지역에는 콜롬비아 반군이 활동하고 있었어요. 미국은 이 반군을 지원하여 파나마라는 나라를 독립시켜 64km 길이의 파나마 운하를 1914년 8월 15일에 완공하게 됩니다. 미국은 파나마 운하를 위해 파나마라는 나라도 만드는 무서운 나라입니다. 미국에 밉보이면 후세인, 카다피 등도 하루아침에 날아가는 것을 봤잖아요? 우리도 미국과는 잘 지내야 함을 새삼 깨닫게 됩니다.

파나마 하면 저는 홍수환 권투선수가 떠오릅니다. "엄마! 나 챔피언 먹었어!" 이 명언이 바로 파나마의 수도 파나마시티에서 나왔죠. 당시 카라스키야는 17세의 나이로 11전 11승 11KO승을 달리던 파나마의 영웅이었어요. 1977년 11월 17일 WBA 주니어 페더급 초대 챔피언 결정전에 저승의 사자로 불리던 카라스키야는 변방인 한국의 홍수환을 불러들여 승리의 축제 제물로 삼고자 했지요. 파나마 국민들의 기대를 저버리지 않고 카라스키야는 홍수환을 초반부터 몰아붙여 네 차례의 다운을 빼앗습니다. 홍수환 선수도 카라스키야의 주먹은 살인 주먹임을 느낄 수 있었다고 합니다.

이제 홍수환 선수는 포기할 지경인데 이게 웬일입니까? 홍수환 선수는 넘어질 때마다 오뚝이처럼 벌떡벌떡 일어나는 거예요. 드디어 3라운드에 홍수환 선수가 왼 주먹을 카라스키야의 복부에 한 방 먹이니 갑자기 카라스키야는 글러브로 배를 움켜잡으며 무너졌어요. 링 위에서 외친 홍수환 선수의 감격적인 명언 "엄마, 나 챔피언 먹었어!"가 47년이 지난 지금도 귀에 쟁쟁하게 울려요. 카라스키야 선수는 링을 떠나 우울증에 시달리다가 정치인으로 나서서 파나마 국회의원이 되어 39년 만에 한국을 방문하여 4전 5기의 홍수환 선수를 만나 덕분에 4전 5기의 정치인이 되었다며 회포를 풀었어요.

제가 카투사로 군복무를 할 때 논산에서 6주간 훈련 후 평택 캠프험프리 부대에서 3주간의 훈련을 받고 용산으로 배치되었어요. 평택에서 교육을 받을 때 영내 한국식당에 가니 홍수환 선수의 감격적인 큰 사진들이 식당 벽면에 걸려 있었어요. 그 이유를 물었더니 "엄마, 나 챔피언 먹었어!"의 홍수환 선수 어머님이 그 식당을 운영하고 있었어요. 짧은 기간이었지만 인자하시고 인심이 후덕하신 그 어머님이 끓여주시던 라면 맛은 지금도 잊을 수 없어요.

시칠리아 행 비행기에서 수에즈 운하를 내려다보다가 이야기가 삼천포가 아닌 파나마로 빠졌네요. 😛

암튼 비행기에서 수에즈 운하를 내려다볼 수 있었던 것은 저에게 큰 축복이었어요. 홍해에서 두 갈래로 시작된 수에즈 운하가 직선이 아닌 구불구불한 뱀처럼 흐르다가 한 갈래로 되어 카이로 근처에서 지중해와 만나는 장면을 보며 사진을 찍을 수 있어서 저도 "엄마, 나 챔피언 먹었어!"의 기분입니다.

카타니아는 이탈리아 남부의 항구 도시로 시칠리아 섬 동부에 위치해요. 인구가 30만 명이 넘는 시칠리아에서 두 번째로 큰 도시입니다.

아! 시칠리아

시칠리아는 지중해에서 가장 큰 이탈리아의 섬입니다. 이탈리아 반도를 장화나 축구화로 생각한다면 발끝인 엄지발가락 부분과 마주하고 있으며 이탈리아 본토와 가까운 메시나해에서의 거리는 3km밖에 되지 않아서 아주 가깝습니다. 이 정도면 다리를 놓아서 연결할 수도 있겠지만 깊이가 100~200m가 넘고 해역의 조류가 빨라 복잡할 뿐만 아니라, 지진이 가끔 일어나는 지역이다 보니 다리를 놓지 못하고 있는 것 같아요. 2006년에 메시나 해협 대교가 지어질 뻔했으나 위와 같은 이유들 때문에 무산되었답니다.

시칠리아의 인구는 500만 명이 넘고, 넓이는 대한민국의 1/4 정도 됩니다. 시칠리아는 이탈리아 반도와 북아프리카 사이 지중해의 중앙부에 위치하여 옛날부터 전략적 요충지여서 수많은 전쟁을 겪으며 지배 세력이 여러 번 바뀌었어요. 우리나라도 전략적 요충지여서 여러 전쟁들을 경험한 것과 비슷합니다.

시칠리아에는 유럽에서 가장 높고 최근에도 활발하게 활동하는 에트나 화산이 있어요. 에트나 화산은 그리스 로마 신화에도 등장하며 한때는 엄청난 유황을 생산했었는데 영국이 이 유황 때문에 전쟁을 일으키기도 했어요.

시칠리아의 고대 역사를 보면 기원전 8세기에 그리스인들이 그리스 식민도시를 건설했어요. 기원전 6~4세기에는 아프리카의 카르타고가 시칠리아의 서부를 차지했어요. 200년 사이에 일곱 차례의 전쟁을 겪었는데 피로스 전쟁(기원전 280~275), 1차 포에니 전쟁(기원전 264~261), 2차 포에니 전쟁(기원전 218~202)에서 고대 로마가 카르타고에 승리하면서 로마의 지배하에 들어갔어요. 이 지역이 전략적 요충지였을 뿐만 아니라 토지가 비옥한 곡창지대라서 양식이 귀한 당시로 보면 누구든지 눈독을 들이지 않을 수 없었어요.

중세에 들어오면 갑자기 출현한 이슬람 제국의 발흥으로 북아프리카의 이슬람 세력과 이탈리아의 기독교 세력 사이에서 수시로 점령 세력이 바뀌는 혼란스러운 역사를 겪게 됩니다. 스페인도 시칠리아를 지배할 때에 본국의 전쟁 비용을 충당하기 위해 시칠리아 주민들을 착취하여 높은 세금을 거두어 본국에 보내기도 했어요. 1647년 8월 12일에는 흉작으로 빵 값이 폭등하자 분노한 주민들이 대규모 폭동을 일으키기도 했어요.

제2차 세계대전 때 연합군은 독일과의 시칠리아 전투에서 승리하여 연합군이 이탈리아 본토에 상륙하여 승리할 수 있었어요.

시칠리아에 전쟁만 있지는 않았어요. 시칠리아는 〈시네마 천국〉, 〈말레나〉 등을 연출한 이탈리아 출신 감독 주세페 토르나토레Giuseppe Tornatore의 고향이자 그의 작품 속 배경이 된 곳이기도 합니다.

시칠리아 하면 떠오르는 것이 뭘까요? 마피아죠? 영화 〈대부〉로 유명하지요. 현대에는 마피아 코사 노스트라Cosa Nostra의 본거지로 악명이 높아요. 우와~ 무서버라! 그러나 걱정할 필요가 없어요. 미국의 라스베이거스에 가면 마피아들이 장악하고 있어도 관광객들이 가장 안전하게 활보할 수 있는 것처럼 여기도 관광객들은 안심해도 됩니다. 이미 시칠리아에서 마피아는 합법적인 지위를 가지고 각종 행정과 이권 사업에 관여하고 있기 때문에 굳이 관광객들의 주머니를 터는 좀도둑질은 하지 않는답니다.

정부보다 마피아를 더 믿어야 하나요? 무솔리니Benito Mussolini가 시칠리아에 왔을 때 시칠리아 주도인 팔레르모Palermo의 시장이 마피아였는데, 무솔리니에게 건방진 행동을 하는 바람에 무솔리니의 화를 돋우어 마피아 소탕전이 벌어지기도 했어요. 시칠리아 출신들이 미국이나 캐나다로 가서 마피아 조직을 만들기도 했지요.

시칠리아 요리는 이탈리아의 대표적 요리로 시칠리아를 하나님의 부엌이라고 부를 만큼 다양하면서도 특색 있고 맛있는 음식들이 많아요. 그 이유는 시칠리아는 고대 그리스, 로마, 아랍, 노르만, 호엔슈타우펜Hohenstaufen, 스페인을 거쳐 온 신세계 식재료 등의 다양한 영향을 받아 특색 있게 발전해 왔기 때문이라고 합니다.

피자 하면 나폴리지만 파스타하면 시칠리아입니다. 시칠리아 사람들은 한 해 평균 44kg의 파스타를 먹어 이탈리아인 평균의 1.5배, 미국인 평균의 9배의 파스타를 먹어요. 시칠리아 음식은 서민적 느낌의 요리로 싸고 맛있어요.

이탈리아계 미국인들 중에 상당수가 시칠리아 지방 사람들의 후손이랍니다. 세계 제2차 세계대전 당시 미군들이 시칠리아 섬에 주둔할 때 꽤 많은 이탈리아계 미군 병사들이 본인들도 존재하는지 몰랐던 먼 친척들을 만났다고 합니다.

영화 〈대부〉의 출연 배우들 중 상당수가 시칠리아 사람들입니다. 주

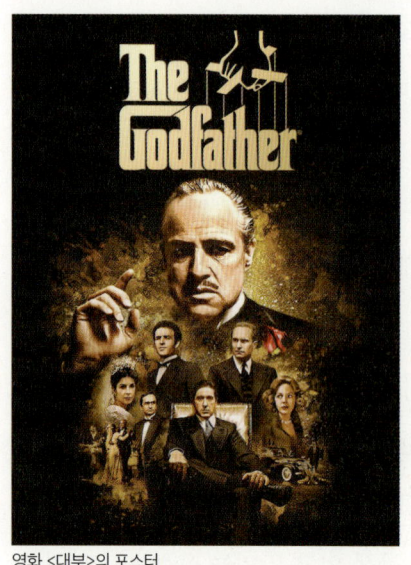

영화 <대부>의 포스터

인공 알 파치노의 조부모가 시칠리아 코를레오네Corleone 사람입니다. 프란시스 포드 코폴라Francis Ford Coppola 감독이 영화의 리얼리티를 위해 시칠리아계 미국인들을 출연시켰다고 합니다. 주인공들의 출신지로 설정된 인구 만여 명의 코를레오네 마을은 유명한 마피아 두목들을 많이 배출한 마을로 유명합니다. 루치아노 레지오Luciano Leggio, 살바토레 리이나Salvatore Riina 등이 유명합니다. 경남 의령의 작은 마을에서 삼성, 금성, 효성 등의 재벌들이 나온 이야기가 떠오르네요. 이미 작고하셨는데, 우리나라에서 개인적으로 최고 금액인 1조 원 이상을 기부한 고故 이종환 회장님도 의령 사람이라지요.

이제 시칠리아의 주요 지역들을 함께 둘러볼까요.

타오르미나에서 정명훈을 대면하다

카타니아에서 타오르미나^{Taormina}를 향해 달리는데 왼쪽 저 멀리서 우리를 향해 손짓하는 눈 덮인 산은 뭐지? 산꼭대기 부분은 구름에 가려서 잘 보이지 않는 엄청난 산입니다. 저 산이 바로 에트나^{Etna} 화산입니다. 에트나 화산은 내일 가기로 하고 일단 언덕의 도시 타오르미나로 발길을 옮깁니다.

이탈리아 여행의 정수는 시칠리아 여행이랍니다. 괴테^{Johann Wolfgang von Goethe}가 시칠리아를 보지 않고서는 이탈리아를 봤다고 하덜덜 말라고 했어요. 시칠리아에서도 타오르미나는 프랑스 영화 〈그랑블루^{Le Grand Bleu}〉와 〈대부〉의 촬영지로 유명하여 유럽인들이 많이 찾는 도시입니다. 괴테는 그의 저서 〈이탈리아 기행^{Italienische Reise}〉에서 타오르미나를 작은 천국의 땅이라고 적었어요. 타오르미나는 기원전 8세기에 시칠리아를 점령했던 고대 그리스인들이 외부의 침략을 막기 위해 이오니아 해안선을 따라 해발 206m의 절벽 위에 세운 도시랍니다.

버스는 우리를 타오르미나 입구에 내려 주었고 우리는 다시 타오르미나 셔틀버스로 갈아탑니다. 절벽 도시 중간에 내리니 아기자기한 골목들이 나타납니다. 골목길에는 파텍 필립^{Patek Philippe} 같은 시계 명품점이나 화장품 가게들이 있어요. 골목길을 따라가다가 과일 가게에 들러 토마토, 오렌지 등의 싱싱한 과일들을 사서 먹으니 갈증이 해소되네요.

골목길을 왼쪽으로 돌아가니 고대 건축물이 우뚝 나타납니다. 좌측 벽

원형 극장

에는 선인장이 군락을 이루어 저를 내려다보고 있어요. 표를 사서 들어가니 타오르미나 그리스 극장입니다. 기원전 3세기에 지어진 허물어진 원형극장의 기둥과 관람석은 지금도 장관을 이룹니다. 반원형 관객석의 지름이 109m이며 28개의 계단으로 이루어진 그리스 원형극장은 이탈리아나 북아프리카에서도 볼 수가 없는 규모랍니다. 고대 로마 원형 극장에서 내려다 본 티메오 호텔Hotel Timeo과 오른쪽으로 구름 덮인 에트나 화산의 정경은 황홀합니다.

 2017년 G7 정상회의가 이탈리아 시칠리아에서 개최되었는데, 이때 이 원형극장에서 정명훈의 지휘로 음악회가 열렸어요. 음악회가 시작되기 전에 트럼프Donald Trump, 마크롱Emmanuel Macron 등 세계 7개국 정상들이 자

에트나 화산을 배경으로

리에서 기다리다가 정명훈이 입장하자 우레와 같은 박수를 보내는 장면에서 제가 환영을 받는 듯한 자부심을 느끼게 됩니다. 평소에 캐주얼한 차림으로 지휘하던 정명훈도 오늘만큼은 깔끔한 턱시도 차림을 하고 나와 무너진 원형극장 벽들을 배경으로 아름다운 선율을 세계 정상들에게 들려주고 있군요.

연주곡은 마스카니Pietro Mascagni 작곡의 〈카발레리아 루스티카나Cavalleria rusticana〉로 시칠리아 출신 소설가이자 극작가인 조반니 베르가Giovanni Verga가 시칠리아를 배경으로 쓴 소설을 주제로 한 오페라입니다. 시칠리아 출신 벨리니Vincenzo Bellini의 〈노르마Norma〉도 있는데 〈카발레리아 루스티카나〉를 정명훈 지휘자가 선정한 이유가 뭘까요? 바로 이곳에서 시칠리아를 배경으로 시칠리아 출신의 배우들이 열연한 영화 〈대부〉가 촬영되었고, 그 〈대부〉의 OST곡이 〈카발레리아 루스티카나〉입니다. 영화 속에서 마이클 콜레오네(알 파치노 분)의 아들이 아버지가 바라던 법학 공부를 중도에 포기하고 성악가가 되어 시칠리아의 주도 팔레르모 대극장Teatro Massimo di Palermo에서 출연한 작품이 바로 〈카발레리아 루스티카나〉였어요. 아들의 멋있는 오페라를 보고 나오다가 사랑하는 딸과 함께 총을 맞는 장면이 나오지요. 지금 제가 〈카발레리아 루스티카나〉를 보고 있냐고요? 예! 유튜브로 그날의 연주회를 지금 보고 있어요. 😄

정명훈과 원형 극장을 뒤로 하고 골목길을 다시 나와 버스 정류장에서 표를 끊고 다시 버스로 타오르미나 정상으로 올라갔어요. 꼬불꼬불한 좁은 길을 버스는 잘도 올라갑니다. 옛 도시의 담벼락에 버스가 닿을 듯 말 듯 바다가 보이는 낭떠러지 길도 부드럽게 곡예 운전을 하여 드디어 정상에 우리를 내려줍니다. 그런데 정상의 종점이 너무 좁아요. 버스가 전진 후진을 반복하여 겨우 방향을 돌렸어요. 타오르미나 정상에서 보는 바다 풍경은 일품입니다.

타오르미나 정상의 골목길 투어에 나섰어요. 아기자기한 카페와 상점들 그리고 골목길 끝으로 보이는 바다와 마을 끝자락에서 만난 확 트인 시야로 보이는 해안선과 산봉우리는 액자에 넣은 그림 같아요.

다시 골목길을 되돌아오니 우리를 태워 준 버스가 기다리고 있네요. 세 종류의 버스를 타고 타오르미나 정상에 올 수 있었어요. 여기에서 셔틀버스를 이용하는 것은 외지의 버스가 이곳의 구불구불한 길을 오르기가 쉽

타오르미나 정상의 상점 앞에서 잠시 휴식

현지 대학생들과 함께

지 않은 이유도 있겠지만, 타오르미나 지역의 버스 회사들과 지역 주민에게 경제적인 혜택을 주고자 하는 의미도 있을 것 같다는 생각이 듭니다.

세 종류의 버스를 번갈아 타고서 타오르미나 시내에 들어왔어요. 시내에 들어서니 쇼핑의 중심가이자 보행자 전용 도로인 움베르토 1세 거리 Corso Umberto I가 나옵니다. 입구에 코르바야 궁전 Palazzo Corvaja과 전통 박물관이 있고요. 거리를 따라 쭈욱 들어가니 두오모 광장 Piazza Duomo이 나옵니다. 두오모는 성당을 말하지요. 두 사람의 아버지와 한 사람의 어머니를 사자성어로 하면 무엇일까요? 두부한모입니다. 😊

두오모 광장 귀퉁이에 있는 카페에서 카놀라와 젤라또를 사면서 카페 해우소에서 볼일을 보고 광장의 벤치에서 카놀라와 젤라또를 먹었어요. 카놀라는 둥근 관의 과자 속에 아이스크림과 넛츠를 넣은 이 지방의 특산품입니다. 유럽에는 공중 화장실이 많지 않고 유료 화장실이 대부분입니다. 카페를 갈 때마다 무료로 화장실을 이용할 수 있어요.

타오르미나는 17세기와 18세기에 유럽 그랜드 투어에 포함되어 영국

두오모 광장

사회의 엘리트들에 의해 알려진 이후 유명인들과 부호들이 즐겨 찾는 명소가 되었어요. 괴테Johann Wolfgang von Goethe, 니체Friedrich Wilhelm Nietzsche, 모파상Guy de Maupassant, 오스카 와일드Oscar Wilde, 트루먼 카포트Truman Garcia Capote, 프란시스 포드 코폴라Francis Ford Coppola, 우디 앨런Woody Allen, 정명훈, 트럼프, 마크롱, 이병원 등등의 인물들이 다녀갔어요. 이병원은 누구냐구요? 잘 아시면서 뭘 그러세요?😛

    시칠리아의 첫 여행지인 타오르미나를 스케치해 보았어요.

카스텔 몰라

타오르미나에서 차로 30분 정도 올라가니 작은 마을인 카스텔 몰라 Castello di Mola가 나옵니다. 카스텔 몰라는 해발 약 600미터로, 타오르미나보다 두 배나 높은 곳에 위치하고 있어요. 구불구불한 아스팔트 산길을 돌고 돌아 오르니 저 아래 타오르미나의 고딕 건축물들이 눈에 들어오네요.

'카스텔'은 '캐슬castle'로 '성곽'이나 '요새'를 뜻할 것 같아요. 그런데 '몰라 Mola'는 무슨 의미일까요? 영어로 어금니를 뭐라고 할까요? 알아요? 몰라

카스텔 몰라에서 내려다보이는 풍경

요? "몰라!"라고 하면 아는 것입니다. 왜냐하면 '어금니'는 영어로 molar입니다. 아무튼 카스텔 몰라는 성곽으로 둘러싸인 마을이네요. 버스에서 내려 마을 입구 골목에 들어서니 벽에 자갈돌로 선인장과 거북이 문양을 만들어 정감이 넘쳐납니다. 우스꽝스러운 사람의 얼굴 모습도 보입니다.

이 골목 저 골목을 휘젓고 다니다 보니 작은 레스토랑과 냉장고 자석들을 파는 가게들이 정겨워요. 그런데 내리막 골목의 한 카페 안을 보았더니 제 눈을 의심할 정도의 사물들이 진열되어 있었어요. 중간 진열장에는 술병들이 전시되어 있고요. 술병 위의 진열장에는 각양각색의 남성의 성기 모양 작품들(?)이 진열되어 있어요. 아주 민망스러운 장면입니다. 카페 안에 손님들도 제법 많네요.

저것은 예술일까요? 외설일까요? 예술과 외설은 큰 차이가 없답니다. 성인용 영화를 보고난 후 감명 깊어서 영화 전체를 다시 보고 싶으면 예

가게에 진열된 상품들

술적인 작품이고, 특정 화면만 다시 보고 싶으면 외설적인 작품이랍니다. 저 카페의 작품들에 대한 평가는 여러분이 해 주시기 바랍니다.

골목길을 따라가다 전망대에 오르니 지중해가 내려다보이는 장면에서 가슴이 뻥 뚫리는 기분입니다. 카스텔 몰라는 9세기쯤에 이곳을 점령한 이슬람 세력이 적의 침입을 막기 위해 산봉우리에 지은 요새입니다.

카스텔 몰라의 골목 끝으로 보이는 에트나 화산의 봉우리는 구름에 가린 산허리의 하얀 눈이 궁금하면 어서 오라고 손짓하는 것 같아요. 타오르미나에서 보는 에트나 화산보다 더 가까이에서 보는 느낌입니다.

카스텔 몰라에서 내려와 북쪽으로 달리면 이탈리아 본토가 3.2km 건너편에 보이는 해협의 도시 메시나$^{Stretto\ di\ Messina}$가 나옵니다. 메시나는 1908년 대지진 때 역사적인 도시 중심부가 허물어지고, 제2차 세계대전 때는 연합군의 폭격으로 도시가 폐허로 변했어요. 그러자 이탈리아 정부는 아예 현대 도시로 재개발을 해서 지금은 고대 도시의 유적을 찾아볼 수가 없어요. 그러다보니 이 지역의 주민들조차도 메시나는 기억이 없는 도시라고 자조적으로 부르고 있어요.

불 뿜는 에트나 화산

　카타니아의 그랜드 호텔 바이아Grand Hotel Baia에서 아침식사를 하고 호텔 주위로 산책을 나갔어요. 그랜드 호텔 바이아는 이오니아해의 절벽 위에 자리 잡고 있어요. 절벽 아래에는 제주도 용두암과 같은 검은 화산석의 바위에 집체만 한 흰 파도가 부서지며 용틀임을 합니다. 절벽 위의 나무로 된 산책로와 오렌지가 주렁주렁 달린 화분이 아주 편안함과 포근함을 줍니다.

　푸른 잔디로 잘 가꾸어 놓은 정원에 키 큰 우산 소나무와 야자수가 호텔의 기품을 더 높여줍니다. 소나무에서 떨어진 솔방울이 저의 주먹보다 더 큽니다. 솔방울을 주워 코에 대니 송진에서 뿜어 나오는 솔향이 진합니다. 송진 때문에 손은 금방 끈적거리지만 기분은 상쾌·유쾌·통쾌합니다. 시방 변비약 광고를 하는 것 같아요. 🤣 호텔과 붙은 궁궐 같은 성채와 고딕식 건물이 진정한 캐슬 같아요.

에트나 화산행 케이블카 티켓

　호텔을 나와 에트나 화산으로 향했어요. 한 시간 남짓한 길을 가는데 차창 밖으로 가끔씩 보이는 에트나 화산은 중턱 이상이 구름으로 가려 오늘도 에트나 화산 정상을 볼 수 없겠다는 조바심을 불러일으킵니다. 에트나 화산의 입구에 다다르니 해발 2,200m라서 날씨가 꽤 추워요. 여기까지 왔는데 에트나 화산은 정상을 보여 주지 않네요.

Excursion이라고 쓰인 건물 안으로 들어가니 케이블카를 탈 수가 있어요. 이 케이블카를 타면 해발 3,000m까지 올라갈 수 있답니다. 요금은 1인당 50유로네요. 표를 끊고 안으로 들어가니 노란색 큰 바퀴가 돌며 케이블을 감아 케이블카

케이블카

를 오르내리게 하고 있어요. 승강장에서 케이블카가 천천히 돌 때 올라탔어요. 여섯 명까지 서로 마주보며 앉을 수 있어요.

해발 2,200m에서 3,000m까지 올라가는 데 20분 정도 걸립니다. 풀 한 포기 나지 않는 검은 화산암과 눈 위로 케이블카는 바람을 문틈 사이로 불어 넣으며 올라갑니다. 낡은 케이블카의 문틈 사이가 벌어져 찬 공기가 들어오고 있어요.

드디어 케이블카는 3,000m 고지에 우리를 내려 주었어요. 바로 난로가 있는 카페를 통해 바깥으로 나가니 2,200m 고지에서 바라본 구름이 발아래로 가라앉아서 솜이불 위에 올라온 것 같아요. 위를 쳐다보니 에트나 화산의 정상 봉우리에서 세 줄기의 화산 연기가 뿜어져 나오고 있어요. 3,000m의 고지에 올라와야 허락하는 에트나 화산의 정상. 특수차를 타고

에트나 화산 정상

분화구까지는 못가고 정상에 300m 못 미친 3,000m 고지에서 불 뿜는 에트나 화산을 육안으로 볼 수 있는 것만으로도 하나님께 감사하지 않을 수 없어요.

  에트나 화산은 시칠리아 섬 동부의 카타니아 시 북부에 위치한 3,329m 높이의 활화산입니다. 새로운 분석구가 쌓이면 높이가 달라질 수 있어요. 에트나 화산은 유럽에서 가장 높은 화산이자 알프스 이남에서는 가장 큰 산이며 세계에서 가장 활발한 활화산 중의 하나랍니다. 2013년에 세계문화유산으로 등재되었어요. 그리스 신화에 따르면 제우스가 괴물 티폰을 물리치고 이 산 아래에 가두었는데, 티폰이 갇혀서 몸부림치기 때문에 화산 활동이 일어난다고 해요.

  17세기에 강력한 지진을 동반한 화산 활동으로 인근 지역이 쑥대밭보다 더 처참하게 되었어요. 지금의 카타니아 건물들의 대부분은 17세기 이후에 지어진 건물들이랍니다. 에트나 화산을 오르다 보니 큰 건물의 3/4이 화산암에 파묻혀 아예 복구하지 못한 상태로 방치된 것을 보았어요. 지금도 에트나 화산의 봉우리에서는 연기가 피어오르고 있어요.

카타니아의 성녀 아가타와 작곡가 벨리니

인천 국제공항에서 두바이를 거쳐 이탈리아의 시칠리아 섬에 있는 두 개의 국제공항 중 하나인 카타니아 국제공항에 내려 타오르미나, 카스텔몰라, 에트나 화산을 보다 보니 정작 카타니아 시내는 둘러볼 겨를이 없었어요. 그래서 오늘은 카타니아 시내를 둘러보고자 합니다.

카타니아는 이탈리아 남부의 항구 도시입니다. 시칠리아 섬 동부에 위치하며, 인구는 31만 6천 명으로 섬에서 두 번째로 큰 도시입니다. 시가지는 에트나 산 남쪽 기슭에 조성되어 있는데, 기원전 8세기에 낙소스^{Naxos} 출신 그리스인이 정착한 것이 그 시초였어요. 중세 후반기에는 전쟁과 지진, 화산 분출 등으로 부침을 겪었지만 현재는 휴양지와 레몬, 올리브, 오렌지 등의 농산물과 에트나 화산에서 채굴되는 황산의 거래처로 활기찬 도시이며, 프로축구팀인 칼초 카타니아$^{Calcio\ Catania\ S.p.A}$의 연고지입니다.

이탈리아는 축생축사의 나라라고 할 만큼 축구에 인생을 겁니다. 이탈리아 프로축구는 손흥민이 뛰고 있는 영국의 프리미어리그처럼 세리에 A, B, C, D가 있어요. 칼초 카타니아는 주로 세리에 B에 속해 있으며 세리에 A에도 몇 차례 승격했지만 우승은 한 번도 못했어요. 세리에 B, C, D에서는 여러 번 우승을 했어요.

카타니아는 1669년의 화산 폭발과 1693년의 대지진으로 도시가 완전히 파괴되는 불운도 있었지만, 시칠리아인의 끊임없는 노력으로 현재의 모습까지 발전되었답니다. 신으로부터 풍요로운 대지라는 축복과 화산 폭

53

아가타 시내 성문

발이라는 재앙을 동시에 받았고, 수많은 재앙과 어려움 속에서도 그들만의 아름다운 문화를 만들어 낸 경이로움을 카타니아 시내를 거닐며 느낄 수 있었어요.

카타니아 시내 성문을 들어서니 아가타W.S.AGATA라는 문구가 성문 상단에 새겨져 있어요. 아가타 성녀를 기념하는 성문 건물 같아요. 아가타는 카타니아 사람들에게 존경받는 성녀입니다. 아가타는 왕의 수청을 거절하고 신앙의 정절을 지키다가 가슴까지 잘리며 순교한 여인입니다.

로마의 집정관 퀸티아누스Quintianus가 아가타의 미모에 매력을 느껴 청혼하자, 일언지하에 거절했어요. 이에 앙심을 품은 퀸티아누스는 정부가 금지한 기독교를 믿는다는 사실을 알아내어 그녀를 체포하여 법정에 세우고는 배교하지 않으면 처벌하겠다고 위협했어요. 이런 위협에 아가타는 겁을 먹지도 않았고 이어진 각종 고문에도 꿋꿋하게 신앙을 지켰어요. 그러자 형리들이 그녀를 형벌대에 눕힌 다음 시뻘겋게 달군 쇠집게로 그녀의 양 가슴을 떼어내었어요. 그리고 감옥의 독방에 다시 가두었는데, 독방이 은혜로운 광채로 채워지면서 천사와 함께 나타난 사도 베드로가 예수 그리스도의 이름으로 그녀의 상처를 치유해 주었어요. 여의도 순복음 교회의 고 조용기 목사님이 "예수 그리스도의 이름으로 암병이 나을지

어다!" 하면 병자들이 나은 장면들이 떠오르네요.

다음날 법정에 끌려 나온 아가타의 상처가 완치된 것을 본 퀸티아누스는 놀랐지만, 감정을 억누르고 다시 배교할 것을 강요했어요. 아가타는 여전히 그리스도만을 섬기겠노라고 했지요. 퀸티아누스는 아가타에게 날카로운 유리 파편과 이글거리며 불타는 석탄 위에서 뒹굴게 했어요. 그러자 이 도시에 큰 지진이 일어나 여러 사람들이 죽거나 다쳤어요. 큰 소동이 일어날 것을 염려한 퀸티아누스는 아가타의 형벌을 중지시키고 감옥에 가두었으나 얼마 가지 않아 고문으로 만신창이가 된 아가타는 숨을 거두고 카타니아에 묻혔어요.

아가타가 죽은 지 1년 후 카타니아는 화산 폭발로 위기를 맞았어요. 이를 두려워한 주민들이 아가타의 무덤으로 달려가 아가타가 지녔던 수건을 화산의 불꽃을 향해 들자 즉시 화산 활동이 중지되었다고 전해져 옵니다. 아가타의 유해는 무슬림 치하에서도 보존되었으나 비잔틴 제국의 시칠리아 침공이 실패하자 제국군 장군들은 벌을 면하기 위하여 아가타의 유해를 콘스탄티노플로 보냈고, 1세기 후에야 군인 고셀모가 동료들과 함께 콘스탄티노플에서 빼내 다시 카타니아에 안치했어요. 매년 2월 5일은 성 아가타의 축일로 성녀의 유해가 보관된 성상을 들고 시가지를 한 바퀴 도는 퍼레이드를 한답니다. 우리나라 어린이들이 좋아하는 네모 모양의 입을 가진 강아지 모양의 아가타와는 전혀 상관이 없어요. 😃

아르메니아에 갔을 때에 흐립시메^{Hripsime}라는 성녀가 있었어요. 로마 디오클레티아누스^{Diocletianus} 황제가 흐립시메의 미모에 매료되어 청혼을 하니 종교적인 신념이 완전히 다른 황제의 청혼을 거절하고 가야네^{Gayane}

가 이끄는 공동체에 합류하여 아르메니아^Armenia에까지 오게 되었어요. 디오클레티아누스 황제는 흐립시메에 대한 집착을 버리지 못하고 더욱 분기충천하여 흐립시메의 행선지를 알아내어 아르메니아 왕인 티리다테스 3세^Tiridates III에게 흐립시메를 로마 황제에게로 압송하라는 부탁을 했지요.

왕궁으로 압송당해 끌려온 흐립시메를 본 아르메니아 왕은 한눈에 반하여 흐립시메에게 자신과 결혼해 줄 것을 요구했답니다. 왕과 종교적인 신념이 달랐기에 일언지하에 거절하자, 왕은 흐립시메가 속한 공동체의 지도자인 가야네^Gayane를 왕궁으로 불러 흐립시메를 설득해 달라고 간절히 청했어요. 가야네도 거절하자 그녀들을 왕궁에 구금했어요. 가야네와 흐립시메가 왕궁에서 탈출하자, 왕의 흐립시메에 대한 집착이 광기로 변하여 군대를 보내 가야네 공동체의 여성들을 체포하여 무자비하게 고문했지만 왕의 요구를 끝까지 거부했어요. 급기야 모든 여성들의 혀를 뽑고 눈을 찔러서 사물을 볼 수 없도록 했어요. 그렇게 했음에도 기독교 신앙을 포기하지 않자 그녀들의 목을 자르고 사지를 절단한 다음 화형에 처하는 극악무도한 악행을 저질렀어요. 가야네 공동체와 흐립시메 등의 순교는 아르메니아가 세계 최초의 기독교 국가가 되는 데 밑거름이 되었어요. 또 가야네 공동체에 속했던 니노^Nino라는 여인이 조지아^Georgia로 가서 세계 최초의 여성 조명자照明者가 되어 세계 두 번째의 기독교 국가가 되었지요. 로마 제국은 세계 최초의 기독교 국가가 아니라 세 번째쯤 되는 기독교 국가랍니다.

아가타 성인은 카타니아 출신으로 로마 시대의 기독교 박해 때문에 가슴을 잘리며 순교함으로써 유방암에 걸린 분들이 아가타 성인에게 기도를 많이 드리고 있답니다. 아가타 성인을 고문할 때 올리브 나무에 묶어서 고문을 해서 추모객들은 올리브를 먹으면서 아가타 성인을 추모합니다. 시칠리아는 각 도시마다 모시는 성인이 있어요. 카타니아는 아가타 성인, 팔레르모는 로살리아Rosalia 성인 그리고 시라쿠사Siracusa는 산타 마리아Santa Maria 성인을 섬기며 시민들을 한 가지 목표로 단합시키는 데 큰 도움이 되고 있어요.

정문에 걸린 로또 광고판

　입구 성문의 아가타라는 문구 아래에 로또 광고판이 달렸네요. 로또가 한국에만 있는 것이 아니라 여기에도 있는 것을 보니 어쩌면 이탈리아가 로또의 본산인지도 모르겠다는 생각이 들었어요. 로또 광고판에 1665라고 적혀 있어요. 아마 1665년부터 시작했다는 의미이겠지요. 성문을 지나 조금 걸으니 현재는 시 청사로 사용하고 있는 과거의 왕궁이었던 코끼리 궁전이 있고 카타니아 두오모 광장에는 검은 코끼리 상이 있어요. 바닥은 온통 검정색입니다. 에트나 화산의 분출로 생성된 용암을 이용해서 온 도시의 바닥을 검정색으로 덮었어요. 건물에도 검정색이 많이 보이는데 모두 용암석이기 때문입니다. 그래서 카타니아를 Black City라고 부르기도

코끼리상 앞에서

해요.

 검정 코끼리는 기원전 3세기경부터 카타니아의 상징물인데요, 당시에는 코끼리가 교통수단이었어요. 카르타고의 한니발도 코끼리 부대와 함께 알프스를 넘어 로마까지 쳐들어왔잖아요. 로마 시대에 카타니아를 방문한 마술사가 코끼리를 타고 다녔는데, 이 코끼리 상을 보면 등에 오벨리스크가 올려져 있어요. 이는 건축가 바카리니Giovanni Battista Vaccarini의 아이디어랍니다. '눈 없는 사슴'을 영어로 무엇이라고 할까요? '노아이디어'입니다. 😛

 17세기인 1669년과 1693년에 카타니아가 두 차례나 지진으로 파괴되었는데 코끼리 상 조각을 세웠더니 그 후로 큰 지진이 발생하지 않아서 코끼리는 행운의 상징으로 여겨집니다. 코끼리 상을 조각한 바카리니가 지진 후 카타니아 도시를 재건했어요. 원래는 오랜 역사 때문에 고딕 양식과 로마네스크 양식이 혼재되어 있었지만, 그의 복원 작업 덕분에 완전히 바로크 양식으로 통일되었어요.

두오모 광장의 왼편에는 성 아가타 성당이 있어요. 정문 앞에 베드로와 바울의 상이 세워져 있어요. 이 자리는 과거 로마 시대에 목욕탕이 있었는데 카타니아 사람들이 아가타 성녀에게 바치기 위해 건립한 성당입니다. 건축가 바카리니가 설계한 바로크 양식입니다. 전면의 코린트식 기둥들 중 3개는 고대 로마의 극장 터에서 가져와 사용했어요. 성당 안에는 벨리니가 카타니아에 머무를 때에 연주했던 오르간과 벨리니의 무덤이 있어요.

아가타 성당 　　　　　　　　　　　청년 조각상

성 아가타 성당을 나와 조금 걸어가다 보니 공사 중인 건물 옆에 나체의 청년 조각상이 분수대 위에 서 있고, 조각상 분수대를 뒤로 돌아 골목 안을 들어가니 알록달록한 우산들이 하늘을 덮고 있어요. 피쉬 마켓fish market이네요. 이곳에서 노량진 수산시장과 같이 신선한 생선을 팔아요. 지중해 과일과 치즈도 팔아요. 황새치가 눈에 들어오는데 참치처럼 생겼어요. 주변 식당에서는 스트리트 푸드와 바로 요리된 생선 및 음식들을 먹을 수 있어요. 이 피쉬 마켓은 오전에 영업이 끝나고 일요일은 문을 열지 않아요.

인근에 있는 카를로 알베르토 시장은 전통 시장입니다. 여러 상품들을 파는데 올리브와 올리브유가 눈에 띄네요. 시칠리아는 이탈리아 올리브와 올리브유의 80%를 생산한답니다. 올리브는 녹색과 검은색이 있지요. 푸른 올리브는 익기 전에 수확한 것이고 검은 올리브는 익은 후 수확한 것이랍니다. 녹색일수록 짜고, 검은색은 칼로리가 적어요.

카타니아 거리를 거닐다 보니 우리나라처럼 브러쉬가 달린 차가 앞에서는 바닥을 닦고 뒤로는 진공흡입기로 먼지를 빨아들입니다. 또 젊은이들은 로드 자전거와 전동차를 타고 거리를 누비고 있어요. 길옆에 무너진 성벽들이 땅 밑에 묻혀 있고 앞에는 성 비아지오 교회Saint Biagio Church가 우뚝 서 있어요. 복원을 하지 않고 그대로 두며 과거의 역사를 눈으로 볼 수 있도록 했어요. 복원 예상도인지 과거의 추정 모습인지 큰 원형 극장의 사진을 걸어 두었어요. 흡사 로마의 원형 극장과 닮았어요. 1693년 대지진으로 땅에 묻힌 15,000명 수용 규모의 원형 극장이라는 설명의 표지판이 있군요. 길옆의 쓰레기통 두 개에는 쓰레기가 넘치고 있어요.

골목을 돌아서 들어가니 벨리니의 오페라 극장이 나옵니다. 벨리니는 이탈리아 오페라 작곡가로 1801년에 카타니아에서 태어나 1835년 33세로 요절했어요. 도니체티$^{Gaetano\ Donizetti}$, 로시니와 함께 벨칸토 오페라의 중심 작곡가로 〈노르마^{NORMA}〉가 대표작입니다. 벨리니를 기념하기 위해 건축가 카를로 사다$^{Carlo\ Sada}$가 설계하여 20년 만인 1890년에 완성한 오페라 극장입니다. 개관 기념 공연은 당연히 벨리니의 걸작 〈노르마〉였어요.

벨리니 오페라 극장 건물의 색깔은 짙은 고동색의 고풍스러운 모습으로 다른 건물들과는 대조를 이루고 있습니다. 극장 정문 쪽에는 벨리니의 기념상을 설치했고, 천정에는 벨리니의 오페라에 나오는 유명한 장면들

성 비아지오 교회

벨리니 오페라 극장

을 그려 놓았어요. 1951년에는 벨리니 탄생 150주년 기념 공연으로 마리아 칼라스 Maria Callas가 〈노르마〉를 불러 선풍적인 화제를 모아 이후에도 여러 번 이곳에서 공연하게 되었어요. 벨리니 오페라 극장 앞 광장에 있는 남인도의 코브라 신상을 닮은 물고기 분수가 무슨 의미가 있는지 궁금해 하며 발길을 옮겼어요.

어느덧 해는 뉘엿뉘엿 서쪽으로 지고 골목 사이로 비친 붉은 빛의 석양은 왜 이리 아름다운지요? 반대쪽의 성당 건물들 사이 하늘에는 하얀 보름달이 빵긋 인사를 하네요. 이제 다리에 힘도 빠지고 호텔로 돌아가 휴식을 취해야겠어요.

체팔루와 시네마 천국

카타니아의 호텔에서 아침을 먹고 체팔루Cefalu로 향했어요. 두 시간 남짓하게 달리니 체팔루의 입구 어귀에 깎아지른 절벽의 높은 바위산(로카라)이 눈에 들어옵니다. 체팔루는 메시나에서 서쪽으로 185km에 위치하고 카타니아에서는 2시간 20분 정도 걸리는 티레니아해Tyrrhenian Sea 해안에 위치한 이탈리아 팔레르모 광역시의 도시입니다. 인구는 14,000명 정도이지만 매년 수백만 명의 관광객이 찾는 주요 관광지 중 하나입니다.

고색창연한 골목길을 들어서니 자그마한 노란색 피아트 자동차가 우

올려다본 로카라

빨래가 걸린 베란다

리를 반겨줍니다. 시칠리아는 옛날에 지어진 건물과 좁은 골목으로 다니기 편리한 소형 자동차가 대세를 이루고 있어요. 우리나라에서는 흔한 대형 벤츠나 BMW 자동차는 거의 없어요. 대형 승용차는 다니기도 힘들지만 주차 공간이 소형 자동차 위주이다 보니 깜찍한 소형 자동차가 대부분입니다. 3층 정도 건물의 창밖으로는 빨래를 해서 널어놓았어요. 우리나라 80년대의 주공아파트 창문에 쇠창살로 만든 베란다처럼 하여 빨래를 말리고 화분들도 내놓고 있어요.

지붕 위로는 참 오랜만에 보는 텔레비전 안테나가 정겹게 서 있고 사진을 찰칵 하는 순간 새가 날아가다가 화면에 잡혔어요. 이미 안테나에 앉아 있는 새도 있어요. 어릴 때 방안의 텔레비전이 잘 나오지 않으면 옥상으로 올라가 안테나의 방향을 이리저리 돌리며 방 안 사람에게 텔레비전 화면이 잘 나오는지 큰 소리로 물으며 안테나를 고정시킨 기억이 납니다. 여기는 아직도 그 안테나를 쓰고 있네요. 지금까지 'Latte is horse'였어요. 'Latte is horse'가 뭐냐고요? '라떼는 말이야'란 뜻입니다. 😀

골목길 빨래들의 사열을 받으며 한참 들어가니 절벽 바위산 가까이에 넓은 공간이 나오고 노천 카페의 의자와 탁자에서 사람들이 차를 마시며 담소를 나누고 있어요. 카페가 끝나는 부분의 꽤 높은 계단 위에 로마네스크 양식의 웅장한 체팔루 성당이 저를 내려다보며 빨리 올라오라고 손짓을 합니다. 이 체팔루 성당은 노르만족이 시칠리아를 정복할 당시인 1131년에 건축이 시작되어 1240년에 완공됐어요. 이후 15세기에 성당 정면 양쪽에 첨탑이 있는 타워를 증축했어요.

   성당 내부 천정은 나무로 만든 바실리카 양식이고, 정면의 모자이크는 비잔틴 양식인 금빛 모자이크로 예수님의 상반신 모습을 그려 놓았어요. 그 아래에는 성모 마리아와 천사들 그리고 그 아래는 예수님의 12제자들을 그려 놓았어요. 입구 좌측에는 금색의 예수님 조각상이 있는데 아주 자유롭고 경쾌한 몸동작을 하고 있어요. 미사용 의자는 무릎을 꿇어앉을 수 있도록 한 장의자로 되어 있어요. 성도님들이 고백성사를 할 수 있도록 성당 내부 가장자리에 나무로 만든 고백성사 부스가 양쪽으로 있어요. 이토록 아름답게 성당을 짓고 개보수를 하려면 자금이 많이 소요될 것 같은데, 오늘날까지 보존된다는 것은 이 지역이 경제적으로 상당히 번영했

체팔루 성당

성당 내부

예수님 조각상

었음을 알 수가 있어요.

체팔루 성당을 보고 한 골목길을 따라 나오니 라바토이오 중세 빨래터 Lavatoio Medieval Laundry가 나와요. 계단 아래로 내려가니 사자 모양의 동물 머리 입에서 물이 흘러나오고 물이 고이는 네모난 칸과 빨래판이 있네요. 빨래를 헹군 물은 바다 방향으로 흘러내리게 만들어져 있어요. 이곳이 바로 체팔루의 정보가 아낙네들을 통해 전해지지 않았나 생각됩니다. 이 빨래터는 고대 로마 시대부터 내려오다가 1655년에 현재의 모습으로 리모델링한 시설입니다. 우리나라 서울의 북촌에도 왕궁의 아낙네들이 사용하던 빨래터가 있는데 모습은 비슷합니다.

17세기의 빨래터 옆 건물에는 건물 안에 뿌리가 있는 포도나무가 건물 벽을 뚫고 나와 건물 지붕 위로 뻗어나가 난간 철조망을 타고 옆으로 계속 뻗어나가고 있는데 현재의 길이만 해도 5m는 족히 넘을 것 같아요. 골목집 대문은 나무로 되어 있는데 자물쇠로 잠근 것을 보니 안에는 사람이 없나 봅니다.

빨래터 골목을 계속 걸어 나오니 그 유명한 시네마 천국의 촬영지인 체팔루 비치가 나오네요. 바닷물 색깔이 에메랄드빛입니다. 비치 입구도 성벽의 문을 들어가듯이 문을 통과하면 왼쪽 해변에는 하양, 노랑, 파란색의 작은 배들이 모래 위에서 바다에 들어가기를 기다리고 있

포도나무

어요. 오른쪽에 다시 성문 모양의 문을 가진 돌로 된 벽이 밋밋한 해변의 경치에 악센트를 주는군요. 바로 여기가 시네마 천국의 야외극장 장면의 현장입니다.

극장은 동네 안 광장에 위치해 있는데 가끔 촬영 장비를 체팔루 해변으로 옮겨 영화를 상영하곤 했나 봅니다. 야외라도 당연히 관람료를 받고 입장을 시키더군요. 저도 어릴 적에 우리 동네에 이동식 극장이 와서 천막을 치고 영화를 상영한 기억이 납니다.

체팔루 비치 입구

〈시네마 천국〉의 이 야외극장에서 애정 영화가 상영되고 있는데 청년이 된 토토가 영상 기사로 근무 중이었죠. 사랑하는 은행 지점장 딸이 찾아와서 비가 억수 같이 내리는 가운데 그 비를 맞으며 사랑을 나누는 장면이 바로 이 해변의 가설무대였어요. 이후 아저씨 알프레도의 조언을 받고 로마로 가서 영화감독으로 성공하여 있던 중, 알프레도의 사망 소식을 듣고 체팔루로 금의환향합니다. 어린 시절의 영화관과 골목길을 보며 성장 과정을 되돌아봅니다. 노모와 만나고, 알프레도의 장례식에도 참석하며 과거를 회상해 본 스토리가 바로 〈시네마 천국〉입니다.

아침에 카타니아를 출발해 체팔루에서 토토의 인생 스토리를 훑어보다 보니 배꼽시계가 요란합니다. 체팔루의 로카라 바위산 절벽 아래에 위치한 레스토랑에 들러 민생고를 해결하기로 했어요. 오랜만에 리조또를 먹으니 그나마 한국 음식과 비슷하여 맛있게 먹었어요. 이탈리아는 파스타와 리조또 등이 애피타이저이군요. 너무 맛있어서 더 달라고 하니 인심도 좋게 더 주는군요. 메인 요리로 돼지고기를 얇게 썰어서 소스를 넣고 삶아 약간의 국물과 함께 주는데 맛이 일품이에요. 물론 시장이 반찬이라고 배꼽시계가 요란했던 요인도 맛있게 먹은 이유 중의 하나입니다.

이탈리아 사람들은 식사 때마다 음료와 애피타이저, 메인 요리 그리고 디저트가 나와요. 음료는 물도 유료입니다. 왜 디저트를 디저트라고 할까요? 세종대왕께서 한글을 창제하시고 식사의 앞에 먹는 음식을 '아페타이저'라고 하고 식사 뒤에 먹는 음식을 '디(뒤)저트'라고 했답니다. 믿거나 말거나. 암튼 한글의 과학성과 실용성은 세계 최고입니다. 😋

체팔루에서 1시간 30분을 서쪽으로 달려 에리체Erice로 왔어요. 에리체는 해발 750m에 위치한 중세도시입니다. 에리체에서 바라보는 아래 세상은 마치 고대 올림퍼스 산의 제우스신이 되어 인간 세상을 내려다보는 것 같아요. 아래에서 보는 것과는 달리 위는 구름이 많이 끼어 아래가 희미하게 보이고 온도도 많이 내려가서 을씨년스러워요.

에리체는 시칠리아 섬 북동쪽 트라파니Trapani에 위치한 마을이에요. 1934년까지 몬테 산 줄리아노Monte San Giuliano로 불렸으나, 지금은 에리체로 불리는 산의 꼭대기에 위치하고 있어요. 60여 개의 교회와 사원 및 옛 중세 건물들로 채워져 있는 중세 마을로, 성벽과 보루로 둘러싸여 있고, 기하학 무늬의 포석 도로가 깔린 미로 같은 골목이 많습니다. 고지대에 위치하고 있기에 서쪽으로는 트라파니 일대를, 동북쪽으로는 몬테 코파노Monte Cofano 만 일대를 굽어볼 수 있는 전망을 가졌어요.

  산 정상에 성이 있어요. 성문을 들어가 바로 왼쪽 골목 안에 에리체 두오모Duomo di Erice가 우뚝 서 있어요. 두오모를 배경으로 사진을 한 장 찰칵 하고 골목길로 들어갔어요. 전형적인 중세도시의 거리입니다. 골목을 올라가니 기독교가 전파되기 전까지 있었던 비너스 신전의 자리에 비너스 성이 있

예리체 두오모

는데 들어갈 수는 없군요. 일찍이 페니키아와 그리스 시대로부터 이곳은 전략적 요충지라서 요새들을 건설한 것 같아요.

  골목이 끝나는 부분에 다다르니 확 트인 전망이 나와요. 저 멀리 트라파니 염전이 보여요. 이곳의 소금 품질이 최고랍니다. 이제 에리체에서 내려가 시칠리아의 주도인 팔레르모의 농협호텔Hotel NH Palermo에서 묵을까 합니다. 왠 농협호텔이냐고요? NH는 농협이잖아요? 농협이 글로벌화하면서 해외에서 호텔을 운영하는가 해서 알아보았더니 NH호텔은 유럽에서 꽤 잘 나가는 호텔입니다. 제가 베네룩스 3국을 여행했을 때에도 NH호텔에 묵은 적이 여러 번 되는데 그때마다 호텔의 시설과 이미지가 아주 좋았어요. 우리나라의 농협과는 전혀 관계가 없는 호텔입니다. 😛

시칠리아의 주도 팔레르모와 몬레알레 대성당

2년 동안 이탈리아를 여행한 괴테는 "시칠리아를 보지 않았다면 이탈리아를 보았다고 할 수 없다"라고 말하며 시칠리아의 주도 팔레르모를 세상에서 가장 아름다운 도시라고 칭송했어요. 그래서 시칠리아 여행의 꽃은 팔레르모라고 합니다.

팔레르모는 시칠리아의 주도로서 행정의 중심이자 교통이 잘 발달된 관문 도시입니다. 티레니아해를 접하고 있고 상공업이 발달되어 무역이 활발하게 이루어지고 있어요. 팔레르모는 시칠리아 최대의 도시답게 관광산업도 잘 발달되어 있어요. 일반적인 이탈리아의 도시들과는 달리 과거 여러 문화권의 지배를 받으며 번창했으며, 특히 아랍권의 영향을 많이 받아서 주요 건물들이 아랍 풍을 띠고 있어요.

팔레르모가 가장 번창했던 시기는 시칠리아 토후국과 아랍인의 지배를 받았던 9세기 이후로, 당시에 300개의 이슬람 사원이 생겨나면서 이슬람의 대표적인 도시 중 하나가 되었어요. 이후 11세기 노르만 왕 루제루 1세Ruggeru I가 시칠리아 왕국을 건설하면서부터 예술적으로도 황금기를 구가하게 되었어요. 특히 프리드리히 2세Friedrich II 시대에 와서는 많은 교회와 무어, 비잔틴, 로마네스크 양식이 융화되면서 독특한 매력이 발산되는 모습을 팔레르모 도심을 걷다 보면 느낄 수가 있어요.

북쪽의 리베르타Liberta 거리와 기차역 사이의 마퀘에다Maqueda 거리는 명품 상점들이 자리 잡고 있으며 신시가지와 구시가지를 연결하는 곳으로 팔레르모의 가장 중심 거리입니다. 비아 로마Via Roma라고 부르는 로마 거리도 팔레르모의 중심 거리로 젊은이들이 많이 모이는 곳입니다. 비토리오 에마누엘레 거리Via Vittorio Emanuele가 시작되는 곳에 누오바 문Porta Nuova이 우뚝 서 있어요. 누오바 문은 1535년에 카를 5세가 튀니지와의 전쟁에서 승리한 기념으로 만든 '새로운 문'이라는 뜻입니다. 문 중간에 팔이 잘리거나 가슴에 가지런히 팔짱을 끼고 터번을 쓴 아랍인들의 조각상이 패배한 튀니지인들을 연상시킵니다.

누오바 문

　누오바 문을 지나 쾨트로 칸티Quattro Canti로 가는데 오른쪽에 큰 동상이 나타납니다. 발아래에는 머리가 두 개인 독수리 상이 있고, 머리에는 면류관을 쓰고 지팡이를 짚은 카를 5세의 동상입니다. 상당히 없어 보이는 날씬한 체형입니다.

　팔레르모의 여행은 스페인 바로크 양식의 건축물인 쾨트로 칸티와 프레토리아 광장에서 시작됩니다. 쾨트로 칸티는 스페인어로 4각형이라는 의미입니다. 고색창연한 스페인 풍의 건물에 둘러싸인 사거리는 마퀴에다 거리와 비토리오 에마누엘레 거리가 교차하는 지점인데, 사거리의 건물 앞에는 여러 대의 마차가 호객을 하고 있어요. 40분에 80유로라며 빨

파란 삼륜차

콰트로 칸티

리 타라고 손짓을 합니다. 파란 삼륜차도 관광객을 기다리고 있어요. 사거리의 각각의 건물에는 아름다운 조각상이 층층이 자리 잡고 있어요.

  콰트로 칸티 옆에는 '부끄러움의 광장'이라고 불리는 프레토리아 Pretoriana 광장이 있어요. 프레토리아 광장에는 로마의 트레비 분수처럼 분수대에 여러 조각상이 있는데, 옷을 입지 않은 여러 명의 남녀 조각상이 있어요. 옷을 벗고 있어서 부끄러움의 광장이라고 부르는지 그 이유를 정확히 알지는 못하겠어요.

프레토리아 광장의 분수대

팔레르모 대성당의 외관에 압도당하게 되네요. 팔레르모 대성당은 비잔틴 제국 때 건설된 후에 이슬람의 지배를 받을 때에는 모스크로 바뀌었답니다. 이후에 노르만 왕국시대에는 다시 대성당으로 바뀌었

팔레르모 대성당

어요. 그러다보니 성당 내부의 모습은 화려하고 비잔틴과 이슬람의 양식이 혼합되어 있어요. 팔레르모 대성당의 입장은 무료이나 무덤과 보물실을 보려면 표를 끊고 들어가야 합니다.

시칠리아의 팔레르모는 한때 유럽에서 가장 큰 통일국가였던 신성로마제국의 수도였던 만큼 남부럽지 않은 수준의 소장품과 건축물들이 즐비합니다.

팔레르모 대성당을 나와서 20분 정도를 달리니 아랍-노르만 양식 중 가장 아름답다는 평가를 받고 있는 세계문화유산에 등재된 몬레알레Monreale 대성당이 나와요. Mon은 산이라는 의미이고 Real은 영어의 '진짜'라는 의미가 아니고 'Royal', 즉 '왕'이라는 뜻이 있어요. 스페인 유명 축구팀 레알 마드리드Real Madrid는 '마드리드의 왕'이란 의미입니다. 따라서 몬레알레는

73

몬레알레 대성당

'왕의 산'이란 뜻입니다. 캐나다 퀘백Quebec 주의 몬트리올Montreal도 몬레알레와 같은 의미입니다.

  종탑 중 하나는 미완의 상태로 있어요. 성당 입구를 들어가니 청동으로 된 성모 마리아상이 북쪽에 서 있고, 그 맞은편에는 성당을 헌납하는 굴리엘모 2세Gugghiermu II(구기에르무 2세'라고도 함)의 동상이 성당 모형을 들고 서 있어요. 굴리엘모 2세가 몬레알레 산에서 사냥을 하다가 나무 아래에서 잠이 들었는데, 꿈에 성모 마리아가 나타나 이 자리에 성당을 지으라며, 땅을 파면 금(금화) 2.2ton이 있다고 했어요. 진짜로 금이 나와서 그 금으로 이 대성당을 지었어요. 역시 금으로 지은 대성당은 달라요.

  역사적으로 보면, 북아프리카 아랍 이슬람 세력의 시칠리아 섬 정복 이후, 팔레르모의 주교와 기독교 세력은 팔레르모를 떠나 몬레알레에 자리

성모 마리아상 굴리엘모 2세

를 잡았어요. 그리고 바이킹 노르만 세력이 아랍 이슬람 세력을 시칠리아에서 밀어내고 새로운 지배자로 등극했을 때 굴리엘모 2세를 통해 몬레알레 성당을 짓도록 했답니다.

몬레알레 대성당은 1172년에 착공해서 1267년에 완공 후에도 여러 건축물이 지어졌어요. 아랍 노르만 양식뿐만 아니라 후대의 고딕 르네상스와 바로크 양식도 볼 수 있어요.

몬레알레 대성당의 내부로 들어가니 정면에 금빛의 전형적인 바실리카 양식을 갖춘 본당이 나타납니다. 정면에 예수님 상이 금빛에 싸여 있어요. 높게 달린 창문도 전형적인 바실리카 양식입니다. 몬레알레 대성당에서 가장 화려한 곳을 말하자면 반원 돔의 가운데에 있는 예수님을 중심으로 아래에는 성모 마리아와 열두 제자가 있는 주 제단입니다.

천정 아래 높은 벽에는 창세기 내용인 인간의 탄생에서부터 성모승천까지 42가지 성서의 내용을 담고 있는 황금 모자이크로 된 벽화가 상상을 초월합니다. 물론 예수님의 일생에 대한 내용도 모자이크로 그려져 있어요. 저 모자이크 그림만 보아도 성경의 내용을 대부분 이해할 수 있겠어요. 천정은 한옥처럼 나무를 서로 맞물려 끼운 턱끼움 방식으로 우리 눈에 친숙한 문양입니다. 아마 이슬람의 영향을 받은 양식 같아요. 성당 내부를 빼곡히 둘러싼 모자이크는 중세 이탈리아의 가장 위대한 걸작으로 손꼽힙니다. 천정 돔에 황금빛 찬란하게 그려진 크리스투스 판타크라토르(전지전능하신 예수님 Cristus Fantacrator)가 압권입니다. 굴리엘모 1세와 굴리엘모 2세의 무덤도 성당 내부에 안치되어 있어요.

시칠리아의 속담에 팔레르모에 가서 몬레알레를 보지 않았다면 바보 멍청이란 말이 있답니다. 저는 바보 멍청이가 아닌 것은 확실하지요?😀

몬레알레 대성당의 내부

아그리젠토와 신전들의 계곡

팔레르모와 몬레알레를 뒤로 하고 아그리젠토Agrigento로 향했어요. 차창 너머로 펼쳐지는 봄의 향연은 저의 눈길을 사로잡아요. 푸른 잔디와 노란색 유채꽃 같은 꽃밭이 2시간 동안 계속 이어집니다. 아그리젠토에 다다르자 산 위에 그리스의 파르테논Parthenon 신전 같은 고대 건물이 멀리서 손짓을 하고 있어요.

아그리젠토는 시칠리아 섬 남부 내륙에 위치한 그리스인들의 유산이 남아 있는 역사의 도시입니다. 기원전 582년 그리스의 식민도시로 시작하여 시칠리아의 중심도시로 성장하였어요. 도리아 양식의 웅장한 유물들이 많이 남아 있는 곳으로 특히 아그리젠토 역사 지구에는 그리스의 유적들이 잘 보존되어 있어요.

아그리젠토는 기원전 6세기 그리스 식민지로 건설된 후 지중해에서 가장 주도적인 도시 중의 하나가 되었어요. 웅장한 도리아 양식 신전에는 고대 도시를 지배한 그리스의 사부심이 잘 나타나 있어요. 또한 발굴된 유적을 통해 후기 헬레니즘과 로마 시대의 도시 생활, 초기 기독교인들의 매장 풍습을 볼 수 있답니다. 유적이 평야와 과수원으로 덮여 오늘날에도 많은 유적들이 손상 없이 보존되어 있어요.

아그리젠토는 두 개의 강을 끼고 바다가 내려다보이는 천연 요새에 자리하고 있으며 그리스에 의해 일찍부터 문명이 발달했어요. 그러나 지리적 이점으로 인해 오히려 침략 받았고, 결국 기원전 262년 제1차 포에니전

헤라 신전

쟁에서 로마가 승리하자 모든 시민들이 팔려가는 등 급속도로 쇠락의 길을 걷게 되었답니다. 중세 시기에는 아예 사람이 살지 않는 땅이 되어 모래 속에 조용히 묻혀 있었던 아그리젠토는 발굴이 시작되면서 세상을 깜짝 놀라게 만들었죠. 물론 제2차 세계대전 때의 수많은 폭격으로 많은 부분이 폐허가 되었지만 정말 잘 보존된 유적들이 많아요. 현재 남은 유적만으로도 2500년 전 그리스인이 이룩한 위대한 역사를 되짚어 볼 수 있으니 감사할 따름입니다.

　헤라 신전Tempio di Giunone을 향해 가며 주위를 살펴보니 신전들의 계곡 Valle dei Templi이 보여요. 지붕은 없지만 기둥들이 여전히 우뚝 솟아 있어서 신전의 규모를 상상할 수 있어요. 신전들의 계곡은 물이 흐르는 계곡이 아니라 신전들이 모인 형상이 계곡과 같다는 뜻인데, 도로를 중심으로 양쪽으로 나뉘어 있어요.

선인장이 군락을 이루고 있는 길을 한참 걸어가니 기둥만 남은 웅장한 헤라 신전이 우리 앞에 우뚝 서 있어요. 헤라 신전은 그리스인들이 가장 숭배했던 결혼의 신 헤라를 위한 신전으로 기원전 5세기경에 그리스인들에 의해 세워졌는데, 카르타고가 이곳을 점령하여 파괴하였으나 로마 시대에 복원되었어요. 그 후 기독교인들에 의해 다시 파괴되었지만 신전을 받치던 기둥들은 잘 보존되어 있어서 신전의 원형을 상상해 볼 수 있어요. 나무로 된 경계 벽 때문에 헤라신전 기둥들 가까이로 갈 수는 없어요. 사진도 멀찍한 곳에서 줌으로 당겨 찍어야 합니다.

신전들의 정원이 아주 넓어요. 정원에는 꽃대가 높이 올라간 용설란 같은 선인장과 아몬드 나무에는 꽃이 피어 있고 열매가 달린 아몬드 나무도 있어요. 제가 즐겨먹는 아몬드 나무의 꽃과 열매를 볼 수 있다니 신기합니다. 아몬드 꽃은 모양이나 빛깔이 살구꽃과 비슷합니다. 그리고 올리브 나무는 수백 년이 넘은 듯 구멍이 뚫려 있고 구불구불한 밑동이 아주 굵은 모습만 보아도 이 신전들의 역사를 읽을 수 있을 것 같아요. 선인장, 아몬드, 올리브 나무의 정원을 지나 목이 잘린 하얀 조각상과 성벽을 따라 10분쯤 걸어가니 콩코르디아 신전Tempio della Concordia이 아테네의 파르테논 신전과 같은 모습으로 다가옵니다.

콩코르디아 신전은 지중해에서 가장 잘 보존된 그리스 신전 중 하나로 기원전 5세기경에 그리스인들이 건축했어요. 로마제국이 멸망한 후 수많

콩코르디아 신전

은 기독교인들이 대부분의 신전을 파괴했지만, 콩코르디아 신전만큼은 6세기에 교회로 개조되면서 원형에 가까운 모습을 보존할 수 있었답니다. 콩코르디아 신전은 아테네의 파르테논 신전의 뒤를 이어 현존하는 가장 인상적인 도리아 양식의 신전입니다. 4층짜리 받침돌, 34개의 원주로 이루어진 신전입니다.

 콩코르디아 신전 앞마당에 덩그러니 건장한 청년 동상이 이상야릇한 포즈를 하고 나체로 비스듬히 누워 있어요. 잘생긴 미남인데 팔과 다리의 반은 잘려나갔어요. 날개도 달고 있네요. 그럼 천사란 말인가? 원래 성경에도 천사들은 남성들이죠. 이 동상은 콩코르디아 신전보다 더 유명한 이카루스Icarus 동상입니다. 어쩌다가 동상이 이렇게 쓰러졌는지는 모르겠지

이카루스 청동상

만 너무 예쁘게 쓰러져서 뒤에 있는 신전과 함께 보면 정말 멋집니다. 이카루스 자체가 신화 속에서 새의 깃털과 밀랍으로 만든 날개를 달고 하늘을 날다 아빠의 충고를 무시하고 너무 높이 나는 바람에 밀랍이 녹아 추락해 죽은 것으로 유명하죠? 역시 아빠의 말씀을 잘 들어야 한다는 교훈이 아닐까요?

　이카루스의 복근이 식스 팩입니다. 그런데 그 아래 거시기는 생각보다 작아요. 포경수술을 해 주어야겠다는 엉뚱한 생각을 해 봅니다. 로마나 아테네에서 만나는 남성 조각상의 거시기의 크기는 일반적으로 실물 크기의 1/4로 만든다고 합니다. 그 이유는 실물과 같은 크기로 하면 거시기에 시선을 집중하게 되어 정작 예술적으로 볼 수 있는 심미안이 없어지기

헤라클레스 신전과 선인장

때문이랍니다. 이카루스가 하늘에서 떨어진 곳이 여기가 아닐까 생각해 봅니다.

 콩코르디아 신전과 이카루스 동상을 나와 허물어진 성벽을 따라 넓게 포장된 길을 걸어 나오니 납작한 고대 극장 터가 나와요. 일반적으로 고대 극장은 타오르미나에서 본 것처럼 바다가 내려다보이는 높은 곳에 지어졌고 무대를 맨 밑에 두고 계단 좌석은 가파르게 위로 올려 무대를 내려다보게 하는 설계로 되어 있어요. 그러나 이곳의 극장은 땅과 수평을 이루고 구부러진 계단 좌석을 무대와 거의 같은 높이로 하여 무대와 객석과의 거리감이 거의 없는 것이 특징이네요. 이러한 극장을 그리스어로 Ekklesiasterion(에클레시아스테리온)이라고 부릅니다.

 고대 극장 터 옆에 사이프러스 나무가 있는 박물관 건물은 높지 않은 현대식으로 잘 지어진 건물입니다. 이 박물관은 약 6,000점에 달하는 유물들을 보관하며 전시하고 있어요. 이 박물관이 자랑하는 두 가지의 유물이 있어요. 그 하나는 이 지역에서 출토된 그림이 그려진 멋진 꽃병들로 방 하나가 여러 가지 모양의 꽃병 유물들로 가득 차 있어요. 다른 하나는 텔라몬Telamon이라는 거대한 남성 조각상입니다. 제우스 신전에 있던 유물

저 멀리 터키인의 계단이 보이는 안내판 앞에서

들로 천장을 받치고 있는 남성인데 크기가 5m가 넘어요.

박물관을 지나 이리저리 굴러다니는 돌들에 둘러싸인 헤라클레스 신전 Tempio di Ercole에 오니 헤라클레스 신전의 기둥들만이 덩그렇게 우리를 반기네요. 헤라클레스 신전은 그리스 영웅 헤라클레스를 위한 신전으로 그리스인들이 가장 숭배했던 영웅이라 이곳에서 가장 규모가 큰 신전 중의 하나입니다. 본래 38개의 기둥이 있었을 것으로 추측되지만 현재는 8개의 기둥만이 과거의 위용을 자랑하고 있어요.

신전의 계곡을 나와 아그리젠토 해변 길을 30분 정도 달리니 터키인의 계단 Scala dei Turchi이 나옵니다. 터키인의 계단은 시칠리아 남부 레알몬테에 있는 하얀 바위 절벽입니다. 시칠리아 출신 추리소설 작가 안드레아

83

카밀레리Andrea Camilleri의 〈몬탈바노Montalbano〉 시리즈에서 언급된 것 때문에 관광명소가 되었다고 합니다. 우리나라에서는 별로 유명하지 않지만 〈바이올린 소리La voce del violino〉라는 책이 한국어로 번역되어 출판되었어요. 세계적으로는 3천만 부 이상 판매되었답니다. 터키인의 계단은 유네스코 세계문화유산에도 등재되어 있어요. 저는 멀리 떨어진 안내판 앞에서 사진만 찰칵했어요.

시라쿠사와 아르키메데스의 유레카!

아그리젠토의 호텔에서 나와 2시간 30분 정도를 달리니 시라쿠사Siracusa에 도착했어요. 시라쿠사는 시칠리아 섬에서 팔레르모, 타오르미나와 함께 관광객들이 많이 찾는 도시 중 하나입니다. 시라쿠사는 크게 구시가와 신시가로 구분되는데 현재의 구시가인 오르티지아Ortigia 섬이 과거에 시라쿠사로 지정되었으나, 점점 도시가 커지면서 지금은 시칠리아 섬 내륙까지 그 영역이 확대되어 신시가가 형성되었어요. 모니카 벨루치Monica Bellucci 주연의 대표 영화인 <모넬라Monella>의 촬영지이기도 하며, 관광객들이 가장 많이 몰리는 시라쿠사 대성당과 두오모 광장 그리고 시라쿠사 고고학 박물관의 고대 원형 극장과 채석장 등 볼거리가 아주 많아요.

시라쿠사의 역사는 고대 그리스인이 도시를 건설했던 기원전 8세기로 거슬러 올라갑니다. 이후에 시라쿠사는 로마, 비잔틴 제국, 이슬람 왕조, 노르만족, 부르봉 왕조, 아르곤 왕국에 지배당하면서 다채로운 문화를 가지게 되었어요. 1693년에 발생한 대규모 지진 이후에 도시가 대부분 재건되면서 후기 바로크 양식의 건축물이 많아졌어요.

시라쿠사는 신시가지에 있는 고고학 공원과 구시가지의 두오모, 산타 루치아 알라 바디아 성당Chiesa di Santa Lucia alla Badia, 아레투사의 샘Fonte Aretusa이 있어요. 거리를 거닐며 느낄 수 있는 것은 이국적인 알록달록한 건물들과 그 사이로 보이는 푸른 바다가 시칠리아다운 아름다운 분위기를 연출합니다. 시라쿠사 대성당을 중심으로 다양한 상점과 레스토랑, 카

시라쿠사 대성당

페, 호텔들이 모여 있어요.

시라쿠사 대성당은 기원전 5세기에 카르타고와 치른 전쟁의 승리를 기념하기 위해서 지어진 아테나 신전으로, 이후 교회로 개조되었다가 다시 이슬람이 지배하면서 모스크로 되었다가 다시 성당으로 사용되었어요. 이슬람이 시칠리아를 정복하고서는 시칠리아 토후국으로 만들었어요. 당시 수도가 시라쿠사였는데 이슬람 세력은 수도를 시라쿠사에서 팔레르모에 신도시를 건설하여 옮겼어요. 이슬람은 토후국을 에미레이트Emirate라고 해요. 아랍 에미레이트United Arab Emirates는 아랍 토후국이죠.

따라서 시라쿠사 대성당은 시라쿠사의 역사적 부침과 함께한 유서 깊은 성당이기에 시라쿠사 최고의 바로크 건축물이자 랜드마크입니다. 시라쿠사 대성당의 입구에 성 베드로와 사도 바울의 조각상이 우뚝 서 있어요. 베드로는 천국의 열쇠와 성경을 들고 있고, 바울은 칼을 들고 있어요. 바울의 칼은 '말씀의 검'이겠지요. 성경 신약의 사도신경 28장 12절에 보면 바울이 시라쿠사에 배를 대고 사흘을 머물렀다고 적혀 있어요. 바울이 약 2,000년 전에 머물렀던 도시에 제가 방문했다는 사실에 감개가 무량합니다.

시라쿠사 대성당에서 골목길을 따라 나가니 바다가 보입니다. 바로 지중해입니다. 바다가 훤히 보이는 곳에 아레투사의 샘이 나와요. 한 할아버지가 빵 봉투를 담벼락 위에 두고 봉투에서 빵을 떼어 아레투사의 샘으로 던지니 큰 오리들이 소리를 꽥꽥 지르며 빵이 떨어진 곳으로 모여들어 빵을 먹기 바쁩니다. 아레투사의 샘은 제법 커서 샘 중앙에는 파피루스 식물이 군락을 이루며 자라고 있어요. 과거에는 이 파피루스로 종이를 만들었답니다. 이 아레투사의 샘은 지중해 건너편의 카르타고, 지금은 튀니지Tunisia의 샘과 연결되어 있다는 전설이 있어요.

아레투사의 샘에 또 다른 전설이 있어요. 사냥의 여신 아르테미스Artemis의 시녀 아레투사에게 반한 강의 신 알페이오스Alpheios가 그녀를 쫓자 아르테미스가 도망치던 아레투사를 도와 물로 변하게 하여 아레투사의 샘

아레투사의 샘

이 되었다는 전설 따라 삼천리 이야기입니다.

시라쿠사는 수학자이자 자연철학자인 아르키메데스Archimedes가 기원전 287년에 태어나고, 기원전 212년에 사망한 도시로 유명합니다. 시내에 아르키메데스 광장Piazza Archimede에 디아나 분수Fontana di Diana가 있어요. 분수의 중앙에는 사이렌Siren과 트리톤Triton으로 둘러싸인 디아나의 웅장한 동상이 우뚝 서 있어요. 사이렌은 고혹적인 노래로 배를 탄 선원들을 유혹해 배를 난파시켜 죽이는 그리스 신화 속의 마녀이고, 트리톤은 해신 포세이돈의 자식으로 반인반어의 해신입니다. 아르키메데스 광장 근처에는 아르키메데스 박물관, 아르키메데스 식당과 아르키메데스 호텔 등이 있어서 아르키메데스 타운이라고 불러도 되겠어요. 아르키메데스 식당에는 아르키메데스 스파게티도 팔아요. 아르키메데스의 동상은 시라쿠사에서 오르티지아 섬으로 들어가는 다리 옆에 있는데 오른손에는 로마의 군함

아르키메데스

디아나 분수

을 불태운 거울을 항구 쪽으로 들고 있고 왼손에는 원을 그리는 컴퍼스를 들고 있어요.

시라쿠사 히에론 왕^{Hieron II}이 장인에게 명하여 순금 왕관을 만들게 하였어요. 장인은 순금 왕관을 만들어 왕에게 바쳤고, 왕은 이 왕관이 순금이 아니고 은이 섞인 가짜라는 소문을 들었어요. 왕은 아르키메데스에게 명하여 왕관의 진위 여부를 감정하라고 했어요. 아무리 생각해도 진위 여부를 가릴 수 없어 고민에 빠진 아르키메데스가 우연히 목욕탕에 들어갔다가 물속에서는 자기 몸의 부피에 해당하는 만큼의 무게가 가벼워진다는 것을 문득 깨닫게 되었어요. 소금에 깨를 섞으면 깨소금이 됩니다. 그러면 설탕에 깨를 섞으면 무엇이 될까요? 아르키메데스가 문득 알게 된 깨달음입니다. 😃

흥분한 아르키메데스는 옷도 입지 않은 채 목욕탕에서 뛰어나와 "유레카! 유레카!"라고 외치며 집으로 달려가 그 금관과 같은 분량의 순금덩이를 물속에서 달아 본즉 저울대는 순금덩이 쪽으로 기울어 금관이 위조품인 것을 알아내었어요. 아르키메데스는 이 원리를 응용하여 '아르키메데스의 원리'를 발견하게 되었어요. 즉 위조 왕관에는 은이 섞여 있어서 같은 무게의 순금보다도 부피가 크고 따라서 그만큼 부력도 커진다는 것입니다. 어쩌다 제가 이렇게 유식한 말을 하게 되었을까요? 저도 시라쿠사의 아르키메데스 광장을 거닐다 "유레카! 유레카!" 하며 깨달음을 얻었기 때문이 아닐까요? 😛

아르키메데스는 지렛대의 원리를 발견했고, 나선식 펌프, 복합 도르래, 투석기와 거울 등을 발명하기도 했어요. 시라쿠사가 로마제국에 함락되던 날, 그는 죽는 순간까지도 기하학자로서의 면모를 유감없이 발휘했어요. 아르키메데스는 뜰의 모래 위에 도형을 그리며 기하학 연구에 몰두하던 중, 다가오는 사람 그림자가 로마 병사인 줄도 모르고 "물러서거라, 내 원을 망가뜨리지 마라!" 하고 외쳤답니다. 그러나 화가 난 로마 병사는 아르키메데스를 몰라보고 그의 목을 쳤답니다. 사령관 마르켈루스Marcellus는 이 소식을 듣고 매우 애석해했다고 합니다.

이른 아침에 시라쿠사의 고고학 공원에 들어서니 저 멀리 오렌지밭 너머로 대리석 절벽들이 보입니다. 공원 안에 그리스 극장이 있어요. 기원전 5~3세기에 만들어진 대단한 규모의 극장으로 시칠리아에 남아 있는 고대 그리스 유적 중 최대의 극장입니다. 시라쿠사의 강대함을 이 극장의 규모에서 느낄 수 있어요. 극장의 꼭대기에는 인공동굴들과 샘이 있는데 아마 무덤이 아니었을까 추측해 봅니다. 기원전 214년에 시작된 로마군의 병력이 절대적으로 우세했지만 3년간 고전을 면치 못한 이유는 아르키메데스가 각종 투석기, 기중기 등의 신무기를 발명해 전쟁에 대항했기 때문

디오니소스의 귀

채석장

입니다. 로마군은 아르키메데스를 꼭 생포하기를 원했는데 이름 없는 병사의 손에 죽고 말았으니 허망하기 이를 데 없습니다.

극장 옆에는 천국의 채석장이 있어요. 채석장 곳곳에 구멍이 뻥 뚫려 있어요. 구멍 중 한 곳은 길쭉하게 파인 특이한 모양입니다. 바로 디오니소스^{Dionysos}의 귀라는 별명을 가진 동굴로 옛날에 감옥으로 사용되었다는 전설이 있어요. 디오니소스 왕이 자신의 생각에 반대하는 자들을 이 감옥에 가두어 두고 그들이 하는 말이 확대되어 밖으로 들리면 그 소리를 듣고 죄를 확정짓는 데 이용했다고 합니다.

시칠리아에 가면 꼭 먹어야 할 시칠리아 전통 요리에 아란치니^{Arancini}가 있어요. 아란치니는 치즈 등을 넣은 리조또를 동그랗게 만들어 튀긴 요리입니다. 기본적으로 리조또를 튀기지만 아란치니 안에 치즈나 햄 등의 다른 재료들이 함께 들어가기도 합니다. 맛이 고소합니다. 아란치니의 원산지는 노토^{Noto}라는 시칠리아의 소도시입니다. 이탈리아어로 작은 오렌지를 '아란치아^{Arancia}'라고 하는데, 작은 오렌지처럼 노릇하고 동그란 모양에서 아란치니라고 불렀나 봅니다. 한국에서도 아란치니를 맛볼 수 있다고 합니다.

산타 루치아 성녀와 영화 <몰레나>

카타니아에서 아가타 성녀를 수호 성인으로 기리며 축제를 벌이듯이 시라쿠사에는 성녀 루치아Lucia의 축일인 12월 13일이 되면 산타 루치아 기념 성당에 있는 '산타 루치아상'을 거리로 들고 나와 행진하며 축제를 엽니다. 산타 루치아는 시칠리아의 시라쿠사에 살았던 여인입니다. 영어식으로는 Saint Lucy라고 쓰며 어머니가 병들자 카타니아에 있는 카타니아 수호 성녀 아가타의 묘지에 찾아가 어머니를 낫게 하기 위해 평생 하나님의 종으로 남을 것을 다짐했어요. 루치아는 결혼도 거부하고 어려운 사람들을 도왔어요. 그렇지만 다짐 전 상태에서 이미 약혼한 상태였고, 결혼을 취소당해 분노한 약혼자가 그녀를 집정관에게 고발해버렸어요.

결국 루치아 성녀는 이상한 소굴에 내던져져 신앙을 버릴 것을 강요당했고, 타르 등으로 고문당하며 고생하게 됩니다. 이후 받은 고문에 대해서는 여러 레퍼토리가 있는데, 스스로 눈을 뽑았다는 끔찍한 이야기가 유명하게 전해져요. 이러한 고생 끝에 사망에 이른 루치아 성녀의 시신은 동로마 제국 사람들에게 도둑맞아 시라쿠사에서 사라졌어요. 그마저도 콘스탄티노폴리스Constantinopolis(지금의 이스탄불)로 옮겨졌는데, 거기서 다시 베네치아 사람들에게 약탈당했어요. 암튼 이 때문에 루치아 성녀를 상징하는 그림 등에서 그녀는 대개 한 손에 자기 안구가 들어 있는 잔 또는 그릇을 들고 있는 모습과 잔에서 불꽃이 나오는 모습, 그리고 사람들에게 선물을 주는 모습으로 그려집니다. 산타 루치아는 시력을 수호하는 성인

성녀 루치아 　　　　　　　　재판관과 논쟁하는 루치아

으로 알려져 있어요.

　이탈리아에는 산타 루치아 축일(12월 13일)마다 사람 눈알 모양을 한 빵을 먹으며 눈병에 안 걸리도록 산타 루치아에게 간구합니다. 그리고 이 날에는 착한 아이들에게 산타 루치아가 선물을 주는 날이기도 해요. 어쩌면 크리스마스의 원형일지도 모릅니다.

　로렌초 로토Lorenzo Lotto가 그린 〈재판관과 논쟁하는 성녀 루치아〉라는 그림이 있어요. 이탈리아 사람들은 눈이 아프거나 침침하면 '산타 루치아!'를 외칩니다. 성녀 루치아가 눈을 보호하는 성녀이기 때문이며 성녀의 상징물이 두 눈이 된 것은 루치아라는 이름이 빛이라는 뜻에서 유래했기 때문이에요. 학창 시절 배웠던 '창공에 빛난 별 물 위에 떠올라……'로 시작되는 아름다운 칸초네가 말해주듯 그녀는 지금까지도 대중에게 친근한 성녀입니다.

　루치아에 관한 기록 역시 야코부스 데 보라지네Jacobus de Voragine가 13세

93

기 말에 완성한 〈황금 전설The Golden Legend〉에서 알 수 있는데, 그에 따르면 루치아는 이탈리아 남단 시칠리아 섬의 시라쿠사에서 귀족의 딸로 태어났어요. 루치아의 어머니는 4년 동안이나 출혈 때문에 고통 받고 있었어요. 모녀는 어느 날 역시 시칠리아 섬 출신의 성녀인 아가타의 명성을 듣고는 그녀의 무덤을 찾아가서 미사를 드리게 됩니다.

무덤이 안치되어 있는 교회에서 미사를 드리던 중 사제가 루치아의 어머니와 같은 병을 앓던 여인의 병이 나았다는 성경 구절을 읽자 루치아는 어머니의 병도 나을 수 있다는 확신을 가지게 되었어요. 성녀 아가타의 무덤을 만지면 어머니도 병이 낫게 될 것이라 생각하고는 무덤을 만지며 기도했어요. 그때 믿음이 두터웠던 루치아에게 세상을 뜬 성녀 아가타가 나타났어요. "나의 자매 루치아여, 주님이신 그리스도 덕분에 네 어머니의 병이 낫게 될 것이다. 내 순교로 예수님이 내 고향 카타니아를 복되게 했듯이 너의 순교는 네 고향 시라쿠사를 복되게 할 것이다."라며 루치아 성녀의 순교를 예언했어요.

루치아는 그동안 남몰래 그리스도께 몸과 마음을 봉헌하고자 결심했었는데, 이제 어머니께 자신의 뜻을 말씀드리고 혼인의 의무에서 벗어나게 해 달라고 부탁했고, 결혼 지참금 또한 가난한 이들에게 나누어주자고 청했어요. 루치아의 어머니는 자신이 죽고 난 후에는 재산을 원하는 데에 써도 좋지만 지금 당장은 아니라고 답했답니다.

그러나 루치아는 "우리의 재산을 가난한 자에게 베푸는 것이 주님 보시기에 얼마나 귀한 일이겠습니까? 주님을 기쁘게 하시려거든 우리가 그것들을 필요로 할 때 베푸세요. 살아 계실 때 재물을 봉헌한다면 어머니는 영원히 보상을 받게 될 것입니다."라며 어머니를 설득했어요.

그리하여 모녀는 재산을 과부, 고아, 방랑자, 가난한 자, 수도자들에게 나누어주었어요. 한편, 루치아의 약혼자는 자신의 소유가 될 재산이 모두 사라지자 분개하여 재판관 파스카시오에게 루치아가 그리스도교 신자이며 로마 제국의 법을 지키지 않는다는 죄명으로 고발했어요.

성녀 루치아의 일화를 그린 로렌초 로토의 이 제단화祭壇畵는 성녀 루치아 수녀회에서 1523년 주문하여 1532년 완성한 것으로 루치아가 재판관과 담판을 벌이는 내용입니다. 손가락으로 성령을 가리키며 열띤 토론을 벌이고 있는 루치아를 한 남자가 사력을 다해 끌어내려 하고 있으나 천장 쪽에 있는 비둘기 모양의 성령이 그녀를 꿈쩍도 하지 못하게 하고 있어요. 사람의 힘으로 끌어낼 수 없게 되자 나중에는 소떼까지 동원하여 그녀를 끌어냈다는 일화의 한 부분이에요.

체팔루에서 촬영된 영화 〈시네마 천국〉의 주세페 토르나토레Giuseppe Tornatore 감독이 2000년에 만든 영화 〈말레나Malena〉가 바로 시라쿠사에서 시라쿠사를 배경으로 촬영한 영화입니다. 모니카 벨루치가 주연인 이 영화를 보노라면 시라쿠사의 광장과 골목길 그리고 무솔리니 치하 나치의 공격과 연합군의 공격을 받는 전쟁 상황 하에서 벌어지는 웃지 못 할 만큼의 웃픈 장면들이 심금을 울립니다.

영화 〈말레나〉의 한 장면

영화 <말레나>는 집단 광기의 희생양이 된 한 여성의 일생을 사춘기 소년의 훔쳐보기를 통해 풀어낸 영화입니다. 이탈리아는 유럽 국가이면서 다른 나라들은 식민지를 차지했는데 뒤늦게 에티오피아를 침공하는 등 전쟁을 여러 번 치렀지만 대부분의 전쟁에서 패배합니다. 그리스와 에티오피아에게 승전기념일을 선물한 재미있는 나라이기도 합니다. 영화의 배경도 무솔리니가 프랑스와 영국에 선전포고한 날 13세의 소년 레나토는 중고 자전거 한 대를 갖게 되자 드디어 자전거를 타는 친구들과 어울릴 수 있게 됩니다.

어느 날 27세의 육감적이고 매혹적인 여인 말레나가 지나가는 모습을 본 아이들은 타고 있던 자전거를 내팽개치고 말레나를 따라가며 침을 흘립니다. 말레나를 보자마자 사랑에 빠진 레나토는 수업도 빼먹고 강둑에 앉아 말레나가 지나가기를 기다립니다. 말레나 생각에 잠을 이룰 수 없었던 레나토는 창문으로 몰래 말레나를 훔쳐봅니다. 라틴어 선생님인 아버지를 둔 말레나의 남편은 전쟁터에 나간 상태였어요.

말레나가 거리에 나가기만 하면 남녀노소 모든 사람들의 이목이 집중됩니다. 남자들은 침을 흘리고 여자들은 자기 남편들이 침을 흘리는 모습에 말레나를 연적으로 느껴 시기와 질투를 하게 됩니다. 그러던 어느 날 말레나의 남편인 스코디아 중위가 전사했다는 소식이 들려와요.

레나토가 말레나를 훔쳐보다가 팬티를 한 장 훔쳐 왔는데 아버지에 들킵니다. 3일간 외출금지를 당한 레나토는 단식으로 버티다가 드디어 외출을 하게 되지요.

말레나 집 앞에는 수많은 남성들이 바글거립니다. 카데이 중위가 말레나 집에서 나오다가 자칭 말레나의 약혼자라는 치과의사와 몸싸움을 벌여 법정에 서게 됩니다. 카데이 중위는 알바니아로 전출가게 되고 마마보이 변호사의 훌륭한 변호로 말레나는 불륜에서 벗어납니다. 변호사는 변호비 대신 말레나의 몸을 요구하며 강간을 합니다.

말레나는 동네 사람들의 집단 린치로 일을 할 수 없게 되자 생존하기 위해 변호사와 결혼하기로 했지만 마마보이의 엄마가 반대하여 재혼도 하지 못하게 됩니다. 배고픈 말레나에게 음식을 미끼로 몸을 요구하기도 합니다. 어쩔 수 없이 몸을 허락합니다. 연합군인 미군의 공습으로 말레나 아버지마저 죽게 되자 자포자기한 말레나는 짙은 화장을 하고 거리에 나가 담배를 무니 뭇 남성들이 라이터에 불을 켜고 말레나에게 다가가자 말레나가 한 라이터의 불에 담배를 갖다 댑니다. 이탈리아에서는 매춘부가 남자로부터 담뱃불을 받아 피우는 것이 남자와의 관계를 받아들이겠다는 의미랍니다.

말레나는 먹고살기 위해 독일군에게까지 웃음을 파는 창녀로 전락하게 됩니다. 창녀로 전락한 말레나의 모습에 충격을 받은 레나토는 졸도하고 맙니다. 이에 신부는 귀신이 씌었다며 퇴마의식을 해 보지만 차도가 없었어요. 레나토의 아버지는 레나토의 물건이 불쑥 컸으니 발산이 필요하다며 레나토를 사창가로 데려가 말레나와 비슷한 분위기의 여자와 첫 경험을 갖게 합니다. 이탈리아에서는 성년이 되는 아들을 아버지가 사창가로 데려가 성 경험을 하게 하기도 했답니다. 이렇게 해서 레나토는 졸도의 병마에서 깨어납니다.

한편, 연합군이 승리하자 기쁨도 잠시뿐 마을 여자들은 말레나를 길거

하얀 터키인의 계단(영화 <말레나>에서)

리로 끄집어내어 두들겨 패서 피투성이로 만듭니다. 하지만 이를 지켜볼 수밖에 없는 레나토의 속은 시커멓게 타들어갑니다. 만신창이가 된 말레나는 마을을 떠납니다. 레노타는 말레나가 즐겨듣던 음악의 레코드판을 바다에 던지고 하얀 터키인의 계단에 앉아 깊은 시름에 잠깁니다.

죽은 줄로만 알았던 말레나의 남편 니노 스코디아가 한쪽 팔을 잃는 상태로 마을로 돌아옵니다. 아내를 찾으려고 수소문을 했지만 아무도 알려주지 않았어요. 레나토가 편지로 그녀가 남편만을 그리워하며 메시나로 떠났음을 알려줍니다. 그는 메시나로 가서 아내를 찾아 마을로 돌아옵니다. 이제 평범한 주부로 돌아온 말레나를 본 동네사람들은 그동안의 미안함과 죄책감에 말레나에게 먼저 인사를 나누며 친절을 베풉니다. 말레나는 그 호의를 받아들이고 시장에서 오렌지를 사서는 아이들이 공을 차고 노는 동네 길을 가다가 오렌지를 떨어뜨립니다. 오렌지가 떼굴떼굴 굴러

갑니다. 영화 내내 스토커처럼 말레나를 따라다니던 레나토가 달려가서 오렌지를 담아주었어요. 갈 길을 가는 말레나를 물끄러미 쳐다보다가 "행운을 빌어요, 말레나." 하고 말하니 말레나는 뒤돌아보며 이 말에 고개를 끄덕이고 갈 길을 갔어요. 레나토의 다음과 같은 내레이션으로 영화는 막을 내립니다. "나는 죽어라고 페달을 밟았다. 갈망, 순수 그리고 그녀로부터 탈출이라도……. 그후 난 많은 여인들과 사랑을 했다. 그들은 내 품에 안겨 자신들을 기억할 거냐고 물었다. 그때마다 난 그럴 거라고 대답했다. 하지만 내 마음속엔 내게 한 번도 묻지 않았던 말레나만 남아 있다."

시칠리아의 이모저모

알파벳의 기원이 되는 페니키아어가 북아프리카의 카르타고 지역에서 시칠리아로 들어왔어요. 페니키아어는 그리스어에도 영향을 미쳤어요. 페니키아어에 영향을 받은 그리스어는 로마의 라틴 문자가 생성되는 데 기여했어요. 시칠리아어는 이탈리아어와 달라요. 이탈리아 사람들은 스페인어보다 시칠리아어를 더 알아듣기 어려워한답니다. 시칠리아의 방언이 17개나 됩니다.

시칠리아가 로마의 지배하에 들어가기 전에는 동쪽은 그리스가 서쪽은 카르타고가 지배했어요. 지금도 그렇지만 고대에도 시칠리아는 곡창지대입니다. 시칠리아의 토질이 비옥하고 지중해의 전략적 요충지이다 보니 외부 세력의 침략이 잦았어요. 시칠리아를 차지해야 군량미와 먹고사는 문제를 해결할 수 있었기 때문이죠. 이런 이유 때문에 세계 전쟁사에 큰 족적을 남긴 포에니 전쟁이 3차에 걸쳐 일어나게 됩니다.

포에니 전쟁은 기원전 264년에서 기원전 146년 사이에 로마와 카르타고가 세 차례에 걸쳐 120년간 벌였던 전쟁을 말합니다. 포에니 전쟁의 주요 원인은 당시 지중해에 패권을 잡은 카르타고와 새로이 떠오르는 로마의 이해관계가 충돌했기 때문이었어요. 로마인들은 원래 시켈리아(시칠리아)를 통해 영토를 확장하는 데 관심이 있었는데, 이 섬 일부 지역을 카르타고가 지배하고 있었어요. 제1차 포에니 전쟁이 일어날 당시 카르타고는 광범위한 제해권을 갖춘 서부 지중해의 패권국이었으며, 로마는 이탈리아에서 급속도로 떠오르는 신흥 강대국이었으나 카르타고 수준의 해군력이 없었답니다. 제3차 포에니 전쟁이 끝날 당시 두 나라는 병력 수십만을 잃으며, 로마는 결국 세 번의 전쟁에서 모두 승리하여 카르타고를 정복하고 수도를 파괴하여 서부 지중해의 최강자가 되었어요.

포에니 전쟁과 동시에 일어난 마케도니아 전쟁이 끝나고, 동부 지중해의 로마-시리아 간 전쟁에서 셀레우코스 제국의 안티오코스 3세가 패배하면서, 로마 제국은 지중해 전역의 패권국이 되었답니다. 1차 포에니 전쟁의 원인은 시칠리아였어요. 참고로 역사적으로 시칠리아를 지배한 민족과 왕국을 보면 비잔틴, 반달족, 동고트족, 아랍민족, 바이킹, 독일, 스페인의 아르곤 가문, 프랑스의 앙주, 부르봉 가문 등이 있었어요.

시칠리아의 겨울은 우기이고 여름은 건기입니다. 겨울에도 지중해에 있어서 영하로 내려가는 날은 거의 없어요. 눈도 거의 없고, 폭우나 장마도 없이 부슬비가 주로 내려요.

시칠리아에는 올리브가 많아요. 이탈리아 올리브 생산량의 80%가 시칠리아에서 나와요. 올리브 나무를 신이 내린 선물이라고 합니다. 올리브는

올리브 나무

올리브 열매

아버지가 심으면 아들이 수확을 한다고 해요. 왜냐하면 올리브 나무를 심고난 후 40년이 지나야 굵은 열매가 열린답니다.

올리브 열매로 세 번 기름을 짠답니다. 첫 번째로 짠 기름을 엑스트라 버전이라고 하며 양이 적기 때문에 비쌉니다. 한국의 마트에서 파는 올리브유는 대부분 엑스트라 버전으로 표기되어 있는데 여기에 와서 보니 엑스트라 버전은 아주 귀하고 비쌉니다. 따라서 현지의 가격을 생각한다면 한국의 엑스트라 버전을 믿기는 조금 힘들어집니다. 두 번째 기름을 짤 때에는 열을 가해서 짜고, 세 번째 기름을 짤 때는 더 높은 열을 가해서 짠답니다. 한편, 시칠리아에 이슬람 세력이 들어오면서 오렌지, 샤프란, 쌀, 파스타치오와 견과류를 들여왔어요.

시칠리아의 도심 한가운데에 공동묘지가 있어요. 공동묘지라기보다 납골당이라고 해야겠네요. 대부분이 가족묘라서 한 공간에 여러 명의 유골이 들어가요. 가족묘가 참 친근하게 느껴집니다. 가족묘는 30년, 50년, 100년 단위로 임대를 합니다. 우리는 묘가 산에 있고, 공원묘지도 산속에 있지요. 일단 집과는 멀어야 하지요. 이유는 전설의 고향에 나오는 귀신 이야기 때문이 아닐까 생각됩니다. 시칠리아는 묘에 대해 참 실용적입니다. 공동묘지 바로 옆집은 비쌀까요? 쌀까요? 비쌉니다. 우리나라 같으면 공동묘지 옆의 집은 정반대로 아주 싸지요. 시칠리아의 이곳저곳을 둘러보다 보니 빈집들이 상당히 많아요. 시칠리아의 젊은이들이 대부분 도시로 나가서 농촌에는 늙은이와 빈집들만 남았어요.

시칠리아 거리의 승용차 95% 이상이 소형차이자 해치백이에요. 해치백은 승용차 뒷부분이 높게 덮여 있어요. 예부터 길이 좁게 만들어지다 보니 자연적으로 소형차가 실용적이지요. 그리고 대부분의 차가 수동입니다. 우리나라는 거의 다 오토매틱이죠. 이곳에서 오토매틱은 장애인이나 몸이 불편한 사람들이 사용하는 차라고 인식되어 있어요. 자동차를 한 번 샀다 하면 평균적으로 15년 이상을 탑니다. 길거리에 주유소가 있는데 Q8 표시가 있어요. 어느 나라의 석유일까요? 아주 쉬워요. 쿠웨이트 석유입니다. 발음이 쿠웨이트와 Q8이 비슷하기 때문에 Q8 주유소에서는 쿠웨이트 산 석유를 팔고 있어요.

이탈리아에는 고급 대리석이 아주 많아서 대리석만 팔아도 200년은 먹고산답니다. 그런데 이 이탈리아가 건물을 건축할 때에 튀르키예Republic of Turkey(터키)에서 대리석을 수입하여 사용하며 자국의 대리석은 아끼고 있답니다. 튀르키예에서 대리석을 수입하여 가공해서 도리어 수출을 한답니다. 왜냐하면 이탈리아의 대리석 가공기술이 아주 뛰어나기 때문입니다.

시칠리아에서는 소나무를 피노pino라고 하는데 우산 모양을 닮았다고 해서 우산 소나무라고 불러요. 피노키오도 거짓말을 하면 코가 커지는데 소나무로 만들어서 그런가 봅니다. 모든 길은 로마로 통한다는 말이 있지요. 로마로 통하는 아피아 가도 양쪽에는 소나무를 심었는데 지금도 우산 소나무가 있는 도로는 과거의 로마시대부터 있어 온 길입니다. 이 우산 소나무는 소나무와 잣나무를 접붙인 소나무입니다. 키도 크고 아주 큰 솔방울이 달려요. 이 솔방울에서 잣이 나와요. 가을에 우산 소나무 밑에 있다가 떨어지는 솔방울에 맞으면 기절을 할 수도 있답니다. 저도 이 큰 솔방울을 하나 주워 현재 저의 연구실에 갖다 놓았어요. 군대 병사들이 휴가 나오는 사람을 통해 집에 솔방울을 보내면 아무 탈 없이 잘 지내고 있다는 표시랍니다. 솔방울에서 나오는 솔향은 진짜 진합니다.

과거 로마시대에는 로마시민권을 얻기 위해 군에 입대했어요. 복무기간은 14~21년 정도였어요. 남자가 로마시민권을 가진 여자와 결혼한다고 해서 남자에게 로마시민권이 부여되지 않아요. 그러나 여자가 로마시민권이 있는 남자와 결혼하면 여자에게 로마시민권이 주어졌어요. 루마니아Romania라는 나라의 이름은 '로마의 후예'라는 뜻이랍니다.

로마군에서 14년 이상 복무한 군인은 베테랑이라고 합니다. 왜냐하면 최소한 14년 이상 군대에 복무하게 되면 집을 짓거나 수리하는 것은 물론 주거와 관련된 거의 모든 일을 다 배워서 전문가가 되기 때문이랍니다. 이런 로마 군인이 루마니아 현지에서 퇴역하면 황제가 땅을 하사해 자립을 도왔어요.

로마시대 말기에는 로마제국의 시민들이 군대에 잘 가지 않았지요. 대부분은 타민족에게 군을 개방하여 복무시키고 퇴역 후에는 점령지에서 생활하도록 했죠. 이처럼 정작 로마 시민은 군대에 잘 가지도 않고 목욕 문화도 발달했지요. 군대에 가지 않고 향락 문화를 즐기면 결국 나라는 망한다는 사실을 로마제국의 몰락을 통해 배울 수 있어요. 우리나라 젊은 이들도 군대에 가지 않으려 하고 향락 문화를 즐기는 것을 보면 나라의 장래가 걱정이 됩니다.

로마인들이 납으로 된 수도관을 사용하여 일찍 죽은 것으로 알려졌으나 과학적으로 분석해 보니 납관을 통한 물이 석회수였다는 것이 밝혀졌어요. 그래서 로마인들은 식사 시 와인을 마셔 석회를 몸 밖으로 배출했다고 합니다. 알프스 북쪽 사람들은 맥주를 와인 대신 만들어 마셨답니다. 맥주를 최초로 만든 나라는 체코입니다. 황금색 라거 맥주를 처음으로 체코가 만들었지요. 다리가 코끼리 다리처럼 붓는 이유가 바로 이 석회의 영향 때문이랍니다.

유럽에서 음식문화는 이탈리아에서 발달해 왔어요. 특히 이탈리아에서도 피렌체Firenze의 메디치Medici 가문에서 포크와 나이프를 식사 때 사용하기 시작했어요. 메디치 가문의 공주가 프랑스 앙리 왕에게 시집을 가서 보니 왕이 탁자에서 손으로 밥을 먹으니 미개인처럼 보여서 메디치 가문에서 포크와 나이프를 만들어 보내 사용하게 해서 귀족과 서민들도 따라 했다는 이야기가 있어요. 이렇게 포크와 나이프가 유럽의 문화가 되었어요.

메디치 가문은 처음으로 환약을 만들어 부자가 되었어요. 약국에 가서 메디치를 달라고 하면 환약을 줄 만큼 인기가 있었어요. 메디신medicine이라는 단어가 메디치에서 유래했어요. 환약을 통해 부자가 된 메디치 가문이 광장에 탁자를 놓고 은행업을 시작하여 더 큰 부자가 되었지요. 원래는 광장에 긴 의자를 놓고 돈을 빌려주거나 환전해 주었는데, 이 긴 의자를 방코banco라고 불렀고, 뱅크bank의 어원이 되었어요.

메디치 가문은 르네상스의 학문과 예술의 발전에도 기여했지요. 〈신곡The Divine comedy〉을 지은 단테, 레오나르도 다빈치, 미켈란젤로 등의 유명한 예술가도 배출했고, 교황도 두세 명 배출했어요. 콜럼버스가 신대륙을 발견할 때 데리고 간 아메리고 베스푸치도 메디치 회사에서 스페인 수도 세비야에 파견된 직원이었지요.

한국에도 메디치 가문 비슷한 가문이 있었다죠? 메르치 가문을 아시나요? 바로 김영삼 대통령이 멸치잡이 어선을 가진 부친의 후원으로 대통령까지 되었을 때 우리나라 멸치 값이 얼마나 비쌌는지 한 포에 20만 원 넘게 주고 가락시장에서 산 기억이 납니다. 김영삼은 한국의 메르치 가문의 자손입니다.

이탈리아어로 '안녕하세요?'는 '본 조르노'로 '좋은 하루'라는 뜻입니다. '감사합니다'는 '그라찌에'인데, 우리나라 경상도 사투리인 '그라지예'와 발음이 비슷합니다.

시칠리아의 상징인 트리나크리아Trinacria가 시칠리아를 다니는 동안 내내 눈앞에 나타납니다. 다리가 세 개인 여인의 상입니다. 옛 그리스 사람들은 시칠리아를 삼각형 모양이라며 트리나크리아라고 불렀어요. 현재 시칠리아에서 트리나크리아는 다리가 셋이고, 가운데 메두사 얼굴이 박힌 형상으로 표현합니다. 튀르키예 이스탄불의 지하 수장고에서 거꾸로 박혀 있는 메두사의 얼굴을 시칠리아에서 만나게 되었어요. 요상하고도 무서워 보이는 이 상징을 시칠리아 사람들은 자랑스럽게 쓰고 있어요.

트리나크리아

트리나크리아는 시칠리아의 지역마다 조금씩 다르게 생겼어요. 메두사의 머리에서 밀 이삭이 세 갈래로 나온 모양이 일반적입니다. 밀은 시칠리아에서 많이 재배되며 풍요로움을 상징합니다. 토질이 비옥해서 밀 재배가 잘 되다 보니 자국의 식량 문제를 해결하기 위해 이민족들이 많이 쳐들어왔어요. 로마제국이 시칠리아 시라쿠사를 점령하고서 처음으로 내민 조건이 '밀을 우선적으로 로마에 보내라.'였어요.

트리나크리아 왕국^{Regnu di Trinacria}도 있었어요. 1282년 부활절 당시 시칠리아 섬 팔레르모에서 프랑스 군인들이 유부녀를 추행하다가 살해된 사건을 계기로 시칠리아 전역에서 앙주 왕조의 가혹한 착취에 반감을 품던 민중들이 대거 봉기하여 수많은 프랑스인을 학살한 사건인 시칠리아 만종 사건이 일어납니다. 그 후 시칠리아 왕국이 섬과 이탈리아반도 남부로 공식적으로 나뉘었고, 시칠리아 섬을 트리나크리아 왕국^{Regnu di Trinacria}이라고 명명했어요. 주세페 베르디의 오페라 〈시칠리아 섬의 만종^{Les vêpres siciliennes}〉이 이 사건을 소재로 삼았어요.

한편, 시칠리아 섬은 공식적으로는 트리나크리아 왕국으로 지명되었지만, 비공식적으로는 시칠리아 왕국으로 명명되었어요. 또 시칠리아 왕국의 대륙 부분인 반도남부의 일부는 나폴리 왕국의 카를로 2세의 지도하에 시칠리아 왕국에서 일반적으로 나폴리 왕국으로 알려지게 되었답니다.

트리나크리아^{Trinacria}라는 이름은 시칠리아 섬의 고대 상징인 트리스켈리온^{Triskelion}을 기리기 위해 선택되었답니다. 트리스켈리온은 세 개의 굽은 사람 다리나 나선이 회전대칭 형태로 뻗어 있는 문양을 말합니다. 양 시칠리아 왕국의 표식이었으며, 현재 시칠리아의 상징이기도 합니다.

무어인의 머리

시칠리아의 거리를 거닐다 보면 상점에 한 쌍의 남녀 머리 모양의 도자기 화분을 팔고 있어요. 시라쿠사에서 만난 이 무어인의 머리Moorish Head는 다른 도시에서 본 것과 달리 더 인상적이었어요. 무어인의 머리를 보면 이국적인 정취와 함께 목이 잘린 남녀의 머리가 나란히 놓여 있어서 더 호기심을 불러일으킵니다.

　무어인은 중세 이베리아반도에 거주하던 무슬림들을 가리키는 말입니다. 다만 이들이 대부분 현대 모로코를 비롯한 북서아프리카에 기반을 두고 있었기 때문에 넓은 의미로는 이베리아반도로 이주하지 않고 남아 있던 사람들까지 전부 '무어인'이라고 해요. 이슬람 세계에는 '무어'에 해당하는 말이 없었어요. 북서아프리카 지역은 마그레브Maglev, 이베리아 지역은 알 안달루스Al-Andalus(안달루시아의 어원)라고 불렀어요. 현대에서는 아랍과 베르베르의 혼혈인을 나타낼 때 무어인으로 불립니다. 현대의 모로코와 알제리, 튀니지, 몰타, 모리타니, 사하라 아랍 민주 공화국 사람들이 중세 무어인들의 후예라고 볼 수 있어요.

　무어인의 머리에 대하여 알아보니 11세기경 아프리카에서 시칠리아로 넘어온 이슬람 세력이 시칠리아 토후국을 건설했었지요. 이때 이슬람 문명의 지배를 받은 시라쿠사는 이슬람인인 무어인으로부터 다양한 색상의 도자기 굽는 기술과 아름다운 이슬람 문양 및 기호 등의 기술적, 문화적인 예술을 배우게 되었어요. 무어인의 머리도 그 당시에 있었던 이야기입니다.

어느 날 한 여인이 발코니에서 꽃을 가꾸는 모습을 본 무어인 남자가 한눈에 반해서 사랑에 빠집니다. 사랑은 무르익어 갔어요. 그런데 문제는 이 남자는 본국에 처자식을 둔 유부남이었어요. 이를 안 여인이 배신감과 수치심을 느끼면서도 그 남자를 너무나 사랑했기에 그 남자를 곁에 두고 싶었어요. 그래서 그 남자의 목을 잘라 자신의 정원에 두고 바질Basil을 심어 키웠는데 바질이 너무너무 잘 자랐어요. 무어인의 머리 화분에서 바질이 유독 잘 자라는 것을 본 이웃들이 무어인의 머리 도자기 화분을 만들어서 식물을 키우면서 시칠리아 전역으로 무어인의 머리 모양의 화분과 장식품이 퍼져 나갔어요. 아주 웃픈 사연이죠? 사랑에 눈이 먼 무어인 남자 참 불쌍하죠?

시라쿠사에 오니 오래전에 미국 동부에 있는 코넬Cornell 대학교에서의 연수를 마치고 나이아가라 폭포를 보고, 버팔로에 있는 엄청난 규모의 아울렛에서 코트를 사고, 시러큐스Syracuse에서 하룻밤을 자고서 시러큐스 대학교를 방문한 기억이 떠오릅니다. 미국 뉴욕 주의 시러큐스가 바로 시칠리아의 시라쿠사에서 유래했어요. 시러큐스 대학교는 행정학, 커뮤니케이션학 그리고 정보학의 명성이 아주 높아요.

시라쿠사는 2005년 이래로 도시 전체와 판탈리카 바위 네크로폴리스the Rocky Necropolis of Pantalica가 유네스코의 세계문화유산에 등재되어 있어요. 세계문화유산 등재는 세계인의 공동 유산으로 뛰어난 문화적, 환경적 중요성을 지닌 지역을 분류하여 지명하고 보존하는 데 목표를 두고 있지요.

유네스코가 시라쿠사를 세계문화유산으로 등재한 이유를 '시라쿠사에 위치한 기념물과 고고학적 유물은 그리스, 로마, 바로크 등 여러 문화를 아우르는 훌륭한 건축, 창조물의 가장 훌륭한 예'라고 설명을 했어요.

시칠리아에는 공항이 세 개 있어요. 팔레르모, 카타니아 그리고 트라파니 공항이 있어요. 에리체에서 내려다 본 소금으로 유명한 트라파니의 공항은 소규모라서 주로 팔레르모나 카타니아 공항을 이용합니다. 저는 두바이에서 카타니아 공항을 통해 시칠리아에 들어왔어요. 이제 시칠리아를 한 바퀴 돌았으니 몰타Malta로 가야 합니다. 시칠리아와 몰타간 비행기가 별로 없어요. 비행기가 안 되면 배로 가야겠지요. 시라쿠사에서 한 시간 정도 남서쪽으로 달리면 포짤로Pozzallo 항구가 나와요. 이 항구에서 페

페리 탑승

리를 타고 몰타의 수도 발레타^{Valleta}로 갈 수 있어요.

　오후 7시 30분발 페리를 예약했는데 갑자기 오후의 배편이 풍랑으로 인해 취소되었다는 통보를 받았어요. 오전 11시에 승선해야 몰타로 갈 수 있답니다. 헐레벌떡 시라쿠사의 일정을 마무리하고 포짤로 항구로 향했어요. 1시간 남짓 달리니 포짤로 항구가 나오는데 인천 월미도 부두와 비슷했어요. 크루즈 배처럼 생긴 큰 여객선이 우리를 기다리고 있었어요. 'VIRTU FERRIES'라고 새겨진 배 입구에 수하물을 맡기고 배에 올라 표와 여권을 제시하니 여권에 쿵 하며 스탬프를 찍네요. 아마 몰타 입국심사를 한 것 같아요. 2층 앞부분의 탁자가 있는 좌석에 앉아 시원한 지중해 바다를 음미하니 흥얼흥얼 콧노래가 절로 나옵니다. 한 시간 남짓이면 몰타의 수도 발레타 항구에 도착하겠지요.

몰타
Republic of Malta

아~ 몰타!

시칠리아의 포짤로 항구에서 조금 남서쪽으로 약 90km 거리를 페리를 타고 한 시간 정도 만에 몰타Malta의 발레타Valleta 항구에 도착했어요. 몰타는 남유럽에 위치한 지중해의 섬나라입니다. 공용어는 영어와 몰타어입니다. 주민의 대다수는 셈어족에 속하는 몰타인입니다. 몰타는 유럽의 나라 중에서 아프리카어족의 언어를 사용하는 유일한 나라입니다. 문화는 이슬람 문화의 영향을 받았지만 라틴 문화의 영향도 많이 받았어요. 몰타는 지중해의 한복판에서 북아프리카 카르타고와 로마제국 그리고 유럽제국들의 침략과 지배를 수없이 받다 보니 역사 또한 상당히 복잡합니다.

기원전 700년경부터 페니키아인들의 식민지가 된 몰타는 페니키아 본토의 도시들이 약화되자 그 후신인 카르타고의 지배를 받았어요. 카르타고가 시칠리아 섬으로 세력을 확장하면서 몰타는 북아프리카와 시칠리아를 잇는 무역 기지가 되었답니다. 이 와중에 그리스 문화의 많은 요소가 도입되기도 했지만 섬 주민은 페니키아계였어요. 제2차 포에니 전쟁 이후 몇 백 년에 걸쳐 지중해를 지배하던 로마제국의 통치를 받았어요. 기독교의 사도 바울이 로마로 압송될 때 배가 풍랑을 만나서 수십 일에 걸쳐 표류하다 기적적으로 도착한

멜리테Melite가 바로 오늘날의 몰타에 위치한 므디나Mdina입니다.

476년에 서로마 제국이 붕괴한 뒤, 6세기에 동로마 제국이 다시 몰타 섬을 점령했으나 이후 이슬람인 사라센 해적들의 공격에 오랫동안 시달렸어요. 서기 870년에는 아랍 무슬림 아글라브 왕조aghlabid dynasty에 점령당했지요. 이후 많은 아랍인들이 해적 기지로 삼아 섬에 정착했으나 1091년 시칠리아의 노르만인들이 몰타를 점령하고 섬 주민들을 다시 기독교로 개종시켰어요.

그러나 고대 페니키아어와 아람어Aramaic language를 사용해 오던 몰타 주민들은 기독교 개종 이후에도 스페인, 포르투갈의 레콩키스타의 경우와 다르게 일상생활에서 한동안 계속 아람어를 사용했답니다. 페니키아어, 아람어와 마찬가지로 아랍어Arabic language는 아프리카아시아어족에 속했고, 아랍어가 별 이질감 없이 중세 몰타인의 문화에 융화되었던 상황이었어요. 이 때문에 심지어 종교가 바뀌어도 언어의 변화는 늦어진 것으로 보여요.

1522년 오스만 제국의 쉴레이만 1세Süleyman I (1520~1566)가 성 요한 기사단Knights of St. John의 근거지였던 에세해의 로도스Rhodos 섬을 정복하자 예루살렘의 성 요한 기사단은 새로운 터전을 찾아야 했어요. 이때 신성로마 제국의 황제이자 스페인 왕인 카를 5세Karl V가 1530년에 성 요한 기사단에게 매년 매hawk 한 마리를 공물로 바치는 것을 조건으로 몰타를 사실상 무상 증여했어요. 이때부터 몰타는 성 요한 기사단의 영토가 되었고, 이 시대를 가리켜 몰타에서는 기사들의 시대Żmien il-Kavallieri라고 합니다.

매는 한국과 몽골 등에서 사냥을 잘하는 새인데 몰타의 매도 사냥을 아주 잘하나 봅니다. 지금도 전통 축제를 할 때 매를 가지고 나와서 시범을 보이기도 합니다. 카를 5세는 앞에서도 한 번 등장한 인물로, 튀니지와의 전쟁에서 승리한 기념으로 포르타 누오바를 건축했고, 그의 좀 없어 보이는 동상이 팔레르모의 거리에 서 있다고 소개한 바 있어요.

몰타는 성 요한 기사단의 이전 거점인 로도스에 비해서 여러모로 열악했어요. 우선 섬의 크기부터 몰타는 로도스의 1/4에도 미치지 못 하는 비좁은 섬이었고, 식수가 될 만한 수자원도 부족했으며 바위섬이라 토양마저 척박하여 자급자족이 힘들었답니다.

다만 바위가 많은 환경은 수비면에선 엄청 긍정적인 요소가 되었어요. 주변에 보급 기지가 될 만한 섬 하나 없고, 절벽으로 둘러싸여 상륙 지점도 마땅치 않았어요. 땅이 워낙 좁아서 투입할 수 있는 병력이 한정될 수밖에 없었으므로 공격자가 수적으로 우위를 유지하기 힘들었어요. 그러다보니 몰타는 로도스와 맞먹을 정도의 전략적 요충지가 되었어요.

카를 5세상

당시 오스만 제국의 영향력이 바르바리 해적 Barbary pirates 덕분에 서지중해까지 넓어지긴 했지만, 이곳은 서유럽 국가들의 앞마당이기도 했기 때문에 동지중해에서와 같은 우위를 누릴 수가 없었어요. 그래서 이슬람 선박들은 최대한 안전하게 동지중해와 서지중해를 오가려면 몰타와 튀니지 사이의 해협을 지나가야 했는데, 지중해 한가운데 그것도 시칠리아와 북아프리카 중간에 자리 잡은 몰타는 해협의 통제권을 장악하기 좋은 위치였던 것입니다. 성 요한 기사단은 다시 이슬람 상선과 해적선을 가리지 않고 해양 지리적 환경을 활용하여 제압할 수 있었어요.

쉴레이만은 다른 국가들과의 전쟁으로 바쁜 데다가 거리가 멀어서 성 요한 기사단이 옮겨간 몰타에는 별로 관심을 두지 않았어요. 그런데 1564년 오스만 황실의 선박이 성 요한 기사단에 나포되어 성 요한 기사단 항구에 전시되는 사태가 벌어졌어요. 일대 굴욕을 당한 쉴레이만 1세는 1565년 몰타를 공격하기로 결심하고 2만 명에 달하는 대규모 병력을 파병하지만 세 달에 걸친 공방전 끝에 함락에 실패하고 맙니다. 당시 방어 병력은 기사단원 500~600명에 현지 징집병과 전투 직전에 고용한 용병 등을 포함한 6~8천 명 정도였어요.

이 승리로 성 요한 기사단은 명성이 유럽에 퍼져, 몰타의 지명도도 올라갔어요. 몰타 공방전 이후 성 요한 기사단에 입단하는 지망자도 늘어나고, 스페인의 지원을 받는 교황령을 위시한 가톨릭 국가들의 기금 원조도 늘어나 성 요한 기사단은 이슬람 해적과 상선들을 막아낼 수 있었어요. 성 요한 기사단의 활동은 17~18세기에도 계속되었어요.

1798년 나폴레옹이 이집트로 원정을 가는 과정에서 성 요한 기사단의 항복을 받아내서 점령 직후 성 요한 기사단은 몰타에서 퇴거당해요. 그러나 시칠리아 왕국의 요청으로 영국군이 1800년에 프랑스군을 몰아내고 몰타를 점령했어요. 이후 빈 회의(1814~1815)의 결과 몰타의 영국 영유가 승인되어 몰타는 1816년부터 공식적으로 영국 영토가 되었답니다.

제2차 세계대전이 일어나자 독일과 이탈리아가 북아프리카를 원정하면서 지원하기 위한 보급 루트도 중요해졌어요. 몰타의 위치가 세로로는 시칠리아-트리폴리의 독일군, 이탈리아군의 보급선 한가운데였고, 또 가로로는 지브롤터-알렉산드리아의 영국 보급선 한가운데에 위치해 있었기 때문에 몰타를 점령하는 쪽이 자신의 보급로를 확보하고 반대편의 보급로를 끊어버릴 수 있는 엄청나게 중요한 지역이 되었지요. 이로 인해 추축국樞軸國은 항공전을 통해 엄청난 공군력을 쏟아 부어 몰타 전역을 연일 폭격했어요. 크지도 않은 섬을 하도 폭격해서 '세계에서 가장 많이 폭격당한 곳'이라는 소리를 들을 정도였답니다.

하지만 영국은 본토를 제외하면 최초로 슈퍼마린 스피트파이어 Supermarine Spitfire를 주둔시키는 등 계속해서 몰타에 전력을 증강했어요. 그 덕분에 독일은 몰타를 끝내 함락시키지 못했지요. 결국 이로 인해서 이탈리아군의 보급선이 완전히 끊겨버려 북아프리카에 주둔한 이탈리아군과 독일군 모두 전멸하는 결과를 초래했어요.

제2차 세계대전이 끝나자 몰타에서는 식민지 상태를 폐지하고 영국 본국으로 완전 편입하든지 영연방 왕국으로 만들라는 여론이 일어났고, 이에 1955년의 원탁회의를 거쳐 1956년 주민투표를 실시하여 영국에 편입하는 것에 77%가 찬성했어요. 몰타

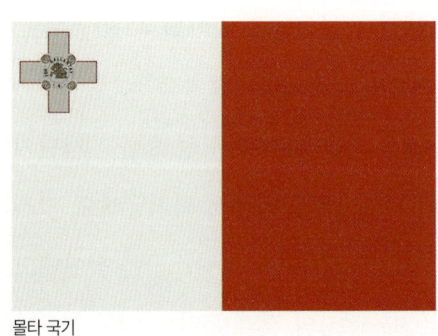
몰타 국기

는 다른 식민지와는 달리 영국이 자국으로 흡수하는 것을 심각하게 검토한 지역이었고 실제로 1956년의 주민투표는 몰타가 영구히 영국 영토가 될 수도 있었던 갈림길이었지만, 문제는 독립주의자들이 투표를 거부한 관계로 투표율은 59.1%에 불과했어요. 59.1%도 낮은 투표율은 아니었지만 아무래도 좀 찜찜했는지 영국에 편입하지는 않았어요. 1964년 영국 국왕 엘리자베스 2세를 국가원수로 하는 영연방 왕국인 몰타국State of Malta이라는 이름으로 독립했어요.

몰타국은 입헌군주국이었으나, 1974년에 헌법을 개정해 공화정을 수립했고, 국호 역시 몰타 공화국Republic of Malta으로 변경했어요. 1989년에 몰타에서 냉전의 종말을 확정한 몰타 회담이 열렸답니다. 몰타의 독립 40주년을 맞은 2004년에 유럽연합에 가입하여 오늘에 이르고 있어요. 휴~ 우리나라의 역사도 잘 모르는 제가 어쩌다 몰타에까지 오다 보니 몰타의 역사를 한 번 쭈~욱 훑어보았어요.

몰타의 수도 발레타와 성 요한 기사단

발레타는 몰타의 수도로 몰타의 6개 섬 중에서 가장 큰 섬인 몰타 섬에 있어요. 행정구역상 발레타의 면적은 고작 0.8㎢에 인구도 약 6,000명에 불과하지만 주변 도시권을 합한 인구는 약 40만 명에 이르며 몰타 인구가 약 60만 명임을 감안하면 그냥 몰타인 대부분이 발레타 도시권에 산다고 봐야 합니다. 한 나라 수도의 인구가 만 명도 안 된다니 이상하게 들리죠? 실제로 발레타에 내리니 도시가 꽤 컸어요. 그런데 40만 명쯤 되는 도시 전체를 수도 발레타라고 하면 좋을 것만 같은데 왜 그러지 않았을까요? 그것은 저의 생각이고 얽히고설킨 발레타의 역사를 보면 이해가 됩니다.

발레타 도시의 역사는 16세기로 거슬러 올라갑니다. 신성로마제국 황제 카를 5세는 성 요한 기사단이 로도스 섬을 오스만 제국에게 빼앗겨 근거지를 잃자 그들에게 몰타 섬을 내주었다고 했지요. 성 요한 기사단은 이곳을 거점으로 혁혁한 전과를 올렸어요. 특히 과거 로도스 시절을 잊지 않은 성 요한 기사단원들은 사라센 선박과 해적선을 모두 가리지 않고 무자비하게 공격했다고 합니다.

성 요한 기사단 문장

지도만 봐도 알 수 있듯이 이들이 자리 잡은 몰타 섬은 북아프리카의 항만과 항로들을 기습하기 최적화된 곳이라서 오스만 제국의 골치를 엄청나게 썩였어요. 결국 쉴레이만 1세는 1565년 몰타를 공격했지만 끝내 함락에 실패하고 맙니다. 공방전 당시 일흔의 나이에도 불구하고 앞장서서 싸운 성 요한 기사단장 장 파리소 드 라 발레트Jean Parisot de La Valette는 공방전 이후 성 요한 기사단의 요새를 복구하고 증축하는 작업, 즉 발레타 도시건설의 시금석을 놓고서 눈을 감았어요. 이 성 요한 기사단 요새가 도시로 발전했고 이 도시의 이름을 기사단장 발레트의 이름에서 따와 발레타라고 하였어요.

1964년에 몰타가 몰타 공화국으로 독립한 이후로는 몰타 공화국의 수도로 지정되었고, 1980년에는 발레타 시 전체가 유네스코 세계문화유산으로 지정되었어요. 2018년에는 유럽 문화 수도로 지정되었어요. 1980년에 체스 올림피아드를 개최한 이력도 있어요.

발레타와 성 요한 기사단은 떼려야 뗄 수 없는 공동운명체로 보여요. 성 요한 기사단의 역사를 짚어보고자 합니다. 유럽 십자군 전쟁 시기에 결성된 가톨릭의 기사수도회로, 정식 명칭은 '성 요한의 예루살렘과 로도스와 몰타의 주권 군사 병원 기사단Sovereign Military Hospitaller Order of Saint John of Jerusalem of Rhodes and of Malta'입니다.

일반적으로 줄여서 '구호 기사단Knights Hospitaller'이라고도 부르며 십자군 국가들을 방위하던 성전 기사단원은 템플러Templar라고 불렸지만 '구호 기사단원'은 Hospitaller라고 불렸어요. 하지만 구호 기사단이란 이름 외에도 성 요한 기사단, 로도스 기사단, 몰타 기사단, 병원 기사단 등 정식 명칭의 일부를 따온 여러 약칭이 있어요. 이탈리아를 비롯한 서양 쪽에서는 흔히 몰타 기사단으로 알려져 있어요. 한편 한국의 옛날 책 중에는 약칭인

121

현대의 성 요한 기사단

Hospitaller를 '애호사愛護士'라고 옮긴 사례도 있으며, 지금도 몇몇 사전에 실려 있답니다. 단순한 가톨릭 단체처럼 보이지만 국가에 준하는 대우를 받고 있어요. 성 요한 기사단은 UN 가입 자격을 갖고 있으며, 별도의 우표와 여권을 발행합니다.

발레타 시내를 거닐다 보면 날카로운 끝을 가진 종이비행기 네 대가 한 꼭짓점에서 만나는 성 요한 기사단을 상징하는 깃발을 군데군데서 발견할 수 있어요. 성 요한 기사단은 현재까지도 존속하고 있답니다. 단체명과 각종 직책명은 과거 기사단 시절의 것을 그대로 유지하는 중이지만, 과거와는 달리 이제는 군사 단체가 아닌 구호와 봉사를 목적으로 하는 사실상의 NGO로 탈바꿈하였어요. 그들이 기사가 되기 이전의 업무인 의료 봉사를 하는 단체로 회귀한 것입니다. 오늘날에는 이름에 걸맞게 순수하게 구호활동을 하는 단체이지만, 과거 17세기에는 서인도 제도에서 식민지를 경영하는 식민제국이 되는 등 다사다난한 세월을 보내기도 했어요.

현재는 영토가 없어서 국제법상 주권국으로 취급받기 어려운 상황이지만, 세속 영토가 있었던 과거에는 엄연히 국제법상 주권 실체sovereign entity로 대우를 받았어요. 하지만 영토가 없는 현재도 구호기사단을 주권 실체로 인정해 줘서 외교 관계를 수립한 나라들도 엄연히 존재합니다. 정식 명칭에 괜히 '주권sovereign'이라는 단어가 들어간 게 아니지요.

한때 몰타를 지배했던 세력이라 몰타 정부가 영토의 일부를 떼어 주려고도 했었다고 합니다. 만약 성사됐으면 '교황청 + 바티칸' 모델 비슷하게 되어 다수의 국가들이 성 요한 기사단을 국가로 인정했을지도 모릅니다. 하지만 성사는 되지 않았어요. 대신 기사단의 몰타 내 활동을 보장해 주기 위해 옛날 몰타에 있을 때 쓰던 성의 상부를 외국의 대사관과 유사한 치외법권 지역으로 인정해 주고 있어요. 그곳은 몰타 법을 따르지만 성 요한 기사단원들에게 몇 가지 특권이 제공됩니다.

현재 본부는 이탈리아 안에 두 군데 있는데, 이탈리아는 성 요한 기사단의 주권을 실제로 인정하는 나라라서 성 요한 기사단의 본부도 치외법권 지역으로 인정해 줍니다. 이 두 장소 중 하나인 Villa del Priorato di Malta는 로마를 여행하는 사람들이 찾는 곳이기도 해요. 성 요한 기사단이 방문 목적은 아니고 대문의 열쇠 구멍이 유명해요. 열쇠 구멍을 들여다보면 구멍을 프레임 삼아 구호 기사단의 뜰 너머로 바티칸의 성 베드로 대성당 돔이 아름답게 보입니다. 이를 보기 위한 대문 앞에는 언제나 관광객들의 꽤 긴 줄이 서 있어요. 기본적으로 기사 수도회를 전신으로 한 가톨릭 관련 단체이나 영국, 네덜란드, 독일, 스웨덴 등에는 개신교도들을 위한 '성 요한 기사단'이 별도로 존재합니다.

성 요한 기사단의 역사를 보면, 600년 예루살렘에 설립된 순례자들을 위한 병원이 시초로서, 본래 구호 활동을 담당하던 곳이었어요. 1차 십자군 전쟁 때 십자군들로 포위된 예루살렘에서 자의에 의한 것인지 타의에 의한 것인지 의료 봉사를 계속했어요. 이들의 이러한 기원은 그들이 유연하게 살아남는 데 영향을 미친 것으로 보입니다. 성 요한 기사단은 보호

할 성전과 전투가 없으면 존재 가치를 잃기 때문에 실제로 사라져서 지금은 존재하지 않지만, 병원 기사단은 전투가 없어져도 의료 봉사를 하면 되었으므로 유지될 수 있었어요.

이후 1113년 십자군 전쟁이 발발하면서, 교황의 명령에 의해 성 요한 기사단으로 조직되었어요. 처음에는 예루살렘 방어와 같은 소극적인 전투 활동에 국한되던 활동 영역이 이후 순례자들의 경호 등으로 확대되기 시작했어요. 계속적인 조직 확대를 통해 거대한 군사 조직이 되었지요. 검은색 겉옷에 그려진 흰 십자가를 상징으로 삼으며, 십자군 전쟁 기간 동안 전쟁의 주력으로서 이슬람 군대와 치열한 접전을 벌였어요.

창설 초기에는 신앙심만으로 참여하는 귀족들이 많았으나 후대로 갈수록 물려받을 재산이 없는 차남, 삼남 같은 갈 곳 없는 귀족 자제들이 주요 인재 풀이었어요. 1291년 아크레Acre가 함락되면서 예루살렘 왕국이 성지의 영토를 모두 상실하고 키프로스Cyprus로 밀려났으며, 이때 성 요한 기사단도 성지의 거점을 모두 상실하자 당시까지 동로마 제국의 영토였던 로도스 섬을 침공해 거점으로 삼았어요. 이후 근처 몇몇 섬 및 소아시아 본토의 일부 거점을 확보하고 이슬람 세력과 전쟁을 계속했어요.

십자군 전쟁이 종료된 후 교황청 및 프랑스 왕의 손에 의해 철저하게 해체당한 성전 기사단과 달리 성 요한 기사단은 최전선에서 이슬람에 맞서는 성채로서 큰 역할을 담당했어요. 덕분에 성전 기사단의 재산 상당량이 성 요한 기사단에 흡수되어 유럽 각지에 지부를 두고 그 세력을 크게 확장할 수 있었어요.

이후 15세기 오스만 제국이 콘스탄티노플을 점령하고 세력을 떨치자이에 반발하여 1세기가량 오스만 제국 선박에 대한 무차별 공격을 가했어요. 당시에는 '이교도에게 가한 죄악은 죄가 아니다'라고 인식했기 때문에 성 요한 기사단이 공격을 해도 통념상 문제가 없었어요.

한편 콘스탄티노플 함락 때 3중 성벽이 신무기 대포에 의해 무너지는 것을 보고 대대적인 개수 및 중축을 거듭하여 대포 공격도 버틸 수 있는 난공불락의 요새를 구축했어요. 그래서 메호메트 2세$^{Mehmed\ II}$ 치세 말기인 1480년에 시도한 공략은 실패했어요. 이때 오스만 군대는 전장에서 길이 5.5미터에 60~75cm 구경을 지닌 거대한 사석포 16문을 제조할 만큼 엄청난 물량을 쏟아부었으나, 끝내 성 요한 기사단의 단단한 방어를 뚫지 못했어요. 강력한 오스만 군대에 맞서 싸워 요새를 지켜내 승리한 기사단의 명성은 유럽 전체에 알려졌고, 오스만 군대에 연전연패를 거듭하며 절망에 빠져 있던 본토 유럽인들은 로도스 기사단의 승리를 열광적으로 축하했어요. 그래서 성 요한 기사단장도 로마 교황에게 추기경 작위까지 받을 만큼 크나큰 영예를 누렸어요.

그러나 1522년, 즉위한 지 얼마 되지 않은 젊은 술탄 쉴레이만 1세가 직접 2차 공략을 시도했어요. 콘스탄티노플을 공략한 메호메트도 못했던 로도스 원정에 쉴레이만은 간단한 해법인 인해전술을 내놓았어요. 이때 오스만 제국은 병력 10만, 함선 300여 척의 대군을 동원하였는데, 당시 성 요한 기사단 측 기록에 따르면 온 로도스의 땅이 오스만의 붉은 깃발로 뒤덮였을 정도로 많았다고 합니다. 반면 수비하던 기사단 병력은 기사단원 7백 명에 로도스 주민 7천여 명에 불과했어요.

당시 로도스 기사단은 상당히 뛰어난 기사들이었어요. 거의 일당백 수

로도스 시절에 세운 든든한 성체

준의 실력자들이었고, 각종 무기에 능해서 심지어 총도 상당히 잘 다뤘어요. 오스만군의 사상자는 무려 1.5만~4.5만 명이 되었지만, 쉴레이만은 눈 하나 깜짝 하지 않고 계속 밀어붙였어요. 만약 이때 오스만 군대의 총사령관이 술탄 쉴레이만이 아니었다면, 군대를 철수시켜야 했을 정도로 피해가 굉장히 컸어요. 그러나 술탄 쉴레이만의 로도스 섬 함락 의지가 워낙 확고해서 추운 날씨와 전염병의 창궐에 막대한 사상자 속출에도 불구하고 계속 밀어붙였어요.

외성이 무너져 내성으로 후퇴해 버티던 기사단에게 쉴레이만은 모든 무기와 군기를 가진 채로 섬을 나가게 해 주겠으며 성 요한 기사단과 함께 섬을 떠날 주민들의 안전도 보장한다는 제안을 하였어요. 지금 제안을 안 받아들이면 나중에 성이 함락되었을 때 기사단은 전부 죽음을 면치 못 하리라는 전제 조건을 달긴 했지만. 사실 이때 쉴레이만도 더 격렬하게 싸우기는 힘들었으리라는 게 정설입니다. 이 전투에서 정예병인 예니체리 Yeniçeri를 포함해 병력을 많이 잃었기 때문입니다. 물론 성 요한 기사단도 공성전 과정에서 큰 손실을 입으며 내성까지 몰렸고 기사단을 지원할 구원군도 없는 고립무원의 상황이라 계속 전투를 벌이면 분명 쉴레이만이 이겼겠지만, 그 과정에서 또 얼마나 피해를 입을지 짐작조차 할 수 없으니 적당한 선에서 협상하여 섬에서 내보내는 게 쉴레이만 입장에서도 나은 선택이었어요.

섬이 삶의 터전인 로도스 주민들은 죽을 각오로 싸울 이유가 없었으므로 항복하느냐 마느냐를 두고 격한 찬반 논쟁을 벌였어요. 소수 기사들이 결사 항전을 주장했지만, 전쟁으로 쑥대밭이 된 주민들의 압박에 밀려 기사단장 필리프 빌리에 드 릴라당Philippe Villiers de L'Isle-Adam은 쉴레이만의 제안을 받아들이며 성문을 열었어요.

1523년 1월 1일, 살아남은 기사단원과 민간인 수천 명은 마지막 행진을 벌이며 쉴레이만이 제공한 배 50척을 타고 명예롭게 베네치아 령 크레타 섬으로 떠났어요. 이후 한동안 시칠리아에서 더부살이를 하던 성 요한 기사단은 신성로마제국 황제인 카를 5세의 배려로 1530년 몰타 섬을 할양받아 이곳을 거점으로 또다시 오스만 제국과 전쟁에 들어갔어요. 카를 5세는 기사단에 형식적인 조공으로 1년에 한 번씩 몰타 산 매 한 마리를 요구했어요. 원래 성 요한 기사단은 당시 기독교도의 영역이었던 북아프리카 트리폴리를 요구하였으나 신성로마제국에서 번번이 거부하였는데, 성 요한 기사단이 생각했던 최적의 활동지 트리폴리는 1551년 오스만 제국에게 점령당했어요. 성 요한 기사단 입장에서는 천만다행인 일이었어요.

시간이 흘러 카타니아 외에도 메시나Messina, 페라라Ferrara에도 임시 지부를 마련한 성 요한 기사단은 마침내 1834년 로마에 정식 성 요한 기사단 지부 설립을 허가받았어요. 이 시기부터 성 요한 기사단은 군사적인 면은 거의 탈피하여 본분인 구호 활동에 주력하는 일종의 NGO로 거듭났어요.

로마 콘도티 거리$^{Via\ Condotti}$에 있는 구호소에서는 우표를 판매해요.

한편, 영국 지부는 1888년 빅토리아 여왕의 공인을 받아 '예루살렘의 성 요한 기사단'으로 재건되어 영연방과 미국에서 활동하였으며, 제2차 세계 대전 중에 영국 적십자와 함께 활동하기도 했어요. 그래서 영국에서 오는 구호품들은 영국 적십자사와 성 요한 기사단 명의로 오곤 합니다. 1963년 몰타 기사단의 인정을 받고 정식으로 성 요한 기사단에 편입되었어요. 한때 개신교에 장악되었던 독일 지부도 역시 동일한 명칭으로 재건되었고, 스웨덴, 네덜란드, 헝가리로 조직을 확장했으며, 영국 지부와 연대해 활동하고 있어요.

성 요한 기사단 홈페이지에는 "더 이상 검으로 싸우는 전쟁은 없으나, 평화로운 도구들을 사용해 질병·가난·사회적 단절·편견과 싸워 나가는 것은 믿음을 지키고 전파하는 것과 마찬가지로 중요하다."라는 문구가 있어요. 과거에는 귀족이 아니면 가입 자격을 주지 않았으나, 이제는 귀족이 아니라도 가입할 수 있다고 합니다.

한국에도 회원 1명이 지부 설립을 준비 중이라는 기사가 2013년에 나왔어요. 지원자는 양창수(베네딕토) 대법관, 나경원(아셀라) 의원, 지진희(요한) 배우 등이 있답니다. 봉사와 기도로 2년여 수련 기간을 마치면 기사 작위와 함께 정회원 자격을 받아요. 2015년 마침내 오더 오브 몰타 코리아$^{Order\ of\ Malta-Korea}$라는 이름으로 창립해, 박용만 회장이 대표로 선출되었어요. 박용만 대표는 2018년 몰타 기사단의 한국 대표 자격으로 성 베드로 대성당의 미사에 참례한 바도 있답니다.

이제 군사적 성격은 대부분 사라졌지만, 근대 이후에도 여전히 활동하며 존속하는 기사단이라는 점이 잡배들의 허영심을 자극했기 때문인지, 성 요한 기사단의 이름을 도용한 많은 사이비 기사단들이 존재합니다. 이탈리아 출신 자코모 달라 토레 델 템피오 디 산귀네토가 제80대 단장으로 선출되었으나, 2020년 4월 29일 사망했어요.

성 요한 기사단은 외교 사절, 자국 등록 선박, 자체 자동차 번호판 등이 있고, 우편 협정을 유지하는 몇몇 나라에서만 통용되는 우표도 발행하며 UN의 영구 가입 자격도 갖추고 있어요. 또 별도의 여권이 발행되며 이탈리아와 몰타 공화국을 비롯해서 UN 회원국의 과반수인 110개국이 몰타 기사단을 완전한 국가로 인정하고 있어요. 오히려 중화민국(대만)이나 코소보를 인정한 나라 숫자보다 더 많아요. 기독교권 국가뿐만 아니라 아프가니스탄, 요르단, 이집트 같은 이슬람권 국가 및 태국, 캄보디아 같은 불교권 국가들도 몰타 기사단을 나라로 취급합니다. 그래서 로마에 있는 몰타 기사단장 관저는 '세계에서 가장 작은 국가'로 불리기도 합니다. 몰타 기사단장 관저에 대사관을 입주시킬 수는 없으므로, 주 교황청 대사관처럼 로마에 주 성 요한 기사단 대사관이 있어요. 당연히 성 요한 기사단도 일부 국가에 대사관을 두고 있어요.

어부 마을 마르사실로크와 고르바초프

　몰타의 수도인 발레타에 들어왔으니 몰타와 발레타에 대한 역사적 배경을 살펴보느라 이제서야 본격적인 몰타 여정을 소개하게 되네요. 페리를 타고 시라쿠사 포짤로 항구를 떠나 발레타의 해안이 가까운 풍경도 빼어난 마리팀 호텔Maritim Antonine Hotel & Spa에 여장을 풀고 호텔 맞은편 하이퍼마켓에 들러 아르간 비누 몇 장을 사고 바로 옆에 있는 일식집에서 저녁 식사를 했어요. 메뉴는 새우볶음밥과 김밥 그리고 해초국이었어요. 참 맛있었어요.

　왜 한식도 아닌데 이렇게 맛있었냐 하면 사실 며칠간 맛있다고 소문난 시칠리아 음식만 먹었는데요, 그 유명한 맛있는 요리가 저의 입맛에는 전

혀 맞지 않았어요. 그래서 식사 시간만 되면 고역이었어요. 제 입맛에 맞지 않는 음식의 종류와 양이 너무너무 많이 나와요. 애피타이저, 메인 요리, 디저트 순으로 매 식사마다 나오는데 애피타이저 양이 왜 이렇게 많은지 파스타나 스파게티도 애피타이저인데 양이 진짜 많아요. 피자도 둥근 큰 판을 1인당 한 판씩 먹어야 했어요. 한 조각 먹기도 힘든데 한 판을 다 먹으라고 하니 종류별로 4가지를 주문하여 먹어보아도 입맛에 맞는 피자는 없고 어떤 피자는 엄청 짰어요. 우리나라의 이마트나 코스트코의 피자가 저의 입맛에는 더 맞아요. 저의 입맛은 아직 글로벌화가 덜 되었다는 의미이겠지요.

일식집 종업원들은 동양계 학생들이었어요. 일행 중 누군가가 일본말로 한참을 말했는데 전혀 소통이 되지 않았어요. 그 이유는 알바 학생들이 일본 사람이 아니라 중국 사람이었어요. 제가 중국어를 이띠알(조금) 해서 중국말로 고향이 어디며 여기 어느 대학교에서 무슨 공부를 하고 있냐고 물었더니 상냥하게 중국 저장성에서 몰타로 유학을 와서 정보학을 공부하고 있다고 했어요. 몰타에는 중국 학생들이 참 많이 유학을 온 것 같았어요. 아마 일본 학생을 구하기가 힘들어서 중국 유학생들을 알바로 쓰는 것 같았어요. 먼 타국에서 동양인을 만나니 참 반가웠어요. 사실 제가 경희대학교에서 중국 유학생 교회를 14년 정도 섬기고 있어서 중국 유학생에게 더 관심이 갔답니다.

다음날 아침 호텔을 나와 마르사실로크Marsaxlokk 어촌 마을에 찾아갔어요. 마르사실로크는 영어도 아닌 것 같고 참 오묘한 이름입니다. 마르사실로크는 아랍어로 항구를 의미하는 마르사와 몰타어로 남동쪽을 의미하는 실로크가 조합되어 만들어진 단어랍니다. 몰타가 7세기경에 아랍의 지배를 받아서 몰타어에 아랍어의 흔적이 남아 있어요. 언어뿐만 아니라 북아프리카의 사하라 사막에서 불어오는 황사가 봄날에는 몰타를 덮을 때도 있고, 사하라 사막에서 불어오는 시로코 바람이 불면 여름이 시작된답니다.

 마르사실로크를 영어식으로 발음하면 '마샬설록'이라고도 합니다. 발음이 한층 더 부드럽지요. 마르사실로크 입구에 들어서자 생선 좌판 위에 생선을 팔고 있어요. 생선을 토막 내어 팔기도 해요. 이름을 알 수 있는 생선은 오징어군요. 6마리 모두 10유로라고 적혀 있어요. 비싸지는 않은 것 같아요. 좌판 옆에는 아버지와 아들 그리고 강아지의 청동상이 사실적으로 묘사되어 있어요. 왼쪽 어깨와 오른쪽 옆구리에 광주리를 차고 돌아오

는 아버지를 모자 쓴 아들이 왼쪽에는 여동생을 끼고 오른쪽 옆구리에는 배 모형을 끼고 마중 나가는 모습이 참 정겹고 사실적입니다.

어시장에서 내려 조금 걸어가니 푸르른 지중해 바다가 보여요. 고즈넉한 항구를 가득 메운 형형색색의 배들도 보이는군요. 일요일에는 '선데이 마켓Sunday Fish Market'이 열려요. 지중해 해산물 종류만큼 배들의 색깔이 다양합니다. 항구 너머로 화력발전소의 지붕과 굴뚝 기둥이 서 있어요. 어촌답게, 어시장답게, 다양한 해산물과 다양한 배들이 참 잘 어울려요. 각종 생선부터, 문어, 오징어, 새우, 조개까지 지중해 해산물을 한눈에 볼 수 있는 살아 있는 전시장을 보는 느낌입니다.

채소 가게도 있네요. 형형색색의 다양한 채소들이 눈에 들어와요. 몰타에는 딸기가 많은가 봅니다. 매우 싱싱해 보여요. 몰타의 상징이 그려진 티셔츠와 담요를 파는 기념품 가게도 있고요. 옷에 그려진 문양은 몰타 기사단의 몰타 십자가Maltese Cross랍니다. 몰타 쿠키인 임아렛Imqaret도 있어요. 마르사실로크의 거리를 걸으니 다양한 가게와 레스토랑 그리고 카페가 아기자기하게 참 많아요. 마르사실로크 어시장은 매주 일요일에만 열린답니다.

시칠리아에서는 주로 소형차들이 대부분이었는데 이곳 몰타의 해변에 늘어선 주차장에는 중대형 차량도 많아요. 길옆에 주차된 차량 중에는 한국산 자동차도 꽤 보이네요. 그 중에서도 저의 눈길을 끈 자동차는 큼직한 MUSSO(무쏘) 표시를 붙인 한국 쌍용자동차의 KHAN이었어요. 과거에 쌍용자동차에서 무쏘 SUV 자동차를 생산한 적이 있었지요. 그런데 재미있는 사실은 번호판의 번호가 MUSSO로 앞뒤에 붙어 있어요. 다른 자동

번호판이 MUSSO인 자동차

차들은 일반적으로 숫자와 알파벳으로 조합된 번호판인데 흰색의 이 무쏘 차는 번호판까지 MUSSO이니 너무 참 신기합니다. 무쏘의 뿔처럼 강인한 한국 자동차의 힘을 이 몰타에 와서 느낍니다.

몰타의 전통 어선인 루주Luzzu가 지중해 바다에 그림처럼 떠 있어요. 시원한 바닷바람을 맞으며 항구가 한눈에 보이는 해변 길을 걸으니 배의 모양이 시선을 사로잡아요. 바닷가에 유유히 떠서 운치를 더해주는 루주는 몇 가지 특징이 있답니다. 마르사실로크에서 대표적으로 만드는 몰타의 전통 어선 루주는 기본적으로 노랑, 빨강, 초록, 파랑 등을 사용해서 밝은 빛을 보이도록 합니다. 그리고 배 앞에 두 눈이 그려져 있는데 이는 고대 페니키아로부터 내려온 전통이라고 해요. 고대 그리스와 이집트를 지나며 전통으로 확립된 이 눈은 호루스의 눈eye of Horus 혹은 오시리스의 눈eye of Osiris이라고도 불린답니다. 또 바다에서 어부를 지켜주는 의미를 가지고 있고요.

영화 같은 마르사실로크의 풍경에 취해 해변 길을 거닐다가 맞은편 도로에 있는 다양한 가게와 레스토랑 카페들의 사열을 받으며 한 카페에 들어갔

어요. 이 카페에 들어간 이유는 카페 입구에 세 마리의 원숭이가 앉아 있는데, 각각 귀를 막고, 입을 막고, 눈을 막은 포즈를 취하고 있으며 색깔이 다른 원숭이들이 눈길을 끌었기 때문입니다. 이 세상 보기

도 싫고, 듣기도 싫고, 말하기도 싫다는 우스꽝스러운 손짓이 저를 카페 안으로 불러들였어요.

검은 뒷머리를 묶은 까만 눈동자와 저와 비슷한 수염을 가진 30대의 청년이 운영하는 카페입니다. 차와 음료를 주문하고 기다리며 몰타인이냐고 물었더니 몰타인이 아니라 모로코에서 왔답니다. 온 지 7년 정도 되었고요. 몰타에는 모로코나 튀니지 등의 북아프리카 사람들이 많이 살고 있다고 했어요. 저도 모나코인 줄 알고 모르고 간 모로코의 카사블랑카와 라바트 그리고 페스에 대한 이야기를 그 청년과 재미있게 대화를 나누었어요. 물론 그분은 저의 콩글리쉬에 힘이 들었는지도 모르지만요. 😄 조금 있으니 유치원에서 돌아왔는지 남자아이가 들어와서 카페 안쪽으로 들어가니 아이의 할머니가 아이와 함께 나와 어디론가 갑니다. 아마 이 카페는 모로코에서 온 이 청년 가족이 운영하고 있는 것 같아요. 가정집도 안쪽에 있는 것 같아요.

카페를 나와 조금 걸어 나오니 한 레스토랑의 입간판이 참 인상적입니다. 주황색의 포크와 스푼으로 된 안내판입니다. 시라쿠사에서 본 비슷한

레스토랑 안내판은 좀 투박한 편이었는데 마르사실로크의 레스토랑의 입간판은 보다 깜찍합니다. 포크와 스푼에 걸린 안내판에는 이런 글이 적혔어요. "우리는 세계에서 최고가 아닙니다. 그러나 이 거리에서는 최고입니다." 참 멋진 글이죠?

레스토랑의 어원을 아십니까? 세계 최초의 레스토랑은 1766년 프랑스 파리의 루브르 박물관 근처에서 문을 열었어요. 이 무렵은 대부분 집에서 식사를 했고 외식을 하는 사람은 주로 여행자들이었지요. 여관 또는 술과 간단한 음식을 동시에 파는 주점에서 식사를 해결했는데 이곳에서 파는 음식은 값은 싸지만 건강한 사람들만이 소화를 시킬 수 있었어요. 때문에 아픈 환자나 위장이 예민해 소화를 못 시키는 사람들은 객지에서 식사 때문에 무척 고생을 했지요. 호텔hotel과 병원hospital은 그리스어 'hospitale'에서 기원하지요. 병자와 노숙자를 위한 고대의 교회시설에서 시작되어 병원과 호텔로 분리되었어요.

파리 센 강변의 노트르담 대성당Notre-Dame de Paris 앞에는 호텔과 병원이 이를 설명하듯이 나란히 있어요. 원래 레스토랑은 바로 이런 사람이 기운을 차릴 수 있는 음식의 이름이었답니다. 당시 양고기로 곰탕을 끓여 팔았는데 이 곰탕의 이름이 레스토랑이었어요. 레스토랑이란 말은 음식을 먹는 장소가 아닌 기운을 차리거나 회복한다는 뜻을 가진 곰탕의 이름에서 나왔답니다. 파리에서 최초의 레스토랑이 생겨나고 약 20년 후, 프랑스 혁명으로 귀족이 몰락하며 전속 요리사가 대량으로 일자리를 잃게 되었어요. 그러자 너도나도 길드 소속이 아니어도 문을 열 수 있는 레스토랑을 개업했답니다. 그리고 아픈 사람들이 먹는 음식에 더해 귀족 요리를 메뉴에 추가하면서 현재의 레스토랑으로 발전하는 계기가 되었다고 합니다.

몰타의 마르사실로크는 1989년 몰타 회담 Malta Summit이 열린 곳입니다. 미국의 부시 대통령과 소련의 고르바초프 서기장이 만난 몰타 회담은 긴 냉전을 종식한 선언이라고 하지요. 뉴욕도 아니고 모스크바도 아닌 아주 작은 나라 몰타의 아주 작은 어촌 마르사실로크에서 세계 최강의 두 국가 원수의 만남이라니 참 낭만적입니다. 고르바초프 서기장은 참 우리에게 좋은 인상을 주신 분이죠. 소련의 서기장으로서 우리나라 제주도에까지 와서 당시 노태우 대통령과 정상회담을 가지며 외교 관계의 물꼬를 튼 장본인이죠. 세계에 평화를 가져다 주신 분이죠. 우크라이나와 전쟁을 하고 있는 푸틴도 고르바초프를 닮았으면 참 좋겠다는 생각을 해 봅니다.

고르바초프가 모스크바 대학교를 졸업하고 첫 부임한 임지가 고려인이 많이 사는 지역이었답니다. 그때에 고려인들이 벼농사 등을 과학적으로 지어 수확량이 아주 많았던 것을 보고는 다른 지역으로 임지를 옮길 때마다 고려인들의 농법을 적용해서 식량 증산에 큰 기여를 했어요. 결국 우리나라 같으면 농림수산부 장관에 오르게 되어 전 소련의 식량 증산에 획기적인 실적을 거두어 서기장에 오르게 되지요. 또 고르바초프의 가족들은 기독교를 믿었는데, 소련 치하에서 몰래 가정예배를 드릴 때 고르바초프가 망을 보다가 관리들이 오면 재빨리 가족들에게 알려 성경책 등을 사진액자 뒤에 숨기기도 했답니다. 그래서 소련의 서기장이 되자마자 첫 결재가 소련에서 성경책을 자유롭게 인쇄하여 출판할 수 있게 한 내용이었다고 합니다.

이 작은 어부마을에서 지구촌의 평화 조인식 회담을 했고, 그 장소에 제가 서 있다니 감개가 무량합니다.

산파울일바하르와 뽀빠이 빌리지에서 사도 바울과 뽀빠이를 만나다

오늘 아침은 몰타의 두 번째로 큰 섬인 고조 섬^{Gozo Island}으로 향하는 길에 있는 산파울일바하르^{San Pawl il-Bahar}(영어명 〈St. Paul's Bay〉)와 뽀빠이 빌리지를 방문하려 합니다. 발레타에서 40분 정도 달리니 오른쪽 해변의 해안 절벽에 큰 파도가 부딪히는 산파울일바하르가 나옵니다.

산파울일바하르는 몰타의 한 도시로 면적은 14.5㎢이고, 인구는 15,000명 정도 됩니다. 이 도시의 이름은 사도 바울 일행이 타고 있던 선박이 난파되어 닿은 산 파울 섬에서 유래되었습니다. 저 세찬 파도에 사도 바울의 배가 풍랑을 만나 부서져 이 땅 멜리데(몰타)에 불시 기항하게 되어 보블리오^{Publius}를 만난 그 장소입니다. 성경에 보면 로마로 압송되던 사도 바울이 탔던 배가 '유라굴로 광풍'을 만나 14일 동안 표류하다가 멜리데 섬에 불시착했어요. 멜리데가 바로 오늘의 몰타이고 사도 바울의 배가 광풍에 휩쓸려 부서진 곳이 바로 이 산파울일바하르입니다.

사도 바울이 보블리오를 만났다는 장소에 작은 기념 교회가 세워져 있어요. 사도 바울

산파울일바하르의 위치

의 일행은 산파울일바하르에 도착해서 보블리오를 만나 보블리오의 집에서 3일간 머물며 융숭한 대접을 받았어요. 신약성경 사도행전 28장 1절에서 10절의 내용을 보면 사도 바울은 이질과 열병에 걸린 보블리오의 부친을 기도와 안수로 고쳐주었고, 다른 많은 병자들도 고쳐주었어요. 몰타에서 가장 큰 도시인 발레타의 언덕에 보블리오를 기념하는 교회가 세워져 있어요. 이 교회 앞에는 보블리오의 동상도 세워져 있어요. 보블리오의 동상은 교황 내지 대주교와 같이 왕관 같은 모자를 쓰고 긴 지팡이를 왼손에 들고 오른손 손가락은 하늘을 향해 무엇인가 훈시하고 있는 모습입니다. 이 교회는 보블리오가 사도 바울의 일행 276명을 잘 접대해 준 기념으로 세운 교회입니다.

사도 바울을 태운 배가 로마로 가던 중 표류하다가 도착한 곳이 바로 발레타에서 북서쪽으로 12.9km 떨어진 이곳 산파울일바하르입니다. 물론 그때는 항구의 이름이 달랐겠지요. 사도 바울이 기항하여 머물고 간 이후로 산파울일바하르로 불리게 되었겠지요? 사도행전 28장 1절에 보면 사도 바울은 금식 절기가 끝나고서 그레데 섬을 떠나 항해하던 중 여기서 난파되어 표류하다가 이곳에 상륙하였어요. 그레데 섬은 오늘날의 크레타 섬으로 에게 해에서는 가장 크고 지중해에서는 다섯 번째로 큰 섬입니다. 숫자 중에서 모든 숫자를 일어서게 하는 숫자가 무엇일까요? 5입니다. 왜냐고요? "다섯!"이니까요. 🤣

사도 바울이 이곳에 도착한 때는 날씨가 추워지는 싸늘한 때였어요. 이곳 원주민들은 모닥불을 피워 사도 바울 일행을 접대했어요. 그때에 나뭇가지 속에 숨어 있던 독사가 뜨거운 불에 놀라 뛰쳐나오며 사도 바울의 손을 덥석 물었어요. 사도행전 28장 4절에 보면 원주민들이 "저가 살인자로다. 바다에서는 구조를 받았으나 공의가 그를 살지 못하게 했다"고 말하며 사도 바울이 자기의 죄로 인하여 천벌을 받아 죽을 것이라고 생각했어요. 왜냐하면 그 지역에서 그 독사에 물리면 거의 다 죽었고, 그 죽음은 신의 징계를 받아 죽는 것으로 알았기 때문입니다. 그런데 죽어야 할 사도 바울이 죽지 않는 거예요. 물린 데가 붓지도 않고 멀쩡했어요. 이를 본 원주민들이 사도 바울을 신으로 여겼어요. 아예 신으로 불렀어요. 지금은 뱀에 물려 죽지 않은 사도 바울을 기념하여 기념 교회가 세워져 있어요.

몰타에는 산파울일바하르 외에도 라바트Rabat에 바울 기념 교회와 카타콤Catacomb 등 사도 바울과 관련된 유적이 많아요. 모스타Mosta에 있는 모스타 돔도 바울과 관련이 됩니다. 사도 바울이 선교 활동을 했던 동굴은 지금도 그 흔적이 그대로 남아 있어서 몰타를 방문하는 교황들은 반드시 사도 바울 교회와 동굴을 방문해요. 베네딕토 16세Benedictus XVI 교황과 프란치스코Francis 교황도 몰타를 방문했을 때 이 동굴을 찾았어요. 몰타인 멜리데 섬은 사도 바울이 로마에서 행할 사명을 더 깊이 깨닫게 하는 하나님의 오묘한 섭리가 운행하는 성스러운 장소입니다. 사명이 있는 자에게는 풍랑도 뱀도 쇠사슬도 심지어 죽음까지도 아무 문제가 되지 않는다는 사실을 하나님은 2,000년 전 바로 이곳에서 똑똑히 보여 주셨습니다.

몰타에서의 기독교 역사는 아주 깊어요. 성경에도 나오는 사도 바울의 멜리데 섬 불시착과 기적 그리고 전도 사역이 사도행전에서도 볼 수 있잖아요? 신약성경의 사도행전은 누가 지었을까요? 누구? 누가요? 맞아요. 누가입니다. 누가는 의사요, 역사가로서 누가복음과 사도행전을 저술했답니다. 누가복음을 누가 지었냐고 하면 이제부터는 누가입니다. 😄 성 요한 기사단도 앞에서 많이 나왔죠? 성 요한은 누구일까요? 신약성경에 요한복음도 있고, 요한의 아들 시몬의 요한도 있고, 성경에 요한이 많이 나오는데 과연 성 요한 기사단의 요한은 어느 요한을 말할까요? 성 요한 기사단의 요한은 세례 요한의 요한입니다. 예수님의 친척으로 6개월 정도 먼저 태어난 그 요한입니다.

몰타에서 가장 중요하게 여기는 성인 두 분이 있어요. 바로 사도 바울과 성 요한 기사단의 성 요한입니다. 앞으로 방문하게 될 몰타의 첫 수도였던 므디나Mdina의 대성당은 사도 바울을 모시고 있어요. 몰타의 수도인 발레타의 대성당은 성 요한을 모시고 있답니다.

뽀빠이 빌리지

산파울일바하르를 지나 고조 섬을 향해 한참 달리는데 왼쪽 바다가 보이고 절벽 안쪽에 동화마을이 나타납니다. 바로 뽀빠이 빌리지Popeye Village입니다. 뽀빠이 하면 이상용 아저씨가 떠오르는데 요즘 젊은이들은 잘 모르겠지요? 연식 아니 빈티지가 좀 된 분들만 아는 80년대에 만화영화로 주름을 잡았던 그 뽀빠이 영화를 애니메이션이 아닌 실제로 영화로 촬영한 뽀빠이 빌리지랍니다. 1980년 로빈 윌리엄스가 출연한 영화 〈뽀빠이〉의 배경이 된 스위트 헤이븐 시가 바로 이곳이랍니다. 집들의 모양과 색깔이 알록달록 다양하여 동화마을 같아서 몰타 연인들의 웨딩장소로도 유명하답니다. 이제 40년 전의 Latte is Horse(나 때는 말이야!) 이야기로 들어가 볼까요?

항상 선원 복장에 큰 주먹과 입에는 파이프를 물고 시금치를 먹으면 힘이 세져서 밥투정하던 아이들이 이 만화 영화 덕분에 시금치와 밥을 잘 먹게 되어 엄마들의 인기도 상당했던 영화죠. 뽀빠이 빌리지 앞의 바다는 앵커 베이Anchor Bay라고 부르는데 뽀빠이 팔뚝에 그려져 있는 닻 모양의 문신과 무슨 연관이 있는지 궁금하네요. 옛날 우리나라에서는 뽀빠이 라면땅 과자가 아주 맛있고 인기가 좋았어요. 그런데 뽀빠이 팔뚝에 있는 앵커 문양이 소련의 국기 문양과 비슷하다고 해서 간첩활동으로 처벌을 받은 후로부터는 뽀빠이 팔뚝에 앵커 문양이 사라진 기억이 있어요. 아무튼 뽀빠이 라면땅 과자의 맛은 지금도 잊을 수 없어요.

영화 속에 나오는 실제 마을의 올리브네 집, 세탁소, 우체국, 학교를 둘러볼 수 있고, 축약본의 영화가 상영되는 영화관도 있어요. 실제로 주인공으로 분장한 영화 속 주인공들이 마을을 돌아다니며 손님들과 함께 사진도 찍고 함께 단막극도 찍어 바로 들어주기도 합니다. 뽀빠이 마을 앞에는 바다가 펼쳐져 있어요. 여름에는 이 바다에서 수영도 하고 뱃놀이도 할 수 있는데 지금은 아직 날씨가 싸늘하여 물놀이는 하지 않아요. 이곳의 해돋이와 석양의 풍경이 아름답다고 들었는데 지금은 대낮이라 아쉽네요. 뽀빠이 빌리지의 알록달록한 집들과 앵커 베이의 투명한 바다가 어우러진 동화 마을 때문에 몰타를 지중해의 보석이라고 하지 않을까요?

뽀빠이 빌리지를 보며 한국 가평에 있는 쁘띠 프랑스 마을을 떠올리게 되었어요. 가파른 산기슭에 있는 쁘띠 프랑스의 아기자기하고 알록달록한 프랑스 풍 건물들이 동화마을 같잖아요? 쁘띠라는 말은 불어로 '작다'는 의미가 있어요. 쁘띠 프랑스가 뽀빠이 빌리지를 많이 닮은 것 같아요. 제가 프랑스 말을 몇 개 알아요. 못 믿겠다고요. 제가 프랑스에 갔을 때 프랑스 친구가 예식장에 데리고 갔어요. 신부가 너무 예뻐서 신부 이름을 물어보았어요. '쥬느세빠'라고 했어요. 프랑스를 떠날 때쯤 프랑스 친구는 저를 장례식장에 데리고 갔어요. 죽은 사람의 이름을 물어보았어요. '쥬느세빠'라고 했어요. 아니 1주일 전에 결혼했던 쥬느세빠 양이 벌써 사망했단 말이에요? 영정 사진을 보니 나이가 꽤 들어 보였어요. 이게 어떻게 된 건가요? 알고 봤더니 '쥬느세빠'는 '몰라'라는 말이랍니다. 🤣 제가 건배사를 불어로 좀 합니다. "마숑!" 하면 "몽땅!" 그리고 "불어불어 더불어"입니다. 정치적으로는 아무 상관이 없으니 오해하지 마시기 바랍니다. 😛

잠시 동심으로 돌아가 이곳저곳을 다니며 사진을 찍고서는 고조 섬으로 달렸어요.

고조 섬 탐방

지중해 한가운데에 있는 몰타는 6개의 섬으로 이루어져 있으나 3개의 섬은 무인도이고 유인도는 몰타, 고조, 코미노 섬인데, 코미노Comino 섬에는 그나마 한 가족만 살고 있답니다. 오늘은 고조 섬으로 갑니다. 몰타 인구의 80%는 몰타에 살고 20% 정도는 고조 섬에 살아요. 몰타나 고조는 같은 나라에 같은 민족이기에 비슷하게 보이지만 현지인들은 몰타에 사는 사람을 몰티즈Maltese, 고조에 사는 사람을 고지탄Gozitan으로 부른답니다. 사람을 서로 다르게 부르니 두 지역 간에 상당한 차이와 지방색이 있다는 의미이겠죠? 성격도 차이가 있겠지요? 강화도만한 나라에서 차이가 있다니 우리나라의 경상도와 전라도의 지역감정이나 차이는 애향심 정도로 이해가 갑니다.

몰타 섬의 치케와Cirkewwa 항구에서 페리GOZO CHANNEL LINE를 타고 푸른 바다를 25분 정도 항해를 하니 고조 섬의 므자르Mgarr 항구에 도착합니다. 페리에 자동차도 함께 탈 수 있어요. 아마 고조 섬에서의 교통편이 충분하지 않아서 몰타 섬에서 차를 가지고 고조 섬으로 가는 것 같았어요. 고조 섬에는 외곽의 주

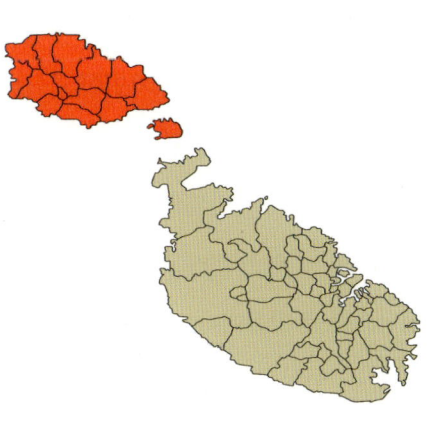

고조 섬

요 관광지까지를 연결한 호프 앤 호프Hope and Hope 버스와 관광용 택시도 있지만 관광객이 이용하기에는 불편한 점이 많겠지요. 치케와 항구에서 므자르 항구로 오는 동안 오른쪽에 하나의 큼직한 섬이 나타나요. 바로 한 가족만 산다는 코미노 섬입니다. 이 섬에는 한 가족만 살지만 관광객은 엄청 많아요.

고조 섬에 도착하여 자연이 만들어낸 독특한 지형을 가진 아름다운 해안가인 드웨라 베이Dwejra Bay로 갔어요. 고조 섬은 석회암으로 된 섬인데 석회암이 지중해의 바닷바람을 만나 독특한 형상으로 빚어져서 기암절벽을 연출합니다. 드웨라 베이에 독수리가 하늘을 향해 오르는 모습의 바위와 작은 라군(호수)이 눈길을 끌어요. 절벽의 작은 동굴은 독수리의 머리 부분이고 라군은 독수리의 몸통 부분을 연상시킵니다. 과거에는 이 라군에서 작은 배를 타고 60m 정도의 좁은 동굴을 통과하면 아주르 윈도우Azure Window가 있었어요. '아주르'는 푸른색을 의미하고 '윈도우'는 창문이라는 의미로 런던 브리지처럼 절벽의 바위에 구멍이 나서 구멍 속으로 보이는 경치가 푸른 바다와 파란 하늘을 동시에 볼 수 있었답니다. 그런데 2017년 태풍에 무너져서 자연이 만들어낸 푸른 창인 이 아주르 윈도우를 볼 수 없게 된 것이 아쉽습니다. 라군과 동굴을 찰칵 사진만 찍고 기암절벽과 파도를 보며 발밑의 공룡 발자국을 따라 타피누 성당으로 향했어요.

타피누Ta' Pinu 성당은 특별히 아픈 병자들의 소원을 치유해 주는 기적의 성당으로 유명합니다. 성당 앞마당에 서 있는 동상의 한 여인이 주인공입니다. 이 여인이 1883년 이곳을 지나가는데 당시도 들판이었겠지요. 기도하라는 성모 마리아의 음성을 듣고 근처의 작은 예배당에서 병든 어머니를 위해 기도하니 실제로 어머니의 병이 치유되었다는 이야기가 전해져 내려오고 있어요. 이 소문을 들은 마을 사람들과 외지인들이 몰려들게 되었어요. 1931년에 작은 예배당이 있던 자리에 타피누 성당을 지었고 이 성당에 와서 기도하는 사람들의 소원이 이루어지고 특히 병자들이 많이 치유되었다는 소문은 전 세계로 퍼져 나갔어요.

타피누 성당

　타피누 성당은 동네에 있지 않고 허허벌판에 성당만이 덩그렇게 자리하고 있었어요. 저 멀리 언덕에는 노란 꽃들과 푸른 풀들 그리고 돌산 위의 파란 창공은 눈이 시릴 정도로 파랗습니다. 성당의 지붕 꼭대기의 십자가가 여느 성당의 십자가와는 달라요. 가로로 세 개의 줄이 있는 십자가입니다. 이는 교황이 다녀갈 때마다 십자가의 가로줄이 하나씩 늘어나서 그렇답니다. 성당 마당 오른쪽에는 기적의 주인공 여인의 동상이 왼쪽에는 당시에 헌신했던 남성의 동상이 있어요. 두 동상을 지나 성당 안으로 들어가니 높은 천정과 정면의 십자가의 분위기가 엄숙하고 참 차분합니다.

　성당 내부를 찬찬히 둘러보며 몇 개의 작은 예배당을 지나니 의료기구들과 의족, 의수 그리고 많은 편지들이 벽에 전시되어 있어요. 의족과 의

타피누 성당 십자가와 내부

수 그리고 편지들은 이곳에서 기도하고 실제로 경험한 기적의 내용들입니다. 의족과 의수를 달고 다녔던 분들은 다 나아서 더 이상 의족과 의수가 필요 없게 되었답니다. 각 사연들의 편지에는 사진이 딸려 있는데, 연령층도 어린 아이에서부터 노인까지 통로의 벽을 꽉 채웠어요.

교황이 몰타를 방문하게 되면 사도 바울의 무덤과 타피누 성당은 꼭 방문했다고 합니다. 1990년 9월에 요한 바오로 2세 Johannes Paulus II 교황이 몰타를 방문했을 때 비행기가 난기류를 만나서 위험에 처했는데, 기도 덕분에 무사히 착륙하여 이 성당까지 방문하게 되었다는 내용의 비행기와 교황 사진도 벽에 걸려 있어요. 또 미국의 마이클 로빈슨이라는 네 살짜리 아이가 청력을 잃고 태어나 이곳에 와서 기도한 덕분에 수술이 성공적으로 이루어져 듣게 되었다는 내용의 글과 아이의 사진도 걸려 있어요. 저도 무엇인가 기도를 해야 했었는데 남들의 기적행전에 몰두하다가 정작 저의 기도는 하지 못하고 타피누 성당을 나왔어요.

타피누 성당 앞의 길가에 세워진 승용차가 한국의 기아자동차 모닝이었어요. 참 반가웠어요. 기아자동차가 몰타에까지 수출이 되었군요. 그런데 모닝이 여기서는 브랜드가 달라요. 모닝이 아니라 피칸토^{Picanto}입니다. 수출하는 나라의 사정과 기호에 따라 브랜드를 바꾸어 수출하기도 하지요. 과거에 현대자동차의 엘란트라를 수출할 때 엘런이라는 브랜드 때문인지 란트라로 수출한 적이 있지요. 현대자동차의 그랜저도 미국에서는 아제라^{Azera}로 판매되었지요.

타피누 성당을 나와 문샤르^{Munxar}에 있는 레스토랑에서 파스타로 민생고를 해결하고 산책을 하며 바닷가에서 다섯 마리의 오리새끼와 엄마 오리가 정겹게 헤엄치는 모습을 보며 위에니 베이 염전$^{Xwejni Bay Salt Pans}$으로 갔어요. 페루의 마추픽추$^{Machu Picchu}$를 나와 고산에 있는 살리네라스^{Salineras} 염전을 방문한 적이 있었는데 그런 염전일까 궁금했어요.

살리네라스 염전은 계단식 논 모양의 염전이었죠. 살리네라스 염전의 규모에는 한참 못 미치지만 계단식이 아닌 평평한 바위 위에 낮은 둑으로 바닷물을 모아 햇빛에 바닷물을 증발시켜서 소금을 만듭니다. 바다에서 물을 퍼 와서 염전에 물을 채우는데 염전들 사이에 있는 도랑 같은 통로로 물을 보내 염전에 바닷물을 채웁니다. 주로 5월에서 11월까지 건기에 소금을 생산합니다. 현재 이 염전을 운영하는 분은 50년 가까이 3대째 소금을 생산하고 있답니다. 이곳에서 나는 소금은 미네랄이 풍부하기로 유명하답니다. 인근 가게에서 이 소금을 포장하여 팔고 있어요. 위에니 베이 염전의 소금 맛은 짜면서 입안에서 기분 좋은 여운이 남아요. 풍부한 미

위에이 베이 염전

네랄 때문인지 힘이 납니다. 이제 빅토리아Victoria에 있는 시타델Citadel로 갑니다.

몰타의 수도는 발레타이고, 고조 섬의 수도는 빅토리아입니다. 몰타 고조 섬의 수도 빅토리아는 영국이 통치하던 1887년 6월 10일 영국 빅토리아 여왕 즉위 50주년을 기념하기 위해 몰타 주교 몬스Mons가 요청하여 영국 정부가 하사한 이름이랍니다. 빅토리아 여왕은 64년 동안 재위했고, 엘리자베스 여왕은 즉위 70주년인 96세에 별세를 했지요. 오래 사시는 것은 좋은데 문제는 찰스 3세가 왕이 되고 보니 나이가 70세가 넘었어요. 여왕님들 좀 미리미리 자식에게 왕위를 넘겨주었으면 얼마나 좋았을까? 하는 엉뚱한 생각을 해 봅니다. 꼭 종신제로 해야 합니까?

로마 황제도 종신제였지만 기독교를 심하게 박해했던 디오클레티아누스 황제는 그의 고향 스플리트에 왕궁을 지어서 역사상 처음으로 죽기 전에 황제 자리에서 물러나 채소농사를 지으며 지내고 있었는데 후임 황제가 너무 스트레스를 많이 받아 디오클레티아누스 황제를 찾아와서 다시 황제 자리를 맡아달라고 애걸복걸을 했지요. 이에 디오클레티아누스 황제는 내가 이렇게 채소 농사를 지으며 행복하게 사는데 나의 행복을 뺏어 가지 말라고 했다고 합니다.

빅토리아는 고조 섬의 중앙에 자리 잡고 있는 유서 깊은 곳으로, 시칠리아에서 처음으로 몰타로 조상들이 들어올 때 고조 섬을 통해서 몰타 섬으로 들어왔다고 합니다. 우리나라의 고조선을 자꾸 떠올리게 됩니다. 우리나라의 고조선만큼 역사가 오래된 곳이 고조 섬이에요. 고조 섬의 수도 빅토리아입니다. 몰타에서 가장 오래된 거석 신전인 즈간티아Ggantia 신전도 몰타가 아닌 고조 섬에 있어요.

고조 섬에도 광장이 있어요. 바로 독립광장Independent Square입니다. 여러 노천카페가 있는 세인트 조지 성당St. George's Basilica 앞의 광장인데, 만남의 장소로 아주 요긴합니다. 이 광장을 둘러싸고 있는 건물은 18세기 성 요한 기사단이 지배할 때 시청으로 사용되던 건물이기도 합니다. 매년 2월에 카니발 축제와 록 콘서트가 열리면 수많은 관광객들이 몰리고 이들에게 다양한 볼거리를 제공합니다.

독립광장에서 오르막길을 한참 오르니 몰타 기사단이 지배하던 시절에 지어진 중세풍의 요새가 나오네요. 고조 시타델Citadel입니다. 고조 시타델은 1998년에 유네스코 잠정 문화유산에 지정된 후 2008년에 EU의 지원으로 1차 복구를 했고, 2014년에 2차 복구 작업을 했는데 예산이 무려 2,100만 유로 정도 소요되었답니다. 한국 돈으로 환산하면 300억 원에 가까운 금액입니다. 그렇다면 고조 시타델은 유네스코의 세계문화유산에 등재되었을까요? 제가 보기에는 아직 세계문화유산에는 등재

독립광장의 한 노천카페

되지 않은 것 같아요. 왜냐하면 제가 속한 단체가 세계문화유산등재를 위해 10년 이상 준비하고 있어서 그 내막을 조금 알고 있어요.

 유네스코의 세계문화유산에 등재하려면 우선 해당 나라의 잠정 문화유산에 지정되어야 합니다. 그렇다면 우리나라의 세계문화유산에 등재된 문화재는 몇 개일까요? 16개의 우리나라 세계문화유산이 유네스코에 등재되어 있고요, 15개의 문화재가 우리나라의 잠정 문화유산에 지정되어 있어요. 그리고 한 나라에서 1년에 한 개의 문화유산만 세계문화유산에 등재할 수 있어요. 그러니까 우리나라의 잠정 문화유산 15개가 모두 세계문화유산에 등재되려면 최소한 15년은 더 걸린다는 얘기입니다. 제가 속한 단체가 추진하고 있는 문화유산이 우리나라 잠정 문화유산의 4번째에

고조 시타델

지정되어 있어요. 세계문화유산이 가장 많이 등재된 나라는 이탈리아가 아닐까 생각됩니다.

다시 고조 시타델로 돌아갑니다. 포에니 전쟁 이후로 로마제국이 몰타를 지배했을 때에는 이 지역이 아크로폴리스Acropolis였어요. 아테네에 가면 파르테논 신전이 바로 아크로폴리스에 있지요. '아크로'는 '높다'는 뜻이고 '폴리스'는 '도시'죠? 그러니까 높은 곳에 있는 도시로 고조 시타델도 가장 높은 곳에 있는 주노Juno 신전이 있었던 곳이랍니다. 중세시대에 이 주노 신전이 있었던 자리에 고조 대성당Gozo Cathedral을 건축했어요. 서기 476년에 서로마가 망하면서 로마 도시는 잊혔고 아크로폴리스는 성으로 바뀌었어요. 12세기에 고조 섬은 다양한 세력들의 침략을 받았어요. 당시 주민들은 바로 이 시타델을 피난처로 삼았어요.

고조 대성당과 법원을 지나 골목 안에 들어서자 벽에 도자기들이 붙어 있어요. 성 요한 기사단의 문양도 붙어 있고요. 골목을 따라 계속 오르니 시타델의 정상이 나와요. 확 트인 전망에 바람까지 시원하게 붑니다. 성 요한 기사단의 문양만 계속 보아오다가 몰타 국기를 여기서 만나게 되네요. 흰색과 붉은색의 가로로 배열된 2색기(욕이 아님 😀)입니다. 흰색 윗부분에 십자가가 그려져 있어요. 한쪽은

도자기가 붙은 벽에서

빅토리아 도시가 보이고 반대쪽은 시골 풍경입니다.

이 웅장하고 멋있는 요새에 슬픈 사연들이 있어요. 1551년 해적들과 함께 오스만 제국이 고조 섬을 먼저 공격했어요. 6일 만에 치열한 전투는 패배로 막을 내립니다. 탈출한 300명을 제외하고 몰타 기사단을 포함해 6,000명이 포로가 되어 리비아로 끌려가 노예로 전락했어요. 이를 계기로 성 요한 기사단은 절치부심하며 철저하게 준비했고, 1565년 몰타 공성전에서 오스만 제국에 대승을 거둡니다. 이후로 폐허가 된 고조 섬에 몰타 사람들이 이주해 살게 되었는데 폐허가 되기 전까지의 인구가 되는 데 무려 150년이나 걸렸다고 합니다.

고조 시타델의 정상에서 저는 서쪽으로 돌아서 아래의 정경을 보며 골목길을 따라 계속 내려오니 만남의 광장인 고조 대성당이 나오는군요. 골목 안에 있는 무료 화장실에 들러 영역표시(?)를 하고 고조 섬 탐방을 마무리했어요.

옛 수도 임디나와 딩글리 절벽

아침에 호텔에서 아침식사를 하고 딩글리 절벽Dingli Cliff으로 향했어요. 딩글리Dingli는 몰타 서부 연안에 위치한 도시로 딩글리라는 이름은 16세기 잉글랜드의 기사이자 로마 가톨릭교회 순교자인 토머스 딩글리Thomas Dingley가 이곳을 자신의 영지로 삼았던 데서 유래합니다. 수도 발레타에서 13km, 라바트에서 2km 정도 떨어진 곳에 위치하며 몰타의 최고점인 고원 지대(높이 253m)가 있어요. 딩글리 절벽은 천연 보호구역으로 지정되어 있어서, 자연의 아름다움을 그대로 보존하고 있어요. 이곳에는 다양한 동식물들이 서식하고 있으며, 특히 새들의 서식지로 유명해요. 딩글리 절벽을 따라 산책하면서 다양한 새들을 관찰할 수 있으며, 조용한 자연 속에서 휴식을 취할 수 있답니다.

딩글리 절벽에 아주 소박하고 아담한 성당이 있어요. 이 성당은 세인트

세인트 마리아 막달레나 성당

절벽 위의 의자

마리아 막달레나 성당Church of St. Mary Macdalen으로 벽돌로 지어진 아주 심플한 교회입니다. 지붕에는 벽돌과 같은 색의 십자가 출입문 그리고 십자가 아래에 둥근 구멍이 있어요. 성당 너머에는 지중해 바다가 펼쳐지고 오른쪽으로는 빈집 같은 건물이 있고 그 너머 언덕 위에는 기상관측소 건물이 둥글고 하얀 큰 공을 머리에 이고 있어요. 기상 관측소 옆으로 난 해안도로의 경치는 빼어납니다.

지중해가 내려다보이는 이 아름다운 절벽에 긴 의자가 두 개나 있네요. 이 의자에 앉아 지중해를 바라보며 사진을 찰칵 찍어 봅니다. 또 뒤돌아보며 또 한 장 찰칵해 봅니다. 왼쪽 절벽 위의 평평한 공간이 산책하기에 좋네요. 바다 한가운데에 제주도 중문에서 본 범섬 같은 섬이 배가 항해하는 모습으로 지중해에 떠 있어요. 그 뒤로는 아기 섬이 엄마 섬을 뒤따라가는 것 같아요. 저 섬들도 몰타의 6개 섬 중에 들어가는 섬이겠지요. 딩글리 절벽은 석양이 참 아름다운 것으로 유명합니다. 지금이 오전이라서 저녁시간까지 기다리기에는 뭣해서 일단 여기서 멀지 않은 임디나로 갑니다.

임디나는 발레타로 수도가 옮겨가기 전에 몰타의 수도였어요. 임디나라는 이름은 아랍어인 메디나에서 왔어요. 메디나는 도시를 의미하지만 사우디아라비아에서는 이슬람의 성지 도시를 의미하는 고유명사로 쓰여요. 영어로는 음디나Mdina이고 몰타어로는 임디나L-imdina입니다. L은 라틴어의 관사로 보면 임디나의 이름은 아랍어와 라틴어가 섞여 있어요. 임디나의 역사가 아랍의 이슬람과 로마제국과도 상당히 얽혀 있음을 짐작할 수 있어요.

기원전 800~700년경 페니키아인들이 지중해 무역 도중 몰타 섬에 정착하게 되고 본격적으로 몰타에서 두 번째로 높은 고원에 위치한 임디나와 라바트에 거주하면서 도시가 형성되었어요. 본격적으로 로마 통치 시대부터 임디나와 라바트는 더욱더 번성하게 됩니다. 그들은 현재 임디나와 라바트를 전부 아우르는 지역을 수도로 삼고 번영시켰어요. 특히 로마인들은 도시

임디나 성문

중심가에 무덤을 만들면 위생상 좋지 않다고 생각하여 도시 외곽에 로마 무덤 카타콤을 만들게 되었고 그곳이 바로 현재 임디나 외곽인 라바트 지역입니다. 이런 임디나와 라바트는 아랍의 통치 기간 도시가 크면 적들에게 공격받기 쉽다고 하여 현재 임디나 사이즈로 도시를 줄이고 도시에는 요새를 세워 더 안전하게 도시를 재건설했어요. 1530년 성 요한 기사단이 몰타에 도착한 후 수도를 발레타의 쓰리 시티즈Three Cities로 이전하면서 이 찬란했던 도시의 영광은 서서히 사라지게 됩니다.

임디나의 입구에 들어서니 성벽을 둘러싸고 있는 해자가 눈에 들어옵니다. 임디나로 들어가는 문은 4개가 있는데 현재 이 문은 메인 게이트로 성안으로 들어가는 성문이 아주 웅장하며 아름다워요. 성문 입구 양쪽에 사자 문양이 있는데 이 사자 문양은 당시 기사단장 집안의 상징이었다

형틀 체험장   대포

고 해요. 성안 골목으로 들어가서 얼마 가지 않아서 길가에 율 부린너$^{Yul\ Brynner}$를 닮은 제복의 남성 앞에 형틀이 있어요. 형틀에 목과 팔을 넣고 혀를 내밀며 중세시대의 죄수가 되어 보는 현장 체험장입니다. 거대한 대포도 있어요.

  좁은 골목을 지나가는 관광객을 실은 마차가 중세의 길거리 모습을 떠올리게 합니다. 임디나의 골목은 휘어져 있어요. 적의 공격을 방어하기 위해 골목을 곡선으로 한 것 같아요. 골목길의 건축물은 한 때 이곳을 지배했었던 노르만의 건축양식이 많이 남아 있어요. 유니폼을 입은 학생들이 수학여행을 온 것 같아요. 좁은 길은 관광객들로 붐빕니다. 골목길을 계속 따라가다가 보니 뻥 뚫린 전망대 너머로 넓은 들판이 나오고 멀리 고대 도시가 보입니다. 아마 라바트가 아닐까 생각됩니다. 몰타의 옛 수도인 임디나에는 왕과 귀족들이 살았고 라바트에는 평민들이 살았다고 합니다.

다시 골목길로 돌아 나오니 광장이 나옵니다. 이 광장에 성 바울 대성당 St. Paul's Cathedral과 부속 박물관이 있어요. 두 곳을 묶어서 티켓을 팔아요. 성 바울 대성당은 몰타에 최초로 지어진 성당으로 여러 번 파괴되고 복구되었어요. 현재의 성당은 약 300년 전에 건축가 로렌조 가파 Lorenzo Gafa가 지은 성당입니다. 웅장한 성당의 외벽에 두 개의 시계가 있어요. 왼쪽 시계는 날짜를, 오른쪽 시계는 시간을 가리켜요. 두 개의 시계 위에는 종이 매달려 있어요.

성 바울 대성당 맞은편의 박물관에서 티켓을 구입하여 안으로 들어갔어요. 1500년대에 건축된 이 박물관 1층과 2층에는 각종 전시물이 있고, 지하에는 몰타 출신 예술가들의 작품들을 전시하고 있어요. 첫 번째 홀은 은으로 만든 조각상들이 전시되어 있어요. 성모 마리아와 열두 사도들의 상과 은으로 된 잔과 접시들이 아주 많이 전시되어 있어요. 다른 전시실

은으로 만든 열두 사도상

대주교 의상

로 옮겨가며 보니 모세 지팡이를 닮은 긴 십자가, 종, 문갑, 지구본, 파이프 오르간, 장롱, 대주교 의상 그리고 그림 등등 아주 귀한 성화, 성물 작품들이 참 많아요. 중세 귀족들이 사용했던 가구나 물건들이 가득합니다.

이 박물관의 압권은 2층의 한 전시실입니다. 여기에는 알브레히트 뒤러Albrecht Dürer의 목판화 작품이 한 방 가득히 전시되어 있어요. 아니 뒤러는 몰타 출신도 아닌데 어떻게 여기에 전시되어 있을까요? 특별 전시회를 한 걸까요? 아닙니다. 이 박물관에 상설로 전시하고 있어요. 17세기에 몰타에 정착한 프랑스 귀족 사베리오 메르케세Saverio Marchese 백작이 독일인 알브레히트 뒤러의 작품들을 수집하여 이 성당에 기증했고, 부속 박물관에서 상설로 전시를 하고 있답니다.

뒤러의 일화가 기억납니다. 뒤러에게는 평생 고락을 함께한 친구 프란츠 나이슈타인Franz Knigstein이 있었어요. 두 사람은 모두 화가가 되고 싶었지만 가난해서 여의치 않았어요. 그래서 제비뽑기로 나이슈타인이 먼저 돈을 벌어 뒤러의 학비를 대고, 뒤러의 공부가 끝나면 뒤러가 번 돈으로 나이슈타인이 그림 공부를 하기로 약속했어요. 친구가 보내 준 학비로 공부한 뒤러는 천재성을 인정받아 황실 화가가 될 정도로 성공했어요. 뒤러가 빚을 갚으러 찾아갔을 때 나이슈타인은 목수(일설에는 식당 종업원)로 일하면서 뒤러의 성공을 위해 두 손 모아 기도하고 있었어요. 안타깝게도 그 친구는 이미 오랜 잡일로 손이 굳어 그림을 그릴 수 없었어요. 미안하고 슬픈 마음에 뒤러가 그 친구의 손을 그린 것이 바로 '기도하는 손'입니다. 화구도 없이 푸른 잉크로 그린 단색 데생인데 지금도 오스트리아 빈의 알베르티나 박물관Albertina Museum에 보관돼 500년 동안 관객의 심금을 울리고 있어요. 동양의 관포지교管鮑之交만 있는 것이 아니죠. 뒤러의 '기도하는 손'이 바로 그 그림입니다.

박물관을 나와 맞은편의 성 바울 대성당으로 들어갔어요. 바깥 건물의 차분함과는 달리 내부는 아주 화려합니다. 전설에 따르면 4세기에 사도 바울의 기도로 병석에 누운 아버지가 깨끗하게 낫게 되자 기독교로 개종하여 몰타 최초의 사제가 된 성 파브리우스(보블리오)의 집터에 성모님께 바치기 위해 건축된 몰타 최초의 성당입니다. 그 후 성당은 9세기 이슬람교 지배하의 시대에 파괴되었다가 13세기 노르만 시대에 사도 바울에게 바치는 대성당으로 재건되었어요. 그 후 몇 번이나 수복, 확장이 반복되어 왔지만 1693년에 몰타를 덮친 대지진으로 성구실과 내진석을 제외하고는 거의 대부분 붕괴되었어요.

성당 내부

현재의 대성당은 1702년에 몰타의 건축가 로렌조 가파에 의해 재건된 것입니다. 교회 내부는 발레타의 성 요한 대성당에 비해 규모도 작고 화려한 장식을 갖춘 것은 아니지만 밝고 장엄한 느낌을 주는 공간이 펼쳐져 있어요. 몰타 기사단의 일원이자 성 요한 대성당 천장화의 작가이기도 한 위트레흐트 카라바조파Utrecht Caravaggisti의 화가 마티아 프레티Mattia Preti의 작품이 사치스럽게 5점이나 전시되어 있어요. 다행히 대지진 피해를 보지 않은 이들 작품 중에서도 특히 사도 바울의 난파 프레스코화는 볼 만한 가치가 있답니다. 그림이 높은 곳에 그려져 있어서 사진을 찍으려니 목이 꽤 아픕니다. 사도 바울은 파도에 휩쓸려 배가 난파되어 목숨의 위험도 무릅썼는데 이 역사적인 장면의 그림을 찍는데 그 정도의 수고는 해야 되겠지요?

사도 바울의 난파 프레스코화

발레타 트리톤 분수와 성 요한 기사단장 발레트

시칠리아에서 몰타로 와서 수도인 발레타에서 동서남북으로 고조 섬을 비롯하여 외곽까지 거의 다 둘러보았어요. 정작 발레타의 핵심 지역은 아껴놓고 아직 방문하지 않았어요. 드디어 오늘 발레타 투어에 나섭니다. 발레타 시청사가 있는 구 시가지로 들어가는 City Gate인 입구의 광장에 큰 원반을 이어 다리를 가진 세 명의 장정이 떠받치고 있어요. 이 분수는 1959년 몰타의 탁월한 조각가 빈센트 아팝Vincent Apap이 디자인한 트리톤 분수Triton Fountain랍니다. 트리톤 분수는 발레타 시티 입구 앞 광장의 중앙에 자리 잡고 있어서 발레타 시가지를 가려면 반드시 보게 되는 아주 규모

트리톤 분수

가 웅장한 분수입니다. 이 분수를 만드는 데 4년이나 걸렸고 규모도 큰 데다 아주 아름답기까지 합니다. 주위에는 놀이기구도 있어요.

　트리톤은 그리스 신화에 등장하는 바다의 신으로 포세이돈과 암피트리테의 아들로 태어났어요. 상반신은 인간이고 하반신은 물고기인 전형적인 인어입니다. 인어 하면 인어공주가 먼저 떠오릅니다. 그런데 근육질의 남성 인어상은 처음 봅니다. 보통 트리톤은 한 명의 신이 아니라 무리로 나오는데 이때는 트리토네라고 합니다. 트리톤 분수의 모습은 몰타와 바다와의 상호관계를 나타내며, 이 디자인은 로마의 타르타루게Tartarughe 분수(거북이 분수)에서 영감을 얻었다고 해요. 제가 여의도에 있는 콘라드 호텔에 갔을 때 콘라드 호텔의 광고 문구가 영감을 얻을 수 있는 좋은 장소라고 되어 있었어요. 그래서 제가 그 호텔의 전무님께 "콘라드 호텔에 할머니 손님들이 많이 오겠네요."라고 했더니 이유가 뭐냐고 물었어요. 제가 콘라드 호텔에 오면 영감이 생기니까 할머니들이 많이 올 것이라고 했어요. 🙂

　트리톤 분수의 특이한 점은 트리톤 신 3명의 얼굴을 발레타 시티 게이트에서 전부 볼 수 있다는 점입니다. 1959년 조각가 빈센트 아팝이 디자인한 것을 조각가 체발리어와 빅토르가 비공식적으로 분수대를 세운 후 여러 번 복원을 거쳐 2018년에 지금의 분수 모습으로 재탄생되었어요. 총 복원비만 57억 원 정도 소요되었다고 합니다. 트리톤 분수를 밤에 보면 더 멋있다는데 밤에 다시 방문할 수 없어서 아쉬운 마음입니다.

　광장의 트리톤 분수와 저 멀리 놀이공원의 몰타 아이라고 불러야 할 빙글빙글 돌아가는 기구들의 사열을 받으며 발레타 구 시가지로 들어가는

시티 게이트   의회 건물

　입구의 시티 게이트City Gate 안에 엄청난 문화유산이 기다리고 있음을 암시하고 있어요. 일단 시티 게이트의 양쪽에 대리석으로 된 벽과 양면을 둘러싼 해자가 적의 침입이 많았음을 알려 주고 있어요. 발레타 구시가지로 들어가는 관문인 시티 게이트는 렌조 피아노Renzo Piano가 시티 게이트와 이어지는 발레타 의회 건물을 함께 설계했어요.

　시티 게이트를 통과하여 오른쪽으로 만나는 건물이 발레타 국회의사당인 의회 건물new parliaments building입니다. 의회 건물은 밝은 색의 대리석 건물 벽에 일정하게 대리석이 돌출해 있어요. 몰타에 꿀이 많이 난다고 해요. 그래서 벌집 모양을 형상화한 디자인이라고 하는데 제가 보기에는 그냥 봐서는 벌집과 매치가 되지 않아요. 몰타의 벌집은 저런 모양인지 알 수가 없어요. 저는 벌집하면 육각형을 떠올리는데 역시 렌조 피아노와 저의 시각은 차이가 많이 납니다. 이 의회 건물은 앞에서 말한 바와 같이 이탈리아 건축가인 렌조 피아노의 작품입니다. 렌조 피아노는 파리의 퐁피두 센터Centre George Pompidou와 뉴욕의 휘트니 미술관Whitney Museum으로 유

로열 오페라 하우스

명한 건축가입니다. 바로 다음으로 발길을 옮길 로얄 오페라하우스Royal Opera House도 렌조 피아노가 리모델링을 했어요.

원래 의회 건물이 있었던 곳은 기차역이었어요. 몰타에 기차역이 있었다니 믿기지가 않아요. 1883년에 발레타와 임디나 간 철도가 몰타에서 첫 번째로 개통되어 당시 최대 20마일의 속도인 시속 32km로 운행을 했다고 합니다. 지중해 해안선을 따라 연결된 철도라서 경치가 아주 아름다웠고 당시에 유럽에서 가장 앞선 기술로 만든 철도라고 합니다. 그런데 이 철도는 오래가지 못했어요. 왜냐하면 자동차와 버스 등의 다양한 교통수단이 생겨나서 철도의 이용 인구가 줄어들고 수선유지보수 비용이 많이 소요되어 1931년에 기차의 운행이 중단되었어요. 이후로는 자유 광장으로 있다가 국회의사당인 의회 건물이 지어졌어요.

발레타의 의회 건물을 지나 얼마쯤 걸어가니 오른쪽에 고대 그리스 신전의 폐허 같은 유적이 눈에 들어와요. 폐허 같다는 표현은 지붕은 어디로 날아갔는지 기둥만 우뚝 남아 있어서 폐허로 보일 뿐입니다. 렌조 피아노가 리모델링한 로열 오페라 하우스입니다. 우뚝 서 있는 코린트 양식의 기둥은 마치 신전의 기둥 같아요. 왕립 오페라 극장입니다.

왕립 오페라 극장이라면 서울의 세종문화회관이나 예술의 전당 같은 곳인데 렌조 피아노가 리모델링을 했다면 왜 지붕은 없고 기둥만 남아 있을까요? 이 왕립 오페라 극장은 1866년에 지어졌는데 제2차 세계대전 중인 1942년에 독일 공군의 폭격으로 파괴되었어요. 파괴되기 전의 사진을 보니 파리의 오페라 하우스를 많이 닮은 것처럼 아주 우아하고 아름다워요. 폐허가 된 오페라 극장은 주차장으로 쓰이다가 렌조 피아노에 의해 야외 공연장으로 재탄생했어요. 렌조 피아노는 원형을 복원하지 않고, 전쟁의 비참함을 보여 주려고 했는지 폐허의 흔적을 남기면서 과거의 왕립 오페라 극장의 기능을 살렸어요. 역시 렌조 피아노는 문화재는 무조건 원형을 복원해야 한다는 저의 단순한 생각과는 아주 달라요. 그리고 보니 이집트의 아스완 댐 Aswan Dam 건설로 아부심벨 Abu Simbel 신전이 수장될 위기에서 70m 위로 이전 할 때에도 람세스 2세 Ramesses II 의 상을 바로 세우지 않고 넘어진 채로 옮겨놓은 것을 본 기억이 납니다. 이 야외극장에서는 날씨가 춥지 않은 봄부터 가을까지 야외 공연이 펼쳐집니다.

원래 몰타 정부는 오페라 극장의 폐허에 의회 건물을 지으려고 했어요. 그러나 렌조 피아노의 설득과 시민들의 건의로 의회 건물이 될 뻔한 왕립 오페라 극장이 본래의 의미를 살릴 수 있게 되었어요. 몰타 정부의 태도가 참 마음에 들어요. 전문가인 렌조 피아노의 의견과 시민들의 건의를 수용한 것 말이죠.

로열 오페라 하우스 옆에 발레타 미술관인 무자 Muza 앞에 갑옷을 입은 한 동상이 한 손에는 발레타의 설계도를 다른 한 손에는 칼을 들고 서 있어요. 이 동상의 주인공은 몰타 공성전의 주역이었던 성 요한 기사단장인

발레트 동상

장 파르로 드 라 발레트Jean Parisot de la Valette입니다. 몰타의 수도 발레타가 바로 이 발레트의 이름에서 유래했다고 했죠.

   몰타는 1530년부터 1798년까지 268년 동안 성 요한 기사단이 통치를 했어요. 성 요한 기사단은 십자군 전쟁 중이던 1099년부터 현재까지 900년 이상 된 가톨릭의 한 수도회 단체입니다. 원래 병원 기사단으로 의료와 구호사업이 주된 활동이었지만 이슬람 세력과 싸우는 기사로 명성을 떨치며 로도스 섬에 이어 몰타 섬을 통치한 특수한 수도회가 되었어요. 성 요한 기사단원은 귀족 출신에 독신의 수도자만 가능했기에 항상 한정된 소수의 인원이 스페인(아라곤), 이탈리아, 프랑스, 영국, 독일, 프로방스^{Provence}, 오베르뉴^{Auvergne}의 7개 지역 출신으로 국경을 초월한 정원이 1,000명이 넘지 않는 국제적인 소수정예의 조직이었어요. 성 요한 기사단의 문양도 4개의 잎에 각 잎마다 두 개의 각을 가진 팔랑개비 모양입니다. 8개의 각은 8개 나라의 출신들로 구성되었다는 의미입니다.

몰타의 수도 발레타는 1565년 오스만 제국의 침공을 성공적으로 막아낸 프랑스 출신 기사단장 장 파리소 드 라 발레트를 기리기 위해 명명되었어요. 발레타의 기초는 1566년에 장 파리소 드 라 발레트가 발레타 건설을 의뢰하여 자신의 손으로 첫 번째 돌을 놓으면서 다져졌어요. 그러나 발레트는 1568년 8월 21일 예배당에서 기도하던 중 뇌졸중으로 쓰러져 발레타의 건설을 보지 못하고 안타깝게도 사망하게 됩니다. 지금은 성 요한 대성당의 지하 묘지에 안장되어 있어요.

여담으로 발레트의 훌륭한 업적과 삶에서 한 가지 티는 여자 관계였어요. 로도스 섬에 카테린이라는 애인이 있었고, 피렌체 출신 로도스 귀족의 아내와의 사이에 딸이 한 명 있었다고 합니다. 발레트 역시 보편적이고도 로맨틱한 한 인간이었음을 느끼게 됩니다. 이순신의 난중일기에도 이와 비슷한 이야기가 있지만, 이를 언급하는 것은 금기시하고 있지요. 영웅호걸은 동서양을 막론하고 로맨틱한 면들이 있는 것 같아요. 나폴레옹도 6살 연상의 부유한 미망인 조세핀 외에도 합스부르크의 공주 같은 여인들이 있었지요. 제가 영웅호걸이 되지 못하는 이유를 발레타에서 깨닫게 되었어요. 😊

발레타 어퍼 바라카 가든과 BTS

발레트 동상을 지나 오르막길을 올라가면 어퍼 바라카 가든Upper Barrakka Gardens이 발레타의 가장 높은 곳에 자리 잡고 있어요. 어퍼Upper가 있으면 로우Low도 있겠지요? 맞아요. 아래에는 로우 바라카 가든Low Barrakka Garden이 있어요. 바라카 정원은 꽃과 나무를 심어 놓아서 쉬기에 알맞은 장소이며 성 요한 기사단원들의 개인적인 휴식공간이었어요. 바라카 정원은 1661년에 지어졌으며 성 베드로 바울 요새St. Peter & Paul Bastion 위에 세워진 이탈리아 출신 기사단원들의 전용공간이었답니다. 1800년대 프랑스 군대가 몰타를 점령하기 전까지는 몰타인이 어퍼 바라카 정원에 들어갈 수는 없었답니다.

바라카 정원에는 중앙 부분의 분수를 중심으로 아름다운 꽃들과 조각상들이 많아요. 제2차 세계대전 중 윈스턴 처칠이 발레타를 방문한 기념으로 건립한 기념비가 있어요. 윈스턴 처칠의 기념비는 유럽에서 영국의 유명한 정치인을 기리는 유일한 기념비랍니다. 그리고 처칠의 기념비 근처에 '레 가브로슈'라는 가난한 부랑아 조각상이 있는데 두 동생인 아이가 청년의 손에 끌려가지 않으려는 삶의 모습이 참 정겹게 느

가난한 부랑아 조각상

껴져요. 아마 전쟁을 많이 겪은 몰타에서 폭격을 피해 급히 동생들을 데리고 피난 가는 모습 같은데 이 청년은 좀 밝은 표정입니다. 미래의 희망을 바라보는 것 같아요. 이 부랑아 조각상의 진품은 박물관에 전시되어 있어요.

어퍼 바라카 정원의 가장 높은 곳은 여러 개의 아치문이 있는 성벽 같은 벽 사이로 파란 하늘이 보이고 그 아래로 그랜드 하버와 쓰리 시티즈 Three Cities가 내려다보이는 전망대입니다. 원래는 저 아치 위에 지붕이 있었는데 몰타 기사단이 부패하자 사제단이 이들을 몰아내기 위하여 데모를 할 때에 지붕이 무너졌다고 합니다. 지붕이 없어져도 그랜드 하버의 탁 트인 전망 때문인지 허전하게 느껴지지는 않아요.

건너편의 쓰리 시티즈와 대포들

이 전망대에 그랜드 하버를 향한 대포가 있는데, 지금이라도 쏘면 뻥 하며 연기를 뿜을 것 같아요. 매일 정오 12시와 오후 4시에 대포를 쏩니다. 이 많은 대포를 한꺼번에 쏘는 것이 아니라 이 중의 중간에 있는 한 개의 대포만 쏴요. 제복을 입은 군인이 나와 대포에 대한 설명을 하고 옆으로 비켜서서 고함과 함께 손을 올리니 펑! 하는 소리와 함께 연기가 구름처럼 피어납니다. 그리고 제복의 병사가 거수경례를 하니 관중들이 손벽을 쳐요. 대포 쏘는 장면을 기대하며 오래 기다린 분들에게는 다소 실망감을 줄 수도 있어요. 그냥 과거에 여기서 발레타를 이 대포로 지켰음을 기념하는 행사라고 보면 이해가 될 거에요.

그랜드 하버 너머로 보이는 쓰리 시티즈는 이름 그대로 비토리오사 Vittoriosa, 셍글레아 Senglea, 코스피쿠아 Cospicua의 세 개 도시의 총칭입니다. 1530년 성 요한 기사단이 몰타 섬으로 본거지를 이전하면서 당시 몰타의 수도 메디나 Mdina가 내륙에 위치해 있어 조만간 일어날 오스만 튀르크 제국과의 전쟁에 대비하고 충분한 방어 대책을 세우기 위해 해안가 어촌 비르구 Birgu, 현 Vittoriosa에 본거지를 두기로 결정하고 마을에 요새를 마련했어요. 그 후 근방에 있는 거의 사람이 없었던 반도인 리스라라는 곳에 당시의 기사단장 클로드 드 라 셍글 Claude de la Sengle의 이름을 딴 마을이 만들어지면서 많은 사람이 살기 시작했답니다.

1565년 오스만 튀르크군과 대 포위전에서 용감하게 싸운 비르구와 셍글라아의 주민을 기리고, 비르구에는 비토리오사 Vittoriosa(승리의 마을), 셍글레아에는 인빅타 Invicta(무적의 마을)라는 명예로운 이름이 주어졌어요. 또 두 마을 사이에는 보르미아라는 이름이 붙은 마을이 건설되었고 기사단은 이들 3개 마을을 거대한 방어벽으로 에워쌌어요. 보르미아에는 비르구와 생글레아와 같이 사람들의 용감함을 기려 코스피쿠아Cospicua(현저한 마을)라는 이름이 주어졌답니다. 발레타 건설 후 기사단의 본거지가 비토리오사에서 발레타로 옮겨졌지만, 세 개의 마을은 이후에도 항해를 위한 거점으로 조선소와 무기고를 두었어요.

성 요한 기사단이 몰타에서 철수한 후 영국 지배 시절에도 영국 함대의 지중해 본거지였던 그랜드 하버Grand Harbour와 함께 발전하였답니다. 세계대전 중에는 영국군의 중요한 거점이어서 적국으로부터 잦은 포격이나 폭격을 받게 되었어요. 전후 대규모 복원에 의해 지금은 아름다운 자태를 되찾고 관광객을 맞이하고 있답니다. 쓰리 시티즈로 가는 교통편은 택시나 노선버스를 이용하는 것도 한 방법이지만, 날씨가 좋은 날에는 그랜드 하버에서 운행하는 수상 택시를 이용하는 것도 좋아요. 다이샤Dghajsa라는 전통 보트를 타고 바다에서 발레타, 쓰리 시티즈를 여유롭게 바라보며 목적지로 향하는 것도 좋을 듯합니다.

어퍼 바라카 전망대에서 정면으로 요새 하나가 바로 눈앞에 다가옵니다. 이 요세기 성 안젤로 보루Fort St. Angelo입니다. 16세기 대포위전에서 기사단이 본진을 둔 보루입니다. 몰타에 근거지를 두기 전에는 바다의 성Castrum Maris으로 불리다가 기사단 도착 후에는 기사단장의 거처로 정했고 요새의 보루가 되었어요.

기사단이 몰타를 떠난 후에는 지중해의 영국 해군 본부 및 NATO 6개국 연합 본부로 정해져 있었어요. 현재 보루의 상층부는 기사단의 관할이며 현재도 기사 1명이 살고 있답니다. 하층부는 몰타 정부의 관할이랍니다. 덧붙여 성 요한 대성당에서 만나게 될 이탈리아 출신의 화가이자 전 몰타 기사단원 카라바조Caravaggio가 그를 비방하던 기사단원을 습격해 중상을 입혔을 때 수감된 새장이라고 불리는 감옥이 있는 곳도 이 보루입니다. 성 안젤로 요새에서 벌어지는 불꽃축제는 우리나라 서울의 한강과 부산의 광안대교에서 볼 수 있는 화려한 불꽃축제를 떠올리게 합니다.

어퍼 바라카와 로우 바라카의 바라카는 방어 창고나 병영을 의미하는 barracks에서 유래된 말입니다. 16세기에 이곳의 성벽을 지키기 위해 Barracche라는 병영과 정원이 있었는데 오늘날까지 이어져 오고 있어요. 지금은 아주 평온하고 아름답지만 과거의 바라카라는 병영은 항상 전쟁과 연계된 긴장의 장소였어요. 저도 카투사로 군대 생활을 할 때에 잠은 항상 배럭barracks에서 잤는데 배럭은 양철로 된 둥근 지붕 아래에 침실이 있어서 임시 막사 같은 분위기였어요. 전쟁은 언제 일어날지 모르니까 쉽게 이동할 수 있는 막사가 배럭이 아닐까요?

어퍼 바라카 가든에서 왼쪽으로 내려오면 끝 지점이 로우 가든입니다. 어퍼 바라카 가든에는 아치문과 그랜드 하버의 정경과 역사적인 명소들이 많아서 얘깃거리도 많지만 로우 가든은 어퍼 바라카 가든 만큼 사람들이 많이 찾지 않아서 그런지 그냥 차분한 분위기입니다. 관광객들보다는 몰타 현지인들이 많이 찾는 것 같아요. 로우 바라카 가든에는 나무들이 더 많고 정원의 길가에 벤치도 더 많아서 여행에 지친 관광객들이 항구를 바라보며 편안히 쉬기에 안성맞춤입니다. 로우 바라카 가든은 아담하고 정갈하여 한적하게 정원을 즐길 수 있어요. 작은 분수대에 비둘기들이 목욕하고 있는데 보는 이로 하여금 시원함을 줍니다.

그리고 웨딩 촬영을 위해 연인들이 로우 바라카 가든을 찾고 있어요. 제가 여기를 지날 때에도 한 쌍의 연인과 친지들이 웨딩 촬영을 마치고 이동하는 모습을 보았어요. 순간적으로 핸드폰을 꺼내 찰칵했어요. 이거 초상권 침해가 되지 않을까요? 허락은 받지 않았지만 본인들 의사와는 상관없이 모델이 되어 준 이 커플에게 감사드리며 이 분들이 영원히 행복했으면 합니다.

결혼하는 커플

BTS의 <Bon Voyage season3>가 몰타에서 촬영되어 BTS가 다녀간 어퍼 바라카, 성당, 가게 등등은 바로 성지가 되어 많은 한국 사람들이 찾게 되었어요. BTS가 다녀간 몰타의 지역을 보면 몰타의 최대 어촌 마을인 마르사 슬로크의 선데이 마켓에도 방문했네요. 몰타는 BTS가 다녀간 전과 다녀간 후로 많이 바뀌었다고 합니다. 그만큼 여기서도 BTS의 인기는 대단합니다. 예를 들면, BTS가 기사단 문양의 목걸이를 산 가게에 세계의 BTS 아미들이 싹쓸이를 하는 바람에 이 가게는 리모델링을 하여 몰라보게 달라졌대요. 허름했던 가게가 대리석이 쫙 깔린 가게로 바뀌었답니다.

성 요한 대성당과 카라바조의 세례 요한의 참수

발레타에서 가장 많이 눈에 띄는 문양은 성 요한 기사단의 표식입니다. 성 요한은 누구일까요? 예수님께 세례를 준 세례 요한입니다. 발레타의 성 요한 대성당St. John's Co-Cathedral은 바로 이 세례 요한에게 바쳐진 성당입니다. 성 요한 대성당은 유럽에서 바로크 예술과 건축의 최대 걸작으로 평가받고 있어요. 성 요한 성당은 1565년 오스만 튀르크의 공격을 성공적으로 물리친 후에 51번째 기사단장인 장 드 라 카시에라Jean de la Cassiere에게 위임되어 1572년에 건축하기 시작해서 1577년에 완공했어요.

성 요한 대성당은 일반적인 성당이 아니라 성 요한 기사단을 위한 성 요

성 요한 대성당과 입구

한 기사단의 공식 성당으로 지어졌어요. 즉 성 요한 기사단의 본부 성당으로 지어진 셈이죠. 성 요한 대성당에 Co-Cathedral로 표시한 이유는 이후에 임디나의 성 바울 대성당과 더불어 '공동 대주교좌Co-Cathedral' 성당으로 정해졌기 때문입니다. 발레타에서 꼭 방문해야 할 명소 중의 명소는 바로 성 요한 대성당입니다. 대성당 안에는 본당 외에 여러 개의 예배당이 있는데, 이 공간은 주로 8개국에서 선발된 기사단원의 언어별로 예배를 드리는 공간입니다.

성 요한 대성당의 내부는 화려함의 극치를 보여 주고 있어요. 성당이니까 신앙적인 면에서 보아야 하겠지요? 그러나 성 요한 대성당에는 종교적인 면 외에 문화예술적인 가치가 높은 작품들이 있어요. 성당 내부로 들어가니 금박을 입힌 기둥과 천정이 화려합니다. 본당의 주 제단은 세례 요한에게 세례를 받는 예수님의 모습과 그 앞에는 〈최후의 만찬〉이 조각되어 있어요. 이 조각이 있기 전에는 세례 요한이 예수님에게 세례를 주는 그림이 걸려 있었어요.

아치형의 둥근 천정 벽화와 기둥의 조각은 성 요한 기사단원이자 예술가인 이탈리이 출신 마티아 프레티Mattia Preti의 작품으로 벽화가 꼭 조각처럼 입체감이 있어요. 기둥과 천정의 벽화는 세례 요한의 일대기를 그려 놓았어요. 오스만 튀르크의 공격을 막아낸 성 요한 기사단에 속한 발레타와 성 요한 대성당은 당시 실세이던 교황의 후원에 힘입어 건축가나 예술가들이 귀한 대리석과 구하기 힘든 금속을 아낌없이 사용하여 화려함의 극치를 보여주는 예술품들을 탄생시켰어요.

성 요한 대성당의 바닥은 세계의 어느 성당에서도 볼 수 없는 화려하고

금박을 입힌 기둥과 천정

세련되며 고급스러운 색상의 대리석 묘비가 눈길을 끌어요. 성 요한 성당 안에 405명의 기사단원 무덤 위에 405개의 사각형 대리석에 상감기법으로 예쁜 색깔의 그림을 그려 바닥에 깔아 놓았어요. 대성당은 온통 무덤이지만 묘비 문양이 아름다워서 제가 위대한 예술작품 위에 서 있는 것 같아요. 무덤의 주인공은 모두 유럽 명문 귀족 출신의 기사단원으로 그의 일생을 그림으로 나타내었어요. 우리나라로 치면 통영자개로 묘비를 만든 것과 같아요. 그리고 벽면에는 26명의 기사단장 묘가 있어요. 유럽 8개국의 유명 귀족 가문의 자제들인 성 요한 기사단의 출신국 언어를 사용한 예배당들은 각 나라와 가문들의 자존심과 명예를 보여 주고 있어요.

성 요한 성당의 정면을 보면서 오른쪽 입구에 있는 오라토리 룸Oratory Room에 걸린 그림은 바로크 회화의 문을 연 카라바조Caravaggio(1571-1610)의 대표작이라고 할 수 있는 〈세례 요한의 참수〉입니다. 오라토리 룸은 신입 기사단원을 교육하는 곳이었답니다. 현재는 미사를 드리기 전 신부님들이 예복을 갈아입는 장소로 쓰이고 있답니다.

바로크 시대의 최고 미술가인 카라바조는 이 작품에만 그의 서명을 넣었답니다. 세례 요한이 흘리는 피에 그의 서명이 있다는데 저의 육안으로는 확인할 수가 없네요. 이 서명도 복원을 하다가 발견했다고 합니다. 당시의 화가들은 자기의 그림에 서명을 하지 않았는데 카라바조는 왜

대성당 내부

대성당 바닥의 대리석 묘비들

이 그림에 서명을 넣었을까요? 아마 카라바조가 몰타로 올 때에 이미 로마에서 살인을 저질렀고, 또 몰타에 와서도 살인을 저질렀기에 나중에 로마에 돌아가 참수형도 당할 수 있으니까 〈세례 요한의 참수〉가 자신의 작품임을 내세워 죄를 탕감 받으려고 사인을 하지 않았을까 추측해 봅니다.

세례 요한은 성경의 마태복음 14장 3절에서 12절까지에 나와 있듯이 헤롯왕이 왕의 동생 빌립보의 아내 헤로디아와 결혼을 하자 세례 요한이 반대를 하지요. 이에 헤롯왕은 세례 요한에게 앙심을 품게 됩니다. 헤로디아의 딸 살로메가 잔치에서 춤을 춘 후 헤롯왕에게 세례 요한의 목을 달라고 요구해서 세례 요한이 참수를 당하게 됩니다.

세례 요한의 참수 그림은 가로 5.2m, 세로 3.6m의 대형 그림입니다. 높은 벽에 걸려 있어서 제가 보기에는 그렇게 크게 보이지 않아요. 이 그림을 그린 카라바조는 1607년에 1년간 성 요한 기사단에서 견습 수도사로

세례 요한의 참수

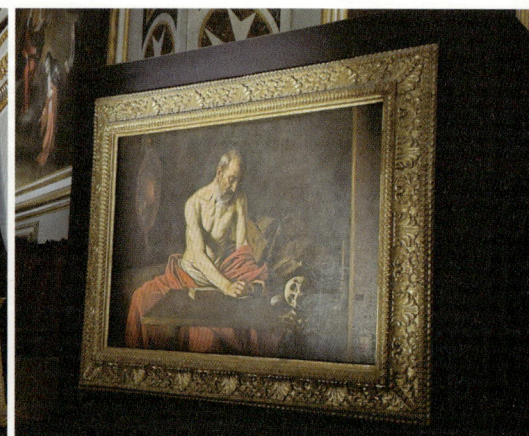

필사하는 성 제롬

일했답니다. 카라바조는 쟁반 위에 담긴 목을 많이 그리는 다른 일반적인 화가들과는 달리 세례 요한을 긴 칼로 죽인 후 미리 준비한 등 뒤의 작은 칼을 꺼내 목의 힘줄을 자르려고 하는 처형자를 그려서 성경의 생생한 순간을 표현하고 있어요. 현장 주위에 있는 사람들 중에 쟁반을 들고 있는 여인이 바로 헤로디아의 딸 살로메가 아닐까 여겨집니다.

카라바조의 작품이 하나 더 있어요. 카라바조가 1608년에 그린 〈필사하는 성 제롬〉 그림입니다. 이 그림은 카라바조가 1607년 몰타에 처음 도착했을 때 첫 번째로 그린 그림입니다. 이 그림은 1983년에 도난당했다가 1987년에 되찾았어요. 이 그림은 나이든 학자의 상반신에 강렬한 빛을 비추어 주인공의 뛰어난 학자적 면모를 보여 주고 있어요. 또 빨간색 의복을 대비시키고 탁자 앞에는 해골을 그려 다가올 잔인한 죽음을 암시하고 있어요.

카라바조의 일대기를 다룬 영상을 보여 주고 있네요. 카라바조는 로마에서 살인을 저지른 후 몰타로 와서 1년간 성 요한 기사단의 견습 생활을 한 것을 보면 로마 귀족 가문의 출신임을 알 수 있어요. 몰타에서 〈세례 요한의 참수〉의 그림으로 명성을 회복한 듯했어요. 그러나 기사단원들과의 사소한 불화에 참지 못하고 다시 살인을 저질러 성 안젤로 보루에 있는 감옥에 갇히게 되었어요. 참수형에 처할 것으로 예견되었으나 가까스로 탈옥에 성공합니다. 카라바조는 살인을 하고도 몰타로 와서 성 요한 기사단에 들어갈 수 있었던 것과 감옥에서 탈출한 것을 보면 엄청 금수저 같아요. 누가 도와주었을까요?

베네치아에 갔을 때 카사노바가 감옥을 탈출하여 산마르코 광장에서 커피 한 잔을 마시고 유유히 떠나는 장면을 떠올리며 그 카페에서 저도 커피 한 잔을 마신 기억이 떠올라요. 카사노바는 상당히 낭만적이었는데, 카라바조도 탈옥 후 상당히 낭만적인 삶을 살지 않았을까 하는 생각이 들었어요. 인과응보랄까? 아니면 권선징악이라고 할까? 또 아니면 사필귀정이라고나 할까? 이렇게 훌륭한 화가의 끝은 허무하게 끝나고 맙니다. 카라바조는 탈옥 후 로마로 되돌아가서 자신의 명작을 내세워 몰타에서 저지른 죄를 탕감 받으려고 그림에 사인까지 했는데 안타깝게도 로마까지 가지 못하고 도중에 말라리아에 걸려 생을 마감하고 맙니다.

모기는 참 무서워요. 수에즈 운하를 완성한 프랑스 외교관 레셉스 Ferdinand Marie de Lesseps가 파나마 운하를 건설하다가 지형적인 악조건도 있었지만 극성스런 모기들로 인한 말라리아 때문에 포기하게 되었지요. 그 후 미국이 파나마 운하 건설권을 4,000천만 달러에 인수해 콜롬비아로부터 파나마를 독립시켜 파나마 운하를 건설하게 되었지요. 조그마한 모기가 파나마 운하 건설도 중단시키고, 위대한 화가 카라바조의 생도 마감시켰어요. 모기가 로마 정부보다 더 센 심판자네요. 카라바조는 몰타에서 총 여섯 점의 그림을 그렸는데 위에서 말한 두 점의 그림만 성 요한 대성당에 남아 있어요.

카라바조에 대한 다른 얘기들이 있어요. 카라바조는 몰타를 탈옥하여 이탈리아 나폴리까지 가서 교황 파울 5세Pope Paul V(1550~1621)의 조카이자 추기경을 지낸 스키피오네 카파렐리 보르게세Scipione Caffarelli Borghese(1577~1633)를 찾아가서 교황께 사면을 해 달라고 부탁하게 하여 교황으로부터 사면을 받았어요. 보르게세는 유명한 미술품 애호가로 베르니니Bernini나 카라바조와 같은 당대의 예술가들을 후원하였고 그들의 작품을 사들였어요.

그런데 사면을 받은 카라바조는 이미 로마에서 근위대장의 아들을 죽여 사형을 언도받았지만 몰타로 도망을 갔지요. 카라바조의 괴팍한 성격과 행동으로 인해 원한을 산 사람에게 많이 얻어맞은 일도 있었답니다. 카라바조는 자신을 교황으로부터 사면장을 얻어 준 보르게세 추기경에게 감사한 마음으로 그림을 한 장 그려서 보냅니다. 그 그림이 <골리앗의 머리를 든 다윗Davide con testa di Golia(1609~1610)>으로 현재 로마의 보르게세 미술관에 전시되어 있어요. 이 그림에서 다윗의 얼굴은 카라바조의 동성애인의 얼굴인데 동양인처럼 예쁘게 생겼어요. 골리앗의 얼굴은 바로 카라바조 자신의 얼굴이랍니다. 카라바조의 얼굴이 궁금하시면 그 그림의 골리앗 얼굴을 보세요. 안타깝게도 카라바조는 이 그림을 마지막으로 그려 추기경 보르게세에게 보내고 죽음을 맞이함으로써 그림만 보르게세에게 전달되어 오늘날 보르게세 미술관에서 이 그림이 전시되고 있어요.

보르게세 미술관은 로마에 있는 시립 미술관으로, 바티칸 미술관Musei Vaticani 다음으로 로마에서 소장품이 가장 많은 곳으로 유명해요. 이 미술관에는 보르게세 가문이 수집한 이탈리아 회화와 조각 작품들을 볼 수 있어요. 보르게세는 자신의 권력과 집안의 재산을 이용하여 베르니니, 카라바조 등 당대 유명 작가의 작품들을 사들여 이를 보관할 장소가 필요했어요. 1613년 네덜란드 건축가 플라미니오 폰지오Flaminio Ponzio(1560~1613)로 하여금 빌라 보르게세Villa Borghese를 짓게 했어요.

1891년 보르게세 가문이 파산하면서 그동안 수집했던 작품들도 흩어질

위기에 처해졌어요. 이에 1901년 이탈리아 정부와 로마시가 빌라 보르게세와 미술품들을 사들여 지금의 보르게세 미술관으로 만들어 1903년 일반에 공개했어요. 보르게세 미술관은 2층으로 된 건물로 1층에 여덟 개, 2층에는 열두 개의 전시실이 있어요. 카라바조의 회화 12점은 1층 제8전시실에 전시되어 있답니다. 저도 다음에 로마를 방문하면 보르게세 미술관을 꼭 방문해서 카라바조와 베르니니의 작품들을 보아야겠어요. 잠깐! 보르게세 미술관을 관람하려면 사전 예약이 필수인 점을 꼭 참고하시기 바랍니다. 카라바조 얘기를 하다가 로마까지 오고 말았네요.

멜리에하의 제2차 세계대전 방공호와 키프로스

몰타에 온 지도 며칠이 지나 발레타의 외곽인 고조 섬과 임디나 외 발레타 시내를 둘러보았어요. 처음 몰타에 왔을 때 제가 묵는 숙소가 발레타 시내에 있는 줄로 알았는데 며칠을 지내다보니 호텔이 발레타가 아닌 멜리에하Mellieha에 있었어요. 근처에 뽀빠이 빌리지도 있고요. 고조 섬을 가기에도 그리 멀지 않은 거리에 있었네요. 오늘은 특별한 스케줄 없이 호텔 주위를 둘러봅니다. 호텔에서 나와 지중해변을 따라가니 "National Sanctuary of Our Lady of Mellieha(멜리에하의 성모 성소)"라고 적혀있어요. 내리막의 숲이 꽤 울창합니다. 그 맞은편 언덕 위에는 웅장한 교회 건물이 자리 잡고 있어요. 길을 건너 교회로 올라갔어요. 교회 안으로 들어가는 문은 닫혀 있어요. 이 교회는 멜리에하의 성지인 Parish Church

맞은편 언덕의 교회

채소 트럭

185

교구 교회입니다. 교회의 마당을 거닐다가 채소와 과일을 파는 트럭에서 싱싱한 과일과 채소들의 사진을 찰칵했어요. 카페도 교회 마당 귀퉁이에 있어요.

교회에서 내려오는 계단에 "World War II Mellieha Shelters(제2차 세계대전 멜리에하 대피소)"라는 팻말을 보고 계단 아래로 내려갔어요. 바위에 굴을 파서 피난처로 만들었어요. 연세가 드신 할아버지가 책상에 앉아 자원봉사로 관리를 하고 있네요. "Air Raid Shelter"라는 푯말이 방공호 입구 위에 붙어 있어요. 이 방공호가 몰타에서 가장 큰 규모의 지하 방공호 중 하나라고 합니다. 1942년에 만들어진 이 방공호는 12m의 깊이에 길이는 500m 정도 됩니다. 이 방공호 안에 64개의 방이 있어요. 이 방공호에서 2명의 아이들이 태어났답니다. 간이 조산 시설을 갖춘 방도 있어요. 이 방공호 안에서 방이 필요하면 스스로 자신의 방을 파야 했어요. 굴의 끝

방공호 입구

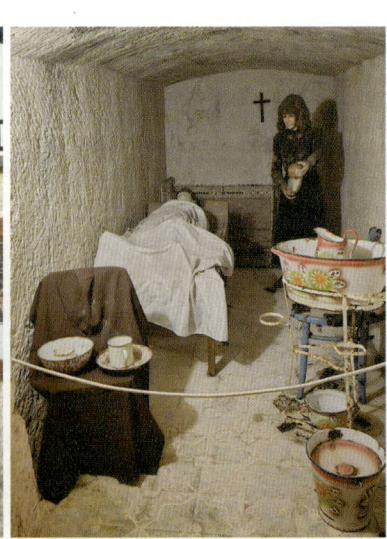

방공호 내부

전시물

은 큰 도로로 연결되는 통로와 교회 광장으로 연결되는 통로가 있어요. 안쪽으로 가면 넓은 공간이 나오는데 100명 정도 수용이 가능하답니다. 요즘은 작은 연주회도 가지곤 한답니다.

입장료 2.5유로를 내고 지하 방공호 안으로 들어가니 유리 진열대 안에 전쟁에 사용되었던 방독면, 램프, 총알, 철모, 수통, 모형 비행기 등이 전시되어 있어요. 바위굴 통로를 따라가니 양쪽으로 방이 있어요. 벽에 십자가가 있고 침대에 하얀 린넨을 덮은 한 사람이 누워 있고 마스크를 한 여인이 간병을 하고 있네요. 굴을 파고 있는 장면의 방도 있어요. 그 당시의 전쟁 상황을 알려 주는 영상도 보여 줍니다. 통 바위 속으로 가로세로 2m 정도의 굴이 한참을 들어가니 T자 형의 좌우로 갈라집니다. 공중에서 아무리 폭격을 가해도 이 방공호 안에 있으면 전혀 다치지 않겠어요. 당시에는 먹을 음식이 모자랐고 밖으로 나가면 폭격에 죽을 수도 있었기에 고통 속에서 나날을 보냈답니다.

멜리에하의 교회와 제2차 세계대전의 방공호를 방문하고 나오니 교회의 부속 건물에서 여러 가지 기념품들을 팔고 있네요. 아마 교회의 성도님들이 바자회에 내어놓은 물품들을 아주 싼값에 팔고 있는 것 같았어요. 만물상 같아요. 시칠리아 지도가 새겨진 쟁반이 마음에 들어요. 로마의 기념

기념품 매대

품도 있네요. 연세가 드신 할머니가 짐작컨대 자원봉사로 기념품들을 팔고 있어요. 몇 개를 주섬주섬 담아서 얼마냐고 물으니 모두 20유로랍니다. 득템했어요.

　호텔로 돌아와서 짐을 싸 공항으로 향했어요. 30분이면 도착합니다. 한국에서 올 때에는 두바이를 경유해 시칠리아의 카타니아로 와서 몰타로 왔어요. 몰타 국제공항에서 비행기를 탔는데 바로 두바이로 가지 않고 중간에 니코시아^{Nicosia} 공항에서 한 시간 정도 기착을 했다가 다시 두바이로 향한다고 했어요.

　니코시아가 어딜까? 여러분은 아세요? 니코시아를 들어보셨어요? 니코시아는 키프로스^{Cyprus}라는 나라의 수도입니다. 몰타 국제공항을 이륙한 비행기는 세 시간 정도 지중해 상공을 날아서 키프로스의 니코시아 국제공항에 착륙했어요. 한 시간 정도 니코시아 국제공항에 머물면서 기내 청소와 머리 위에 있는 짐들에 대하여 승무원이 하나하나 체크하면서 본인의 것이 맞는지를 확인합니다. 아마 누군가가 폭탄장치가 든 가방을 몰래 두고 이 공항에서 내렸을 수도 있으니까요. 처음에는 승무원이 자기 짐들을 직접 들고 확인하는 것이 이해가 되지 않았지만 가만히 생각해 보니 우리 모두의 안전을 위해서 꼭 저렇게 까다롭게 하는 것에 수긍이 갑니다.

　기내 청소와 짐의 점검이 끝나고 나니 승객들이 올라옵니다. 제 옆의 빈 자리에도 40대 남성이 앉았어요. 여기가 어디냐고 물어보았어요. 키프로스의 수도 니코시아라고 합니다. 직업은 Civil Engineer인데 두바이로 출장을 가는 길이랍니다. 영어를 꽤 잘합니다. 이분을 통해서 키프로스라는 나라에 대하여 관심을 가지게 되었어요.

키프로스의 위치

키프로스는 지중해 동부에 있는 섬나라입니다. 가장 가까운 대륙이 아시아라서 아시아로 분류되기도 하지만, 민족적, 역사적, 문화적으로 그리스와 가깝고 유럽연합 회원이라서 유럽으로 분류되기도 합니다. 수도는 니코시아입니다. 제가 탄 비행기가 내린 곳이 바로 이 니코시아 국제공항입니다.

키프로스는 공식적으로는 키프로스 섬 전역이 통치 영역이나 북부는 튀르키예의 꼭두각시인 북키프로스가 실질적으로 통치하고 있어요. 양측은 분단국가로 몇 번이나 통일 협상을 진행하였으나 무기한 연기되고 있어요.

키프로스라는 국호의 어원은 고전 그리스어 키프로스Κύπρος(현대 키프로스. 그리스어 발음은 [ˈcipros])라고 합니다. 키프로스라는 말이 어디서 비롯되었는지는 불확실해요. 쿠프레수스(cupressus)라는 나무(그리스어로 κυπάρισσος)에서 유래했다고도 하고, 헤나 나무를 뜻하는 그리스어 κύπρος에서 유래했다고도 합니다.

한국어 권에서는 그리스어 식에 가까운 키프로스라고 하는 경우가 많

189

지만 사이프러스라고도 합니다. 이는 키프로스의 라틴어 표기인 키프루스·치프루스Cyprus를 영어식saiprəs으로 읽은 것이지요. 대한민국 외교부에서도 사이프러스라는 표현을 씁니다.

키프로스는 네 부분으로 나뉘어요. 남부는 그리스계가 다수인 키프로스, 북부는 튀르키예계가 다수인 미승인국 북키프로스, 중간에는 유엔에서 관리하는 유엔 완충지대가 있어요. 한편 국토의 남쪽과 동남쪽 끄트머리에는 영국 해군이 주둔하는 해군 기지인 아크로티리 데켈리아Sovereign Base Areas of Akrotiri and Dhekelia가 각각 위치하고 있어요. 이곳은 치외법권 지대가 아니라 영국 영토로, 키프로스의 주권이 미치지 않아요. 이 두 영토의 수도는 에피스코피 숙영지Episkopi Cantonment입니다.

국제적으로 인정받는 국가는 그리스계가 다수인 남키프로스로 유럽연합에 가입되어 유로화도 역시 도입되었어요. 반면 북키프로스는 튀르키예의 군사 지원으로 독립 선언을 했지만 튀르키예를 제외하고 아무도 국가로 인정하지 않는답니다. 물론 EU에서도 인정받지 못하고 있어요. 반대로 튀르키예는 남키프로스를 그리스의 불법 정권으로 간주하여 국가로 인정하지 않지요. 정확하게 말하면, 키프로스의 독립 당시에는 튀르키예, 그리스, 영국이 협의해 키프로스의 독립을 승인했어요. 하지만 튀르키예 측에서는 1974년 키프로스 전쟁의 원인인 그리스 군사정권의 키프로스 병합 시도와 마카리오스 3세Makarios III 당시 키프로스 대통령의 축출이 해당 조약의 위반이라고 주장하며 북키프로스를 수립하고, 키프로스 내의 유일한 합법 정부로 인정한 것입니다. 우리나라만 유일한 분단국가인 줄 알았는데 키프로스도 분단국가임을 알게 되었어요.

경제 사정은 분단 직후만 해도 북키프로스가 키프로스 섬 전체 GDP의 70%를 차지할 정도로 크게 기울어져 있었어요. 남키프로스는 가난한 농업 국가였기 때문입니다. 즉 북키프로스가 위치한 섬 북쪽 지방은 평야임에 반해 남쪽은 산악지대라 농장들이 북쪽에 더 많았고 식량 생산량도 북쪽이 압도적으로 많아요. 그러나 공식 국가로 인정받는 남키프로스는 국제투자를 받는 데 더 유리한 위치에 있었고, 그리스의 경제적 지원을 받으며 유럽연합에도 가입했어요. 반대로 북키프로스는 1980년대부터 2005년까지 계속된 튀르키예의 인플레이션과 고립으로 경제가 쪼그라들어 현재는 남키프로스가 북키프로스보다 부유한 지역이 되었답니다.

하지만 여전히 지리학적으로 남쪽은 척박한 산지와 먹을 것이 부족한 영토이고 북쪽은 경작이 가능한 평야가 대부분이라 남쪽이 북쪽으로부터 농작물 및 여러 가지 필요한 물품을 수입해 오면서 외교적으로는 으르렁거리지만 서로가 필요해서 경제적인 봉쇄를 하지 못하고 있어요. 이런 부분은 우리나라와 북한보다 상황이 더 좋아요.

2010년 이후로는 튀르키예의 경제가 풀리면서 영향을 받은 북키프로스도 경제적 상태가 많이 좋아졌어요. 반대로 남키프로스는 그리스 경제 위기로 큰 경제적 타격을 받게 되었어요. 실패로 끝나긴 했지만 2013년 국민들은 물론 정교회 신부까지 나서서 나라를 살리려고 키프로스 판 금 모으기 운동을 벌였던 적도 있어요. 하지만 2020년 이후 튀르키예의 경제위기가 터지면서 북키프로스도 타격을 받고 있는 상황입니다.

에르도안의 저금리 정책 유지로 인해 인플레이션이 폭발하자 북키프로스 자체적으로 튀르키예 리라 금리를 인상하며 환율 방어를 위해 안간힘을 쓰고 있지만 규모상 튀르키예 발 경제정책에 속수무책으로 당하고 있는 중입니다.

    남북 키프로스의 충돌을 막기 위한 완충지대가 섬을 양분하는데, 그 구역에는 유엔 평화유지군이 주둔해 있어요. 이 지역은 남북 어느 키프로스의 주권도 미치지 않는답니다. 저의 의도와는 상관없이 키프로스의 니코시아에 착륙하여 키프로스에 대하여 관심을 갖게 하시는 하나님의 의도가 무엇인지 잠시 묵상하는 가운데 신약성경 사도행전 27장 1절에서 4절 말씀이 떠오릅니다.

    우리가 배를 타고 이달리야에 가기로 작정되매 바울과 다른 죄수 몇 사람을 아구스도대의 백부장 율리오란 사람에게 맡기니, 아시아 해변 각처로 가려하는 아드라뭇데노 배에 우리가 올라 항해할 새 마게도냐의 데살로니가 사람 아리스다고도 함께 하니라, 이튿날 시돈에 대니 율리오가 바울을 친절히 대하여 친구들에게 가서 대접 받기를 허락하더니, 또 거기서 우리가 떠나가다가 맞바람을 피하여 구브로 해안을 의지하고…….

위 말씀에서 마지막 부분의 '구브로'가 바로 키프로스 섬입니다.

사도 바울 신앙의 원점인 구브로 섬을 지나며

하나님의 오묘한 섭리에 전혀 예상하지 못했던 성경에 나오는 사도 바울의 발자취를 밟게 되었어요. 어쩌면 이번 여행 스케치는 성지순례라고 해도 될 것 같아요. 시칠리아의 시라쿠사에 갔을 때 사도 바울이 사흘을 머물렀던 곳이었어요. 몰타의 산파울일바하르에서는 사도 바울의 배가 난파되어 뱀에 물리고도 죽지 않았고, 보블리오 부친의 병을 낫게 한 기적의 현장을 만날 수 있었어요. 시칠리아와 몰타는 사도 바울의 흔적이 곳곳에 묻어 있었어요. 사도 바울을 기념하는 대성당에서는 사도 바울이 3차 전도 여행을 마치고 마지막 사역인 로마로 가기 위한 여정인 멜리데, 즉 몰타에서의 사역을 묵상하였어요.

이렇게 사도 바울의 사역이 몰타를 떠나며 저의 기억에서도 아스라이 사라져 가는 시점에 갑자기 구브로 즉 키프로스의 니코시아 국제공항에서 사도 바울이 저의 눈앞에 나타났어요. "너는 이곳을 지나며 나를 몰라보았단 말이냐?" 하는 음성이 들리는 것 같았어요. 그래서 눈을 감고 사도 바울에 대하여 묵상을 해 봅니다.

사도 바울은 원래 이름이 '큰 자'라는 사울이었지요? '작은 자'라는 바울로 이름이 바뀐 시점이 언제일까요? 사울이 예수님을 믿는 자들을 잡으려고 대제사장의 명령을 받아 예루살렘에서 다메섹(다마스커스)으로 가는 도중에 "사울아! 사울아! 네가 왜 나를 핍박하느냐?" 하는 예수님의 음성과 함께 사울의 눈에 비늘이 덮입니다. 이에 사울은 다메섹으로 가서 아나니아 선지자의 기도를 받고 깨끗하게 나은 후 광야로 가서 3년간 고행을 겪고 예루살렘으로 가게 되지요. 이때 사도 바울이 큰 자에서 작은 자의 이름인 바울로 바꾸었다고 생각하지만 그렇지 않아요. 사울에서 바울로 바뀐 시점은 이보다 한참 지난 바로 이 구브로 섬, 즉 키프로스에서입니다.

사울은 광야에서 3년간의 고행을 마치고 예루살렘으로 와서 예수님의 12제자는 아니지만 예수님께서 직접 불러 사명을 주셨다고 했어요. 하지만 아무도 인정해 주지 않았기에 다소로 낙향해서 지낼 수밖에 없었어요. 이때 안디옥에서 이방인들에 의해 처음으로 교회가 생기게 되어 예루살렘 교회는 바나바를 안디옥 교회의 담임목사로 파송했어요. 안디옥 교회가 부흥해서 바나바는 혼자 감당하기가 어려워 예루살렘에서 잠시 만났던 사울이 생각나서 다소로 찾아가 공동 목회를 하자고 삼고초려해서 안디옥으로 사울을 초빙해서 부목사가 아닌 공동 담임목사로 사역하며 안디옥 교회를 부흥시킵니다.

하나님께서는 바나바에게 담임목사인 두 사람이 선교를 나갈 것을 명령합니다. 하나님께서는 부목사나 집사와 장로를 보내지 않고 담임목사를 선교지로 보냈어요. 바나바와 사울은 순종하며 선교를 떠납니다. 선교단장인 바나바는 선교를 떠나며 자기의 고향 사람들에게 복음을 전해 주고 싶었어요. 그래서 바나바의 고향인 구브로 섬, 즉 키프로스로 떠났어요. 그런데 동서로 200km 정도나 되는 구브로 섬을 지나며 선교단장인 바나바보다 사울의 선교 능력이 출중하다는 것을 발견하고는 바나바는 사울을 선교단장으로 내세우고 자신은 뒤로 물러섭니다. 안디옥 교회에서는 공동목회를 했지만 당연히 바나바가 주도적인 역할을 했겠지요. 구브로 섬으로 와서도 자기 고향이라서 처음에는 바나바가 주도적인 역할을 했어요. 그러나 사울은 예루살렘에서 대단한 학식을 갖춘 잠재력이 있는 인물이었는데 예수님이 직접 바꾸어 준비시킨 인물이잖아요? 바로 이 구브로 섬에서 사울의 능력이 제대로 나타난 것입니다.

구브로 섬의 동서 길이가 약 200km쯤 되는데 동쪽에서 서쪽으로 관통하는 동안에 바울에게 역사적인 두 가지 사건이 일어났습니다. 첫 번째로 선교단장이 바나바에서 바울로 바뀌었습니다. 우리가 성경을 읽을 때 사람들의 명단이 나옵니다. 성경에 나오는 사람들의 명단은 아무 의미 없이 나열된 것이 아닙니다. 성경에 나온 이름 순서가 바로 서열입니다. 누구든지 명단의 제일 앞에 나오는 사람이 그 명단의 우두머리입니다. 선교단이 안디옥을 출발할 때는 바나바의 이름이 명단의 제일 앞자리를 차지했습니다. 그런데 구브로 섬을 관통하면서 두 사람의 이름 순서가 바뀝니다. 바울의 이름이 먼저 나오기 시작합니다. 교회의 목회 현장에서는 바나바의 목회 능력이 탁월했는데 전도 현장에 나가니까 잠재되었던 바울의 역량이 폭발하면서 바나바가 볼 때 바울이 훨씬 나았습니다. 그래서 바울이 선교단의 우두머리가 되었습니다. 그 순간부터 사도행전이 끝날 때까지 바울이 사도행전의 주역으로 나옵니다.

구브로 섬을 관통하면서 바울 자신은 생각하지도 않았는데 전도자로 세계 역사의 무대 전면에 등장하게 되었습니다. 그 이후부터 지중해 세계의 전도를 위해서 자기 몸을 던졌던 바울도 위대하지만 바울의 역량을 알고 선교단의 단장 자리를 기꺼이 바울에게 양보하고 1차 선교 여행이 끝나기까지 바울을 돕는 자의 자리에 만족했던 바나바도 위대한 사도입니다.

　우리 평생에 바나바라는 이름을 가진 사람을 몇 명이나 만났습니까? 세상 사람들은 일인자라는 이름을 갖기를 원합니다. 모세, 다윗, 솔로몬, 엘리야, 베드로 등 전부 일인자입니다. 이인자의 이름을 가지려고 하지 않습니다. 그래서 저는 자기 의지로 바나바로 이름 짓는 사람을 좋아합니다. 요즘은 '바나바 사역'이란 말도 있잖습니까? 돕는 사역이라는 의미입니다. 이제 바나바가 어떠한 사람인지 알겠죠? 자기보다 능력이 탁월한 사람을 돕기 위해서 나는 뒤에서 돕는 이인자로 만족하겠다는 사람이 자신의 의지로 자기의 이름을 바나바로 명명합니다.

　구브로 섬을 관통하면서 바울에게 두 번째 사건이 일어났습니다. 바울의 이름이 바뀐 것입니다. 원래 바울의 이름은 사울이었습니다. 그 이름은 아버지가 지어준 이름입니다. 아버지가 아들이 태어나니까 그 아들에게 사울이라고 이름을 지어준 겁니다. 우리는 아마 바울이 다메섹 도상에서 예수 믿는 사람들을 잡으러 가다가 예수님이 나타나셔서 "사울아, 사울아 네가 왜 나를 핍박하느냐 하니 누구신지요? 해서 나는 네가 핍박하는 예수다. …(중략)… 눈이 멀어져 비늘 같은 것이 벗겨져 다시 보게 되었다는 이때에 사울에서 바울로 바뀐 것으로 생각했을 것입니다. 그러나 다메섹 도상에서 예수님을 만나고 난 후 광야에 들어가 3년을 보내고 예루살렘에 갔으나 예수님의 제자들이나 유대인들이 바울을 인정해 주지 않았습니다.

　세월이 흐른 후 바나바가 이방 지역에 최초로 생긴 안디옥교회에 담임 목사가 되자 교회는 부흥합니다. 이에 동역자가 필요하게 되었고 바울을 기억해내어 다소까지 찾아가서 공동목회자인 동역자로 삼습니다. 이때까지도 바울은 사울이었습니다. 또 세월이 흐른 후 두 공동목회자가 후임을 세우고 구브로 섬으로 선교 여행에 나선 것입니다. 1차 선교 여행입니다. 이때에 '큰 자'란 의미를 가진 사울에서 '작은 자'라는 의미를 가진 바울로 이름이 바뀐 것입니다.

사울의 아버지는 로마 시민이었습니다. 유대인이었는데 로마 시민권을 가졌다는 것은 로마 공무원에게 뇌물을 써서 로마 시민권을 돈으로 샀는지 아니면 로마제국에 혁혁한 공을 세워서 로마 시민이 되었는지 우리는 알 수 없습니다. 그러나 그 당시 세계를 지배하는 로마제국의 시민이 된 사울의 아버지가 아들이 태어나니까 이름을 사울이라고 지었습니다.

사울 가문은 이스라엘 12지파 가운데 베냐민 지파였습니다. 이스라엘 초대 왕 사울을 배출한 지파가 베냐민 지파입니다. 저는 인천이가인데 사실은 김해김씨의 김수로왕 자손입니다. 김수로왕의 10명의 아들 중 8명은 김해김씨이고 2명은 인도 아유타 왕국에서 온 왕비 허황옥의 성을 따서 김해허씨가 됩니다. 그 후 통일신라시대에 허기가 당나라 사신으로 갔다가 안록산을 맞은 양귀비의 남편 당 현종이 피난을 갈 때 함께 떠났다가 친하게 되어 허기가 당 현종의 성 이씨 성을 받아 이허기가 되어 인천이씨가 됩니다. 송도 가는 전철역 원인재 역에 이허기의 8대조 사당과 묘가 지금도 있습니다. 천년이 넘은 역사적 사실을 저도 자랑스럽게 이렇게 말하고 있지 않습니까?

똑같습니다. 베냐민 지파 사람들은 이스라엘의 초대 왕이 베냐민 지파라는 것에 대한 무한한 자긍심을 갖고 있었습니다. 그래서 유대인이면서도 로마 시민인 아버지가 자기가 낳은 아들에게 너는 사울이 되라는 것은 무슨 의미이겠습니까? 너는 유대인이지만 로마시민이야, 넌 달라, 그러니까 베냐민 지파가 배출한 초대 왕처럼 제일 큰 사람 사울이 되라는 아버지의 염원이 담긴 이름으로 약 40년간을 삽니다. 그러다가 이 구브로 섬을 관통하면서 바울은 큰 사람이 되라는 염원이 담긴 아버지가 지어준 사울이라는 이름을 버렸습니다. 그리고 자기 이름을 바울이라고 했습니다.

바울은 '작다'는 뜻입니다. 큰 사람이 되기를 열망하던 사울은 대제사장으로부터 공문을 받아서 다메섹에 있는 그리스도인들을 색출해서 연행할 정도로 유대교 내에서 큰 사람이 되어 있었습니다. 그대로만 가면 사울이 유대교에서 얼마나 더 높아질지는 아무도 몰랐습니다. 그런데 거기서 사울은 멈추었습니다. 사울이라는 이름을 버리고 주님 앞에서 작고 작은 바울이 되었습니다. 그 이후로부터 우리가 아는 바울로 생을 일관되게 살았습니다. 바울은 하나님께로부터 받은 소명을 다음과 같이 밝혔습니다.

> 일어나 너의 발로 서라 내가 네게 나타난 것은 곧 네가 나를 본 일과 장차 내가 네게 나타날 일에 너로 종과 증인을 삼으려 함이니. - 사도행전 26:16 -

다메섹 도상에서 주님께 사로잡혔을 때 주님께서 바울에게 소명을 줍니다. 앞으로 네가 볼 일에 대해서 너로 내 종과 증인으로 삼으려 한다. 너는 지금부터 내 종이고 내 증인이다.

주님께서 바울을 향해서 너는 내 종이라고 했는데 종이라는 말은 헬라

어로 둘로스라고 합니다. 그런데 주님께서 너는 내 종이라며 '둘로스'라고 하지 않고 "너는 내 쉬페레테스다"라고 했습니다. '둘로스'는 일반적인 종이지만 '쉬페레테스'는 배에서 노를 젖는 노예를 의미합니다. 전함의 가장 밑바닥에서 노를 젖는 노예입니다. 바다에서 해전이 벌어지면 배의 밑바닥에서 노를 젖는 노예는 앞이 보이지 않고 지휘관이 명령하는 장단에 맞추어 노를 젖는 것입니다. 고수가 북을 천천히 치면 천천히, 빨리 치면 빨리 노를 젖습니다. 바울은 그렇게 살겠다고 결심한 것입니다.

주님이 나를 어디로 데려가도 어떤 스피드로 나를 인도하셔도 나는 노를 젖는 작은 종으로 살겠다는 결단으로 이름을 사울에서 바울로 바꾸었습니다. 구브로 섬, 키프로스는 사울에서 바울로 바뀐 사도 바울의 신앙의 원점입니다. 사도 바울의 신앙의 원점을 지나며 저의 신앙의 원점은 어디인가 자문해 봅니다.

3부

이집트
Arab Republic of Egypt

모로코
Morocco

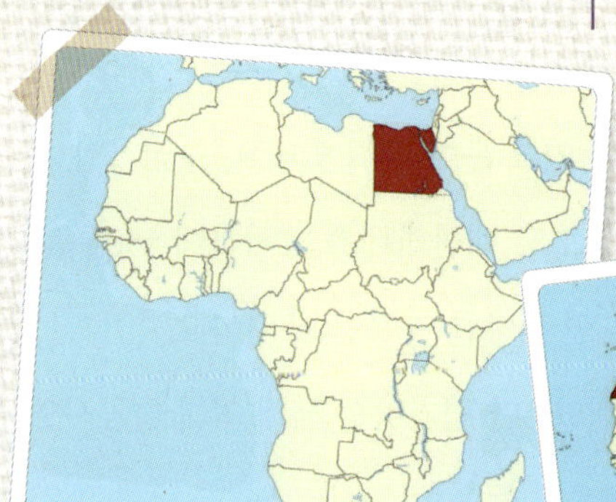

출애굽기? 입애굽기!

출出애굽기 이야기냐고요? 아닙니다. 입入애굽기 이야기예요. 즉 옛 애굽Aigyptos 땅 이집트에 들어가는 이야기를 하려 합니다.

일단 인천공항에서 열 시간을 날아 모스크바공항에 도착합니다. 비행기를 갈아타야 하거든요. 이집트 카이로행 비행기를 기다리며 공항을 꼼꼼하게 살펴봅니다. 한때는 세계에서 손꼽히는 공항이었다는데, 이제는 평범한 공항 수준이네요. 차분하고 꼬불꼬불한 공항 안을 이리저리 둘러보니 보드카를 파는 면세점이 눈에 많이 띄어요. 특이한 점은 캡슐 호텔이 참 많다는 사실이에요. 자투리 공간이나 조그마한 귀퉁이에는 어김없이 캡슐 호텔이 있어요. 잠시 눈을 붙일 수 있는 산소방 같은 존재라고나 할까요. 한 캡슐 문 앞에 구두가 놓여 있고 문이 닫혀 있네요. 누군가가 휴식 중인 모양입니다. 가격은 시간당으로 계산하네요. 1시간에 550루블, 한화로는 9,000원 정도예요. 이 정도면 적당한 가격인 것 같아요.

한편, 러시아항공사도 한때 승무원만 6만 명가량의 세계 최대 항공사였

모스크바공항

공항 캡슐 호텔

다지만, 지금에 와서 보니 규모가 크게 준 모양새입니다. 모스크바공항을 둘러보고 있자니 탑승 시간이 되었네요. 카이로행 비행기에 올라 다섯

카이로 인근 마을

시간 정도를 날아서 옛 애굽 땅 이집트의 수도 카이로공항에 도착했어요. 애굽에 들어왔으니 입애굽기라고 해도 되겠죠?

호텔에 짐을 풀고 나니 새벽 두 시가 넘었네요. 두 시간 정도 눈을 붙이고 부랴부랴 후르가다 지역으로 향했어요.

카이로공항 인근의 마을은 한국의 7, 80년대 도시 모습이었어요. 구약성경에서는 당시 세계 최고 강대국이었다는데, 지금은 너무나 초라해 보입니다. 이집트와 관련해 제가 가진 정보는 주로 성경의 구약에 기반한 것이었고, 근래에는 제가 영어를 배울 때 접한 AFKN 방송밖에 없어요. 당시 AFKN 방송에서는 이집트 대통령 안와르 사다트가 군사 퍼레이드에서 암살되었다는 소식이 흘러나왔죠. 그 후 무바라크 대통령이 장기집권하다가 2011년 2월에 하야한 후, 재임 시의 부정축재와 무력진압에 대한 재판을 받아 수감과 자택연금을 반복 후, 지병에 시달리다가 2020년 2월 25일 사망했죠. 구약의 출애굽기에 나오는 영욕과 지금의 아프리카 변방국가에 머물러버린 애굽의 모습을 보니 마음이 짠합니다.

참! 그런데 말이죠, 지구상 역사에서 가장 어린 나이에 왕이 된 사람은 누구일까요? 궁금하죠? 정답은 바로왕(?)입니다. 바로! 왕이 되었으니까요. 애굽에는 바로왕(파라오)이 참 많네요.

오랜만에 열린 이집트의 문

입ㅅ애굽(?)하니 한국과 다른 것이 많네요. 일단 '빨리빨리'가 없어요. 이집트 사람들은 참 여유가 많아 보이고 마음이 따뜻한 것 같아요. '빨리빨리'란 단어 자체가 없는 건 아닌지 생각될 정도예요. 대신 상점 앞에서 '알리알리'라는 말이 많이 들리는데 '어서 오세요!'란 의미 같아요.

비도 없어요. 1년에 1~10mm 정도 내린다고 하니 거의 비가 안 오는 셈이죠. 그런데 제가 도착하니 비가 옵니다. 어쩌면 후르가다Hurghada 지역으로의 이동이 통제될지도 모른답니다. 왜냐하면 평소에 비가 오지 않으니 배수 시설이 없기 때문이죠. 소낙비가 내리면 낮은 지역은 순식간에

먹구름이 낀 하늘

물바다가 된답니다. 그래서 비가 내리면 관광객의 통행이 금지됩니다. 다행히 창가에 물방울이 맺힐 정도만 내리고 비가 그쳤어요. 하나님 감사합니다! 쵸코라! 하나님! '쵸코라'가 '감사하다'는 뜻이라는데, 이 분들의 반응은 시큰둥하네요. 삶이 힘들어서 그럴까요?

제가 어릴 때 동네 이발관 벽에 걸려 있던 액자 속 푸시킨^{Aleksandr Pushkin}의 시가 생각납니다.

"삶이 그대를 속일지라도 슬퍼하거나 탓하지 말라……"

소가 쟁기를 끄는 그림이나 밀레^{Millet}의 〈만종晚鐘〉이 배경 그림으로 등장하곤 했죠. 푸시킨은 바로 어제 들른 모스크바공항이 있는 러시아의 시인이죠. 서울의 소공동 롯데호텔 코너에 푸시킨의 시비가 있는데, 그 내력은 모르겠네요. ☺ 이 분들의 동네 이발관에 푸시킨의 시를 걸어 놓으면 이 분들도 한국처럼 잘 살게 될지도 모르겠다는 생각이 듭니다. 이집트에 또 없는 게 있네요. 버스에 히터 장치는 있는데 따뜻한 바람은 나오지 않아요. 다행히 여기는 여름이네요. 따뜻후덥지근해요.

현재 대통령은 압델 파타 엘 시시^{Abdel Fattah el-Sisi}인데, 인기를 물어보았더니 시큰둥하며 말을 얼버무리는군요. 무슨 의미일까요? 하긴 한국의 대통령에 대해 어떻게 생각하느냐고 외국인이 물어온다면 마찬가지가 아닐까요? 그 심정을 이해할 수 있을 것 같아요.

카이로 시내

　여기서 살려면 '인샬라!'가 무슨 의미인지 알아야 합니다. 약 13년 전 케냐에 갔을 때 평일에 박물관에 갔어요. 그런데 박물관 문을 열지 않았어요. 이유를 물었더니 "인샬라!"라고 했어요. '신만이 아신다' 혹은 '신의 뜻대로 이루어진다'는 의미입니다. 기차역이나 공항에서 나의 질문에 직원이 "인샬라!" 했는데 내가 계속 따진다면 그 일은 하염없이 미루어질 거라는 설명을 들은 적이 있는데, 오늘 이집트에서 다시 떠오릅니다. 이집트도 아프리카임을 실감합니다.

　다시 만나자, 'See you later'도 '인샬라'입니다. 'See you later'를 한국말로 하면 뭘까요? '두고 보자'란 뜻이랍니다. 😐 중국의 '만만디'보다 '인샬라'는 더 속이 터집니다. 오랜만에 '빨리빨리' 없는 삶도 괜찮네요. 😛

이집트는 아랍국인가, 아프리카국인가?

이집트 국기에는 살라딘Saladin의 독수리가 그려져 있어요. 살라딘은 십자군에 점령된 예루살렘을 되찾은 인물로, 이슬람 세계에서는 영웅으로 떠받쳐지는 통치자의 전형이에요.

이집트 국기

이집트는 아프리카 대륙의 북동쪽에 있으니 아프리카의 나라라고 할 수 있겠죠? 그런데 구약과 신약 성경에 보면 모세와 예수님이 애굽에서 생활한 내용이 나와요. 모세는 출애굽 시, 예수님은 헤롯왕이 죽은 후에 애굽인 이집트를 떠납니다. 그렇다면 이집트는 이스라엘의 이웃나라이죠. 이스라엘은 중동의 아랍국들 틈바구니에 끼어 있죠. 이스라엘과 중동 아랍국들이 서너 차례 전쟁을 할 때에도 이집트가 그 중심에 있었죠? 그렇다면 이집트는 아프리카보다 20여 개 아랍국들에 영향을 크게 미치는 나라로 여겨집니다.

이집트의 면적은 약 100만 km로 남한의 10배 정도입니다. 인구는 남한의 두 배인 1억이 넘습니다. 땅은 우리의 열 배인데 인구는 두 배이니 땅에 비해 인구가 적은 편이

207

도심을 벗어난 사막

죠. 그런데 땅의 90%가 사막이다 보니 사람이 사는 땅의 넓이는 우리와 비슷합니다. 주로 나일 강 동서변에 살아요.

　1억의 인구가 카이로^{Cairo}, 알렉산드리아^{Alexandria}, 테베^{Thebes}, 룩소르^{Luxor}, 아스완^{Aswan}에 분포되어 있어요. 수도인 카이로는 서울의 두 배 면적에 인구도 서울의 두 배인 2천만이 넘는 대도시입니다. 카이로도 아파트가 많은 편이죠. 한국의 고층 아파트보다는 5층 정도의 아파트가 많습니다.

　시골의 집들은 흙벽돌로 지은 흙 색깔의 집이 많아요. 국토의 90%가 사막이다 보니 도심과 나일 강 주변만 벗어나면 황량한 사막이 이어집니다.

　사막도 여러 가지네요. 부드러운 모래, 거친 모래, 붉은 모

래, 검은 모래 등이 있는데, 여
기는 모래도 아닌 마른 땅 같은
데 풀이 자라지 않아요. 이 사
막이 바로 사하라사막입니다.
이집트에서부터 리비아와 알

후르가다의 홍해 해변

제리를 거쳐 모로코의 서사하라사막에 이릅니다. 약 6,000km나 된답니
다. 홍해에서 대서양까지 사하라사막이 걸쳐져 있는 셈이죠.

  카이로에서 사하라 사막을 동남으로 가로질러 다섯 시간을 달려 후르
가다Hurghada라는 홍해변 휴양도시에 도착했어요. 힐튼리조트에 짐을 풀
고, 바로 홍해로 달려가 바다 속으로 뛰어들었어요. 조금 차가운 느낌이
었지만 출애굽의 홍해바다라는 생각에 시원하게 느껴졌어요. 비록 모세
는 아니지만 막대기라도 하나 힘껏 들어 홍해가 갈라지는지 시험해 보고
싶은 엉뚱한 맘이 들었어요. ☺ 홍해 바닷물이 좀 짜네요. 염도가 우리나
라의 바다보다 세 배 정도 높다는군요. 일단 홍해에 몸을 담그니 모세가
된 기분입니요. 😀 모세보다 저는 산수를 더 잘해요. 왜냐하면 모세는
숫자를 세지 못하거든요. ☺

피라미드와 이집트 왕조시대의 마감

이집트의 대표적인 상징인 피라미드는 인간이 만든 것 중에서 천문, 기하학, 종교 등 모든 것이 복합적으로 집대성된 걸작이라고 할 수 있어요. 카이로 인근 기자Giza 지역의 대표적인 피라미드는 쿠푸Khufu(이집트 제4대 왕조의 파라오) 왕의 피라미드예요. 기원전 2560년에 축조된 높이 147미터에 한 변이 230미터나 되죠. 지금의 두바이로 치면 〈부르즈 할리파Burj Khalifa('버즈 칼리파'라고도 함)〉에 해당되는 당시의 마천루라고 할 수 있어요. 1311년 영국의 링컨대성당이 지어지기 전까지는 3800년간 세계에서 가장 높은 건축물이자 이집트의 심장이었어요. 1798년 이집트 침공 때 기자전투에서 나폴레옹은 "이 피라미드의 꼭대기에서 4000년의 세월이 우리를 내려다보고 있다."고 했어요. 혹자는 "이 봉우리가 아닌가벼! 아까 그 봉우린가벼!"라고 했다는 우스갯소리도 있습니다만.

기자의 피라미드 이후로 이집트에는 새로운 왕조가 생깁니다. 가장 어린 나이에 왕이 된 바로왕(?)들이 등장합니다. 클레오파트라Cleopatra, 람세스 2세Ramses II, 하트셉수트Hatshepsut, 투탕카멘Tutankhamen 등의 파라오들이죠. 클레오파트라는 안티오쿠스와 터키 에베소 셀수스Celsus 도서관 앞 명품거리에서 쇼핑을 했다던

피라미드

부르즈 할리파

데, 행동반경이 넓었네요.

　여기서 잠깐 돌발 퀴즈! 성경에서 바로왕 다음으로 어린 나이에 왕이 된 사람은 누구일까요? 요시아왕입니까? 땡! 어이쿠! 느부갓네살왕입니다. 별로 호감이 가지 않는 왕이죠? 어떻게 바로왕 다음으로 어린 나이에 왕이 되었냐고요? 갓 네 살(?)이잖아요?😛

　피라미드는 이집트 신왕조 시대의 마지막 파라오 시절에 만든 신전으로 알려져 있어요. 곰이 마늘과 쑥을 먹는 우리나라의 단군신화보다 1000년이나 역사가 더 앞섭니다.

링컨 대성당

이스라엘을 중심으로 한 지도

이렇게 긴 역사를 가진 이집트는 그리스, 비잔틴, 오스만 투르크, 프랑스, 영국의 지배를 받다가 1922년에 영국으로부터 독립했어요. 1차 중동전쟁에서 아랍국들이 이스라엘에 패하여 이집트의 파루크국왕이 쫓겨남으로써 이집트에서 왕조시대가 마감되고, 1953년부터 첫 대통령제가 시작되었어요. 이때 우리는 한국전쟁을 치렀지요.

같은 시기임에도 불구하고 미국과 소련은 연합하여 유대, 즉 이스라엘을 지원하였고, 한국에서는 서로 적국으로 싸웠죠? 소련은 체코슬로바키아를 통해 이스라엘에 무기를 공급했고, 이집트의 나세르 혁명정부는 체코슬로바키아로부터 무기를 공급받아 왕정을 무너뜨리고, 제국주의를 배격하여 국민들로부터 인기가 상종가를 치는 등 국제관계가 복잡한 가운데 이집트가 노예제도 등을 청산하는 계기가 되었어요.

이렇게 파란만장한 이집트 역사를 금액으로 환산하면 얼마일까요? 1억 원입니다. 계산이 어떻게 되냐구요? 파란(만 원짜리) 지폐가 만 장이면 1억 원 아닌가요? 😊

이집트 문명과 피라미드, 그리고 신전

　세계 4대 문명이라고 하면 메소포타미아 문명, 인더스 문명, 황하 문명, 이집트 문명으로 알고 있죠? 여기에 하나 더! 1980년대에 발견된 중국 하얼빈의 홍산 문명은 4대 문명보다 2천 년이나 역사가 앞선답니다. 더욱 놀라운 것은 중국 역사에는 등장하지 않으나 환단고기에는 있고, 단군왕검의 고조선과 관련이 되는 동이족의 문화로 홍산 문명의 빗살무늬 토기는 암사동 선사유적지에도 있어요. 그런데 한국은 홍산 문명에 별 관심이 없어 보이고, 중국은 이미 한족의 문화로 편입시켜 동북공정과 관련된 일련의 역사를 정비하고 있어요.

　문명 발상지의 공통점은 강을 끼고 있다는 사실이랍니다. 인더스 강, 황하 강, 티크리스와 유프라테스 강, 나일 강, 그리고 홍산 문명에는 송화 강이 있어요(술은 송화강주가 명주랍니당😄). 강의 유역에서 문명이 발달했어요. 문명 발상지의 또 다른 공통점이 있어요. 뭘까요? 모두 신기할 정도로 현재는 가난하다는 사실입니다. 그 찬란했던 문명은 어디로 가고 못사는 나라로 전락했다는 말입니다. 문명 발상지가 왜 망했을까요? 이집트도 그 중 하나로 아주 가난한 나라입니다.

　강을 끼고 문명이 발달했지만 이집트는 강이 재앙이 되기도

나일 강

나일 강

했어요. 나일 강의 범람으로 모든 것이 파괴되기도 했지요. 그러나 나일 강의 범람은 축복이 되었어요. 이집트인들은 나일 강의 범람을 신의 뜻으로 받아들였어요. 이집트인들은 신의 뜻을 알기 위해 하늘의 변화를 관찰했어요. 하늘을 보며 시간, 일, 월, 년('놈'의 반대 아님😬)을 계산했어요. 하늘의 별과 달 그리고 태양이 시간에 따라 일정하게 움직인다는 사실을 발견한 것입니다. 주기가 바뀌면서 시리우스별이 나타나면 나일 강이 범람하게 된다는 사실도 알게 되었지요. 그래서 나일 강은 6월 말과 7월 말 사이에 범람한다는 사실까지 알아냈어요.

천재지변도 미리 알게 되면 예방할 수가 있어요. 시리우스별이 나타나면 높은 산으로 4개월(7월~10월) 동안 피신했다가, 범람 후 상류로부터 비옥한 흙이 떠내려 오면 그 위에 4개월(11월~2월) 동안 농사를 짓고, 그 후 4개월(3월~6월)은 수확과 휴식을 취했죠. 이렇게 해서 이집트인의 1년은 범람기, 파종기, 수확기의 세 계절로 나누어집니다.

토지가 비옥해지면 풍년이 들어 세금도 잘 걷히고, 범람기에는 할 수 있

나일 강 선상 크루즈

는 일이 없으니 놀면 뭐합니까? 역대 최고의 피라미드와 신전을 짓는 것이 파라오들의 이심전심 아니었을까요? 이심전심이란 '이순자 마음이 전두환 대통령 마음'이라고 했는데, 😀 파라오는 그 재미에 사는 것 아니겠어요? 최저임금제와 주당 최대 52시간 근무제, 그리고 민노총도 없었으니, 완벽한 파라오 세상이었겠죠. 그러니 상상을 초월하는 피라미드와 신전을 지을 수 있지 않았겠어요? 제가 너무 오버한 걸까요? 😊

이집트 역사 훑어보기

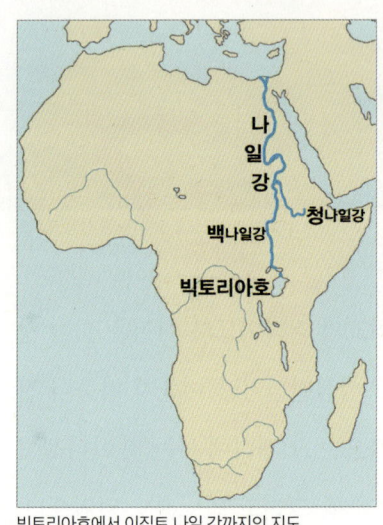

빅토리아호에서 이집트 나일 강까지의 지도

이집트의 나일 강은 북쪽에서 남쪽으로 흐를까요? 아니면 남쪽에서 북쪽으로 흐를까요? 놀랍게도 나일 강의 발원지는 아프리카 대륙 중부 동쪽의 우간다, 케냐, 탄자니아 등 세 나라에 걸쳐 있는 빅토리아 호수랍니다. 직선 거리로만도 수 천 킬로미터에 이르며 중간에 가로놓인 사막을 관통해 나일 강까지 이어지는 장관이겠죠. 지구로 보면 남쪽에서 북쪽으로 흐르는 셈입니다. 이렇게 형성된 나일 강을 백 나일 강이라고 합니다. 한편, 에티오피아 쪽에서 발원한 강줄기도 있는데요, 이를 청 나일 강이라고 합니다. 이집트 근처에 오면 수단을 통과해 이어진 나일 강 물줄기가 북으로 북으로 흐르고 있음을 크루즈 선을 타고 확인할 수 있었어요.

이집트를 상 이집트와 하 이집트로 나누더군요. 상 이집트가 나일 강의 상류 쪽인 남쪽을 말하고, 하 이집트는 나일 강의 하류인 카이로와 알렉산드리아 주변의 북쪽 지역을 말합니다. 나일 강 상류의 백 나일 강과 청 나일 강이 나일 강 본류로 합쳐져 흐르다가 아스완 댐 등을 거쳐 이집트를 통과하며 카이로 쪽과 알렉산드리아 쪽 두 갈래로 나뉘어 지중해로 흘러 들어간답니다. 그 길이가 무려 6,000km를 넘습니다. 과거에는 나일 강이 세계에서 가장 긴 강으로 알려졌는데, 최근의 실측 자료에 따르면 아마존 강이 더 길다고 결론났다고 해요. 아무튼 나일 강은 엄청 긴 강입니다.

이집트의 역사는 나일 강 길이만큼 긴 약 6,000년 정도 됩니다. 상하 이집트 시대는

파라오상

왕조시대가 아니고 부족시대입니다. 상 이집트 시대에 나일 강 상류인 남쪽에서 한 족장이 나일 강 하류인 북쪽의 이집트를 흡수하여 통일했는데, 그가 바로 나르메르Narmer(일명 메네스)예요. 이렇게 나르메르는 이집트를 통일한 첫 번째 파라오가 되죠. 기원전 3000년 경의 이야기랍니다. 이렇게 1왕조가 시작되어 30 혹은 31왕조까지 이어집니다. 한 왕조에만도 여러 명의 왕이 있었으니, 모두 합치면 약 180여 명의 왕(파라오)이 있었지요. 이러니 신전과 무덤의 수가 엄청납니다. 이집트 학생들도 역사 공부 하려면 머리깨나 아프겠어요. 😬

최초 통일 왕조인 나르메르 왕조부터 고 왕국, 중 왕국, 신 왕국 시대로 나눈답니다. 중 왕국 시대에는 외부로부터 침입을 많이 받았어요. 중국의 춘추전국시대와 비슷하달까요. 고 왕국의 건축물은 피라미드가 대표적입니다. 그래서 일명 피라미드시대라고 합니다. 신 왕국 시대에 와서는 피라미드 대신에 오벨리스크와 신전을 많이도 짓습니다.

오벨리스크

이집트를 침공한 면면을 보면 알렉산더 대왕, 오스만 투르크, 로마 제국 그리고 나폴레옹 등을 들 수 있네요. 그런데 이들은 피라미드와 신전 그리고 오벨리스크를 파괴하지 않았어요. 왜냐하면 일단 점령하고 보니까 이집트의 역사와 문화 그리고 유물이 상상을 초월하리만큼 대단해서 파괴보다는 자신들도 신전의 벽화에 흔적을 남기고 싶었어요. 자신들이 만들 수 없는 걸작품들을 이집트인들이 이미 만들어 놓았음에 놀랐지요. 그래서 신전들의 벽화에 알렉산더 대왕이 나오고, 건축양식에도 그리스와 로마풍이 깃들어 있어요. 그리스 로마 신화가 바로 이집트의 신화에서 기원했음을 알 수 있었어요.

세계 각지를 다니다 보면 이집트에 있어야 할 오벨리스크가 엉뚱한 곳에 세워져 있어요. 미국의 워싱턴 디시, 프랑스 파리, 영국 런던, 터키 이스탄불, 아르헨티나 부에노스아이레스 등등에서 오벨리스크를 만날 수 있죠. 대부분 이집트에서 가져갔거나 모조품으로 만들었겠죠? 오벨리스크는 왕들의 위엄을 나타내는 것으로, 근대 국가의 지도자들도 오벨리스크를 세움으로써 자신의 위엄을 드러내고자 했겠죠?

최고의 파라오 람세스 2세의 형님, 모세

　이집트 고 왕국시대에는 파라오들이 피라미드를 만들어 폼을 잡았지만, 신 왕국시대에 들어와서는 피라미드 대신 오벨리스크와 신전을 만들어 힘을 과시했어요. 신전 입구에는 오벨리스크가 쌍으로 서 있어요. 오벨리스크를 보니 한국의 옛 사찰에 가면 서 있는 당간지주를 연상케 합니다. 당간지주에 오방기를 달아 악한 마귀가 접근하지 못하도록 했지요.

　전 세계에 서 있는 오벨리스크는 모두 이집트에서 가지고 갔다고 보면 됩니다. 로마에 가면 오벨리스크가 16기나 있어요. 이집트에서 빼앗아 간 것이죠. 유일하게 빼앗기지 않고 이집트가 선물로 준 오벨리스크는 파리 샹젤리제 거리 근처의 콩코드 광장에 있는 오벨리스크입니다.

　그 사연은 이렇습니다. 어느 프랑스 사람이 이집트에서는 별로 신경 쓰지 않는 유물들을 조사하고 목록을 만들어 이집트 문화유산의 중요성을 강조했지요. 이에 감동한 이집트 총독 무하마드 알리가 1833년에 프랑스

신전 입구에 쌍으로 서 있는 오벨리스크

미륵사지 당간지주

루이 필리프 왕에게 오벨리스크를 선물로 주었어요. 이를 옮기는 데에만 4년이나 걸렸어요. 현재 오벨리스크가 위치한 콩코드 광장은 원래 루이 15세 상이 있어서 루이 15세 광장이라고 불렸어요. 그런데 프랑스혁명 때 루이 15세 상은 파괴되고, 루이 16세와 마리 앙투아네트 등 1000여 명이 처형된 후 화합을 상징하는 콩코드 광장으로 불리게 되었어요.

그런데 룩소르 신전에 가 보니 이집트의 최고 파라오로 불리는 람세스 2세Ramses II가 만든 신전이라서 쌍으로 써 있어야 할 오벨리스크가 외롭게 한 개만 우뚝 서 있어요. 하나는 프랑스에 선물로 주었기 때문이죠. 이집트의 문화유산을 집대성한 분이 이 오벨리스크를 비록 자신의 조국인 프랑스에 선물로 받았지만 이 또한 이집트인들의 문화유산에 대한 안일한 인식 탓이라며 탄식을 했다고 합니다.

최고의 파라오 람세스 2세가 누구인지 아세요? 모세의 동생이랍니다. 구약성경에 보면 이집트 공주가 물에서 모세가 담긴 광주리를 건져 왕궁에서 모세를 40세가 될 때까지 교육시키며 왕의 후계자로 키웁니다. 하지만 모세가 고난받는 동족을 생각하며 왕궁을 떠나 열 가지의 재앙과 함께

콩코드 광장의 오벨리스크

람세스 2세의 윤허를 받아 나중에 홍해를 건너 출애굽의 주인공이 되지요. 당시 모세가 왕궁을 떠나지만 않았다면 람세스 2세(아멘호테프 3세란 주장도 있음)보다 나이가 많

람세스 2세 신전 앞 오벨리스크

았으니까 람세스 2세 대신 이집트의 파라오가 되지 않았을까 하는 엉뚱한 생각을 해 봅니다. 만약 그렇게 되었다면 구약성경의 출애굽기는 또 어떻게 전개되었을까요? 아! 하! 하나님의 생각은 우리 인간의 생각과는 역시 다르죠? 이집트의 역사에도 하나님이 역사했음을 발견했어요.

모르고 가는 모로코! 알고는?

그리스의 산토리니Santorini 같은 하얀 마을이 즐비한 코스타 델 솔Costa del Sol(태양의 해안)의 지중해, 미하스Mijas, 말라가Malaga를 넋을 잃고 지나갑니다. 말라가에서 피카소가 태어났답니다. 열 살 무렵까지 여기서 자라다가 이후에 파리로 갔답니다.

지중해변을 따라 계속 달리니 타리파Tarifa 항구가 나오네요. 배꼽시계가 요란합니다. 항구의 식당에서는 철판 해물 비빔밥 같은 음식인데 엄청 맛있네요. 시장이 반찬이라고 했죠? 민생고를 해결하고 나니 주위의 풍경들이 눈에 들어옵니다. 타리파 항구는 지중해와 대서양이 만나는 지브롤터 해협Strait of Gibraltar의 스페인 항구입니다.

이슬람식 구즈만Guzman 성의 요새가 항구 앞을 버티고 있어요. 유럽과 아프리카를 잇는 지브롤터 해협! 그 역사적인 현장이 바로 여기군요. 아프리카의 모로코가 27Km의 건너편에 육안으로 보일 만큼 그렇게 멀지

타리파 여객선

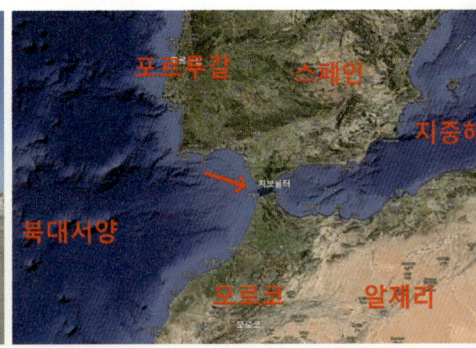

지브롤터 해협

모로코 탕헤르의 언덕 위의 하얀 집들

않아요.

배에 오르니 줄을 서라고 합니다. 모로코 입국 심사를 배에서 합니다. 줄이 꽤 길어요. 옆에 선 모로코 생의학자 부부가 한국에 대해 상당한 관심을 보였어요. 한국은 잘사는 나라이며, 어떻게 그렇게 발전되었는지 한국 정신을 배우고 싶다고 했어요.

입국 심사 줄이 끝나고 얼마 안 되어 모로코의 탕헤르Tanger 항에 도착했어요. 한 시간도 채 걸리지 않아 지브롤터 해협을 건넜어요. 언덕 위의 하얀 집과 높은 빌딩들이 스페인 타리파 항구보다 더 화려하고 세련된 느낌입니다. 스페인은 1인당 국민소득이 3만 달러 정도인데 모로코는 3천 달러 정도랍니다. 그런데 두 항구를 비교해보니 탕헤르가 3만 달러 수준이고, 타리파가 3천 달러 수준으로 보입니다. 그 이유를 알고 싶은데, 모로코 말을 몰라 그냥 식당으로 향했네요.

쿠스쿠스couscous라는 모로코 전통 음식을 먹었어요. 참 맛있었어요. 큰 접시에 좁쌀밥을 밑에 깔고, 국물 없는 닭백숙을 그 위에 얹어 놓고, 늙은

모로코의 전통 음식 쿠스쿠스 요리

호박과 각종 야채를 삶아서 올리고는 맨 위에는 쌀밥을 짜장면 소스 같은 것으로 덮어서 소복하게 담았네요. 저의 입맛에는 맞았어요.

 민생고를 해결했으니 이제 남으로 남으로 수도 라바트Rabat를 거쳐 카사블랑카Casablanca로 가야 합니다. 카사블랑카란 단어가 눈에 확 띄지요? 그러나 대여섯 시간을 달렸지만 우리나라의 70년대 풍경이 계속 펼쳐집니다. 갑자기 내가 여기에 왜 왔지? 항구 도시 탕헤르와는 사뭇 다른 광경에 아! 모르고 오는 곳이 모로코구나! 하는 생각이 들었어요. 그런데 실망하지 마세요. 모로코의 멋진 풍경을 기대해도 좋습니다.

카사블랑카! 험프리 보가트, 잉그리드 버그만

지브롤터 해협을 건너 탕헤르에서 수도 라바트를 거쳐 카사블랑카까지 오는 동안 눈에 띨 만한 것이라곤 라바트의 하산 탑Hassan Tower뿐이랍니다. 이 탑은 1184년 모로코 최고 통치자 야쿠브 알 만수르(세계 유명 스포츠 구단주가 아님)가 스페인에게 거둔 승전 기념으로 거대한 사원을 짓기 시작했어요. 하지만 1199년 갑자기 사망하는 바람에 공사가 중단되어 미완의 하산 탑만 덩그러니 남았어요.

카사블랑카는 세계에서 가장 높은 10만 명 수용 가능한 하산 모스크Hassan II Mosque와 모하메드 5세 광장Place Mohammed V을 품고 대서양변에 자리 잡고 있어요. 하산 탑과 하산 모스크를 보고 나니 해는 지고 몸도 이제 두 하산에 지쳐서 하산(?)해야겠어요. 왜 하산하냐고요? 앞 장에서 모르고 오는 모로코라고 했잖아요?

카사블랑카는 몬테카를로Monte-Carlo(모나코의 도시)가 아니고, 마릴린 먼로와 쌍벽을 이루던 그레이스 켈리Grace Kelly(왕족, 영화배우)가 왕비가 된 그 모나코가 아닙니다! 마카오의 베니시안Venetian 호텔처럼 거대하고 화려한 카지노 호텔도 없는 회색 도시네요. 생맥주도 한 잔 마실 수 없는 이슬람 99%의 사회로 저녁에는 외출하기가 으스스한 분위기랍니다. 저도 모나코인

골목길

하산 탑과 모스크

줄 알고 한동안 마음이 설레었는데 모나코와 모로코가 별개의 나라였음을 여기에 와서 깨닫고 설레임이 망설임(?)으로 바뀌었어요. 😬 국민소득 5만 달러가 넘는 모나코는 모로코와 이름만 비슷하지 하늘과 땅 차이입니다. 이제 와서 어떡합니까? 바꿀 수 없으면 즐기는 수밖에요. 😜

카사블랑카에 왔으니 카사블랑카 영화나 봐야죠. 험프리 보가트와 잉그리드 버그만 주연의 1940년대 흑백 영화지만 생동감이 넘치네요. 80년 전 영화 속의 카사블랑카가 지금의 카사블랑카보다 더 화려하고 멋있어 보입니다. 80년 전에는 모로코가 한국보다 몇 십 배는 더 잘 살았겠지요. 프랑스의 지배에서 나치의 지배로 바뀌는 풍운의 세월 속에서 꽃핀 로맨스! 카사블랑카 현지에서 또 감동합니다. 8세기의 고대도시이자 세계 최대 미로의 메디나Medina가 있는 페스Fes를 패스Pass할 수는 없죠?

회색의 도시 카사블랑카를 뒤로하고 페스로 달려갔어요. 메디나의 꼬불꼬불한 골목길은 우산과 우산이 부딪치고, 당나귀와 짐수레를 피해야 하며, 돌고 또 도는 바람에 돌아버릴 것 같았어요. 드디어 1400년 전통의

페스의 태너리

  가죽을 천연 재료로 염색하는 작업장인 태너리 Tannerie를 조망하니 장관입니다.

  태너리는 건물 안의 작업장이 아니라, 다닥다닥 붙은 집들 한가운데 수천 평은 됨직한 공간에서 염색 작업이 이루어지네요. 비둘기 똥과 석회를 섞은 염색 연료가 담겨 있는 구덩이가 끝도 없이 이어져 건물 옥상에서 보니 미술 시간의 팔레트처럼 알록달록하게 보입니다. 인도의 거대한 빨래 공장과 거의 흡사합니다. 그런데 웬 코를 찌르는 고약한 냄새가 진동해요. 다행히 입구에서 나누어 준 박하 잎과 줄기가 냄새를 중화시켜주네요. 태너리를 높은 곳에서 조망할 수 있는 전망대는 가죽 제품들의 상가와 연결됩니다. 형형색색의 가죽 옷들과 슬리퍼 등등…. 맘에 들어요. 밝은 하늘색의 가죽 코트 하나 득템(?)했어요. 🙂

모르고 간 모로코의 이모저모

　세계 멸종위기 식물 중 하나인 아르간^{Argania}의 원산지가 바로 모로코입니다. 피부 가려움증, 노화 방지, 미세먼지에 특효랍니다. 염소가 이 나무 꼭대기에 올라가 열매를 따먹는 모습을 보고 신기해서 열매의 성분을 분석해보니 수분과 지방이 피부에 좋아서 프랑스 화장품 회사 랑콤이 화장품으로 개발하여 유명해졌어요. 염소 덕분이죠.

칼디 커피

　커피도 마찬가지로 염소에 의해 발견되었죠. 에티오피아의 갈라 지방에서 염소들이 한 열매를 먹고서는 신이 나서 고고와 디스코를 춰서 사람들도 그 열매 씨를 볶아서 먹으니 앗싸~ 기분 최고였죠. 그래서 그 유명한 칼디^{Kaldi} 커피가 탄생되었다죠? 이 커피를 마시고 싶으면 춘천 공지천에 있는 에티오피아 한국전쟁 참전기념관에 가시면 됩니다. '칼디'는 염소를 치던 목동의 이름이라죠.

　"안녕하세요."는 모로코 말로 "앗살라 말리쿰"입니다. 페스에 국왕인 모하메드

모하메드 6세 별궁의 황금 문

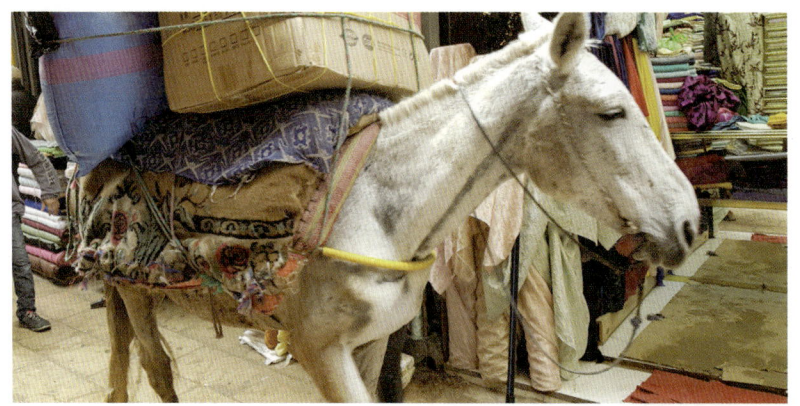
메디나의 골목길 통행 0순위인 짐 실은 당나귀

6세의 별궁이 있어요. 비바람 몰아치는 악천후를 뚫고 왕궁을 찾았더니 문이 잠겨 있고 오픈하지 않는답니다. 그냥 문만 보고 가랍니다. 그런데 문이 이슬람 문양의 황금 문이네요. 엄청난 금이 들어갔어요. 미술 작품을 봐도 작품보다는 와꾸(? '틀'의 일본말)에 더 관심이 많다 보니 왕궁보다는 황금 문에 더 관심이 갑니다. 😊 문틈 사이로 빼꼼 안을 보고서 사진 한 장 찍고 출발입니다.

페스의 메디나 성 안의 길이 좁고 구불구불하다고 했죠? 기억이 안 나나요? 아무튼 길이 엄청 좁아서 두 사람이 어깨를 펴고 지나칠 수 없어요. 그 좁은 길의 통행 1순위는 짐을 진 노새와 당나귀입니다. 메디나의 좁고 꼬불꼬불한 통로는 이스라엘 예루살렘 성이나 중국 제남 공자의 곡부성도 똑같아요. 아마 외적이 침입해서 성안에 들어오더라도 꼬불꼬불한 길을 통과하는 동안 성벽 담장 위에서 공격하여 적을 궤멸시키기 위한 요새 역할을 하는 것 같아요.

모로코 사람들에게 스페인의 올리브 수확철 농번기에 주어지던 5개월

카사블랑카 맥주

짜리 '올리브 비자'라는 게 있었는데 불법 체류와 소매치기 등의 범죄로 스페인이 골치를 앓다가 올리브 비자를 중단했어요. 이전에는 스페인과 모로코 간 왕래가 쉬워서 관광버스에 짐도 싣고 다녔는데, 범죄에 자주 이용되다 보니 이제는 그럴 수 없어요.

스페인과 포르투갈 그리고 프랑스 간 국경을 넘을 때는 아무런 검열이 없는데, 모로코 국경을 넘을 때만 이렇게 까다로운 것은 '모로코가 못 사는 나라라서 그런가?'라는 생각을 하게 됩니다. 배에서 받은 모로코 입국 번호가 없으면 모로코 내에서 숙박을 거부당합니다. 길거리에서 사진을 찍을 때도 조심해야 해요. 이 사람들은 사진에 찍히면 영혼이 날아간다고 생각해요. 한국에서도 아프리카 학생들이 사진에 찍히는 것을 싫어한 이유를 이제서야 이해하게 되었어요.

모로코는 이슬람 사회라서 생맥주 한 잔도 마실 수 없다고 했는데, 탕헤르에 있는 호텔 레스토랑에서는 맥주를 파네요. 신기합니다. 이슬람 사회인 모로코도 관광 수입을 위해서 특별히 허용하는 것 같습니다. 브랜드를 보니 카사블랑카입니다. 그렇다면 맥주 공장이 카사블랑카에 있다는 말입니다. 딱지에 보니 1919년부터랍니다. 모로코에 온 기념으로 카사블랑카 맥주 한 병을 사갑니다. 4유로랍니다. 어제의 가죽 코트에 이어 오늘도 카사블랑카 맥주 한 병 득템!😊

모로코를 떠나며

모로코의 국기는 빨강 바탕에 그냥 매직으로 장난스럽게 그린 듯한 큰 녹색 별 한 개가 전부입니다. 참 간단하죠. 빨강은 피를, 녹색 별은 이슬람을 의미하는 것 같아요. 한 휴게소를 들렀는데 스타벅스 카페가 있어서 놀랐어요.

그러고 보니 길거리에 고급차가 스페인보다 더 많아요. 저의 애마인 랜드로버도 스페인에서는 거의 못 보았는데 모로코에서는 흔해요. 벤츠 S클래스도 한국의 소나타처럼 흔해요. 믿기지 않는 사실입니다. 길거리의 차만 보고서 국민소득을 스페인과 비교하면 모로코가 3만 달러이고 스페인

태너리 인근에 주차되어 있는 자동차들

231

모로코의 초원과 양떼

이 3천 달러 같아요. 그만큼 모로코는 빈부격차가 크다고 할 수 있어요.

스페인 사람들은 여유롭게 천천히 걷고, 길도 사람이 우선이었고, 차도보다 인도가 더 넓었어요. 그런데 모로코는 길거리에 나가니 정신이 없어요. 사람들도 상당히 수다스러워요. 북쪽의 김정은이 말한 오지랖이 넓다는 말은 모로코 사람들에게 해당하는 것 같아요. 우리 가이드인 아시즈, 이분 참 오지랖 넓어요. 시장에 아는 사람이 왜 그렇게 많은지 우리가 가이드를 기다린 시간이 더 많은 것 같아요. 그리고 차 안에서는 운전사랑 얘기가 끊이질 않아요.

중간에 아시즈 씨가 싱싱하고 커다란 딸기를 한 박스 사서 주며 오지랖이 넓어서 미안하답니다. 덩치도 키가 190센티가 넘는데 애교도 넘쳐요. 이 딸기 유기농이라서 씻지 않고 그냥 먹어도 된답니다. 왜냐하면 농약과 화학비료 값이 딸기보다 비싸기 때문에 완전 유기농이라네요. 😊 맛도 좋아요.

스페인과는 달리 거리에서는 차가 우선인 것 같아요. 길거리에서는 사

페스 인근의 밀밭

람 조심! 차 조심입니다. 얼음이 죽으면 다이빙(?)이랍니다. 얼음이 왜 죽었냐고요? '차가와서'랍니다. 😊 4~5층 정도 되는 아파트의 베란다에는 빨래한 옷들이 걸려 있어요. 홍콩이나 상하이 그리고 이태리 해변 마을에서도 볼 수 있는 광경입니다. 여기도 습도가 높은가 봅니다.

탕헤르에서 라바트를 거쳐 카사블랑카와 페스를 오는 동안은 한국의 70년대 회색 빛깔 시골 풍경처럼 개운치 않았어요. 그런데 페스에서 탕헤르로 오는 다섯 시간 정도의 풍경은 무릉도원이라고나 할까요? 영 딴판입니다. 노랑 유채꽃이 만발했어요. 가파도의 청보리 축제처럼 밀밭이 끝없이 이어집니다. 그런데 청색 밀밭뿐 아니라 황금빛으로 익은 밀밭 또한 끝없이 이어집니다. 분명 지금이 봄이면 겨울이 있었을 터인데 어떻게 익은 밀밭이 함께 있는지 궁금하네요. 아무튼 지금 바깥 풍경은 노랑 유채꽃, 푸른 밀밭, 황금빛 밀밭, 올리브 숲이 번갈아가면서 펼쳐집니다. 주님의 높고 위대하심을 내 영혼이 찬양하지 않을 수 없네요(찬송가 표절?😊). 지평선 끝까지 펼쳐지는 이 광경은 마치 수채화로 그린 피카소의 도형 그

아듀! 모로코 탕헤르 항을 떠나며

림 같아요. 중간 중간 나타나는 양들과 양치기 목동들이 이 들판에 하얀 점들을 찍어 주었어요.

양들과 멀지 않은 휴게소에서 양 갈비와 양고기 주먹구이를 맛있게 먹으며 양들에게 미안함을 표해야 함은 무슨 운명의 장난이런가? 😣

한국 같았으면 밀밭 축제라도 열었겠어요. 그랬다면 인산인해를 이루어 밀의 수익보다 관광 수입이 더 많을 것 같아요. 모르고 온 모로코라 했지만 이 풍경 하나로 본전을 뽑았다고나 할까요. 실로 아름다운 풍경입니다. 이 아름다운 풍경에 韓物間士婼(한물간사람?)이 어우러지니 화룡정점이 되었네요. 갑자기 눈이 멀뚱해지는 이유가 무엇이죠? 동의 못한다는 의미죠? 한물간사람이 풍광을 헤쳤다고요? 뭔소리? 韓物間士婼의 의미는 '한국의 인물 중 멋있는 선비'란 뜻입니다. 천기누설을 했네요. 😃

끝없이 펼쳐지는 대규모 밀밭과 길거리의 고급차 장사진을 보며 국민소득이 3천 달러라는 것이 이해되지 않아요. 대규모 부농과 고급차를 보며 빈부격차가 심함을 느낄 수 있었고, 무엇보다도 소수 기득권층의 부

정부패가 심한 결과라고 생각됩니다. 모로코는 자원이 풍부하고 인구도 4,300만 명이나 되는 잠재력이 풍부한 나라인 것 같아요. 카사블랑카 영화에서도 과거의 모로코는 세련된 사회였어요. 과거에는 고교 수능을 보고 바로 프랑스로 유학 갈 수 있었는데, 요즘은 부자들만 갈 수 있답니다. 이제 모로코를 떠나 27킬로미터 정도의 지브롤터 해협을 건너 스페인과 포르투갈로 갑니다. 뱃고동 소리와 함께 하얀 물살 너머로 탕헤르 항구의 하얀 집들과 현대식 건물들이 멀어져 갑니다. 아듀! 모로코!

4부

스페인
Kingdom of Spain

포르투갈
Kingdom of Spain

두바이(1)_주메이라 비치와 아틀란티스호텔

스페인 여행을 위해 인천공항에서 비행기를 타고 두바이를 거쳐 바르셀로나로 가는 비행기에 몸을 실었습니다. 두바이에 들르는 김에 두바이를 좀 더 자세히 보고 싶어서 장시간 머물기로 했어요.

두바이Dubai는 바다에 야자수 모양의 리조트를 개발했어요. 부르즈 할리파Burj Khalifa(버즈 칼리파라고도 함) 일대의 시내 중심부는 우리나라의 토지주택공사에 해당하는 이마르EMAR 그룹이 부르즈 할리파 빌딩과 리조트를 개발했고 지금도 엄청난 빌딩들을 짓고 있어요. 부르즈 할리파 일대는 이마르 리조트 단지라고 불러도 이상하지 않을 것 같아요.

부르즈 할리파 125층에 오르면 두바이 사방을 볼 수 있어요. 높은 빌딩과 공사 중인 빌딩 그리고 뭐니 뭐니 해도 주메이라 비치Jumeirah Beach에 떠 있는 돛단배 모양의 버즈 알 아랍 호텔Burj Al Arab Hotel 아니겠습니까. 7성급 호텔로 소문이 났죠. 한국의 W호텔(현재 Bistro 호텔)을 6성급이라고 불렀죠. 사실 6성급이니 7성급이니 하는 호텔은 없어요. 최고가 5성급이죠. 버즈 알 아랍 호텔도 CNN기자가 쓴 하나의 기사를 호텔이 홍보용으로 사용한 이래로 그렇게 불린답니다. 또 타이거 우즈와 호

두바이 위치

나우도가 이 호텔을 배경으로 찍은 광고로 이 호텔과 두바이가 세계적 관광지로 부상했어요.

버즈 알 아랍 호텔을 가까이에서 보기 위해 주메이라 비치로 갔어요. 주메이라 비치는 아라비아해, 페르시아해 또는 걸프만이라고 불리는 이름만 다르고 실물은 하나인 바다에 접해 있어요. 비치에서 버즈 알 아랍 호텔을 일정 거리에 두고 제 손바닥에 올려 사진을 찍었어요. 어렵지 않아요. ☺ 해변은 너무 더운 게 아쉽네요. 😐

야자수 모양의 리조트인 주메이라 리조트는 이마르 그룹이 아닌 또 다른 토지주택공사격인 나킬 NAKHEEL 그룹이 개발했어요. 리조트에 가려면 터널을

손바닥에 올려 놓은 버즈 알 아랍 호텔

통과해야 하는데 터널 벽에는 주메이라 비치를 상징하는 야자수와 파도 등의 문양이 있어요. 주메이라 리조트의 하이라이트는 야자수 모양의 단지겠지만 사실 주메이라 리조트에 일단 들어오면 야자수 모양이 보이지 않아요.

파리의 에펠탑 건설에 가장 심하게 반대한 모파상이 정작 에펠탑이 완공되니까 매일 에펠탑에 와서 식사를 하며 시간을 보냈답니다. 친구들이

주메이라 리조트

빈정거리며 마음이 변했냐고 물었더니, 여전히 에펠탑을 싫어하는데 파리 시내에서 보기 싫은 에펠탑이 보이지 않는 곳은 바로 여기뿐이어서 이 에펠탑에 온다고 했더랍니다.

이야기가 삼천포로 샜어요. 주메이라 리조트의 압권은 리조트 가장 안쪽에 자리 잡은 아틀란티스 호텔 ATLANTIS HOTEL이랍니다. 이름만으로도 잃어버린 도시의 신비감이 있죠? 이 호텔의 스위트룸 중 하나는 지하에 있어요. 이 스위트룸에서는 바다를 아쿠아리움처럼 볼 수 있어요.

주메이라 리조트 맨션의 전 가구는 바다에 접해 있어서 개인 해변을 갖고 있어요. 야자수의 가지 부분에 지었기 때문이죠. 이름이 비몽사몽으로 기억되는 안졸리나졸리 Angelina Jolie 🙂 커플도 이 리조트의 맨션을 샀다고 했죠? 아틀란티스 호텔 옆 역에서 지상철인 트램을 타고 나오며 야자수 모양의 물길들과 맨션들을 볼 수 있었어요.

　주메이라 리조트 거리의 차들은 대부분 엄청난 고급차일 것으로 기대했는데 생각보다 고급차는 별로 없었어요. 중소형차가 대부분이었어요. 여기서 자동차의 품격은 차 외관이 아니라 넘버입니다. 단순한 숫자인 1, 33, 77등으로 시작하는 차 넘버는 엄청 비쌉니다. 차 넘버를 경매도 한답니다. 이것은 홍콩과 같네요.

두바이(2)_두바이의 이모저모

　부르즈 할리파의 원래 이름은 부르즈 두바이였는데 건설 중에 세계금융위기와 함께 돈이 모자라서 공사가 중단되었어요. 형님 나라 아부다비의 왕 할리파가 거액을 지원함으로써 완공할 수 있도록 도와 부르즈 할리파가 되었답니다. 아랍 에미리트United Arab Emirates의 7개 토후국 중 아부다비가 가장 영향력이 있어서 아부다비의 왕이 대통령을 맡고, 두바이의 왕은 부통령을 맡아요. 이 두 왕만 국사 처리에 거부권을 행사할 수 있어요. 나머지 5개 왕은 전체 결정에 무조건 따라야 합니다. 두바이는 인구가 300만 정도이고, 아부다비는 200만 정도입니다. 아부다비는 전통적인 수도이고 두바이는 신도시랍니다. 두바이 인구의 80%~90%가 외국인입니다. 아랍에미리트 국민의 비율이 아주 낮아요. 인근 나라의 근로자들이 두바이 경제를 지탱하고 있어요. 원주민은 공무원이나 사무직에 근무하고 있어요. 집도 해변의 고급주택들은 두바이 원주민이 살고, 구시가지에 외국인들이 살며, 원주민의 세탁과 청소 등을 감당하고 있어요.

　원룸 하나에 월 100만 원 정도 합니다. 그것도 화장실과 부엌은 공동으로 사용합니다. 월세가 비싸니까 한 방에 2층 침대를 여러 개 놓고 침대별로 20~30만 원씩 하는 경우도 많아요. 이것은 불법이지만 단속은 하지 않습니다. 왜냐구요? 월 100만 원의 월세를 낼 수 있는 외국인 근로자가 많지 않기 때문이죠. 이 분들을 추방하면 원주민이 직접 세탁과 청소를 해야 되겠지요? 서로 공생하는 거죠 뭐. ☺

두바이는 지금 시내 전체가 공사장입니다. 높이 솟은 건물이 많지만 계속 짓고 있어요. 공실이 걱정됩니다. 왜 제가 두바이 부동산을 걱정하죠?😛

물가가 비쌉니다. 특히 물의 가격이 비싸요. 점심 먹은 레스토랑에서 물은 안 주고 콜라만 줍니다. 음료수와 기름 값보다 물 값이 더 비싸요. 그래서 물가라고 하나?😃 한국에서는 물을 영어로 셀프라고 하는데……😃 혹시 모를까봐 식당마다 다 적어 놓았잖아요?😃 식당에서 물은 공짜라 생각하는데, 어떤 식당에서는 순 우리말로 "물은 각자가"라고 적어 놓았더니 어떤 손님이 "각자야, 물 갖고 오너라."라고 했답니다.

두바이는 부자들만 사는 동네라서 경찰차가 페라리 정도라고 들었는데, 실제로는 그렇지 않네요. 하긴 길거리에 다니는 차는 모두 외제차입니다. 당연하죠. 자동차를 못 만드니 현대기아차도 수입 외제차입니다.😊 경찰차가 기아의 모하비네요. 큼직한 차가 보기에 좋네요. 택시는 일제 도요타와 닛산이 많이 보이고 현대차도 간간이 보입니다.

시내에 지하철은 없고, 경전철 같은 지상철은 있어요. 그런데 이 지상철에 등급이 있네요. 가장 앞차는 골드카드를 소지한 사람만 탈 수 있어요. 골드 칸은 한 정거장마다 약 천 원씩 요금이 올라갑니다. 열 정거장을 가면 만 원쯤 되겠죠? 둘째 칸은 여성전용 핑크 칸입니다. 셋째 칸부터는 실버카드를 소지한 사람들이 타는 일반실입니다. 확실한 자본주의사회 같아요.

가우디와 구엘 공원 그리고 바르셀로나!

스페인　　　　　　　　　　　바르셀로나 위치

　　두바이를 뒤로하고 스페인Spain 바르셀로나Barcelona로 향했어요. 이라크Iraq, 터키Turkey(튀르키예공화국 Republic of Türkiye), 그리스Greece, 로마Rome, 지중해Mediterranean Sea 상공을 날며, 펼쳐진 알프스Alps 만년설의 속살을 볼 수 있었어요. 7시간 정도를 날아 스페인 카탈루냐Cataluna의 바르셀로나에

비행기에서 본 알프스

도착했어요. 지중해변에 공항이 있는데 해변과 공항 주변에 아무런 건물도 없는 한가하고 여유로운 시골 풍경이 펼쳐졌어요.

1992년 바르셀로나 올림픽에서 황영조 선수가 마라톤 금메달을 딴 그 도시가 바로 이 바르셀로나죠. 어떻게 그 연도를 기억하냐고요? 특별한 이유가 있죠. 당시 저와 제 아내는 호주 멜버른Melbourne의 ANZ은행에 파견연수를 가 있었는데, 주위 호주 동료들이 갑자기 우리를 반겨주었어요. 왜냐고요? 미스터 영조 황을 아느냐고 물었어요. 황희 정승은 알아도 영조 황은 모른다고 했어요. 코리안 영조 황이 방금 바르셀로나 올림픽에서 마라톤 금메달을 땄다고 알려 주며 축하해 주었어요. 영조 황 덕분에 우리가 호주 사람들에게 대접을 받았어요. 그래서 제가 1992년 바르셀로나 올림픽을 기억한답니다. 몬주익Montjuïc 언덕에는 황영조의 흉상이 있답니다.

바르셀로나는 가우디 도시이군요. 가우디Gaudí의 성 가족 성당Sagrada Familia으로 유명하죠? 가우디 사후 100주년이 되는 2026년에 가우디 성당

가우디의 성 가족 성당

245

의 증축 완공을 위해 성당은 아직 공사 중입니다. 가우디의 스승인 비야르F. de P. Villar가 시작한 성 가족 성당을 가우디가 31세에 맡아 40여년 동안 건축하다가 가우디도 완성을 못하고 죽었어요. 스페인 내전이 있었죠. 2017년 3월에 본당을 완성하여 8,000여 명의 신도와 교황이 미사를 드렸어요.

성 가족 성당은 요셉과 마리아 그리고 예수님을 기념하는 성당이랍니다. 성당 내부의 웅장하고 곡선미 넘치는 미와 창문의 채색이 신비합니다. 벽면에 50개 국어의 주기도문이 새겨져 있는데 한글 주기도문도 있네요. 대표 순교자들의 이름이 아름다운 채색 유리에 새겨져 있는데, A. KIM도 있어요. 성 김대건 안드레아Sanctus Andreas Kim Taegŏn의 약칭입니다. 가우디 성 가족 성당에 한글과 한국인의 이름이 새겨져 있음에 다시 한국인으로서 자부심을 느낍니다.

바르셀로나 시내가 내려다보이는 언덕에 구엘 공원Parc Guell이 있어요. 구엘이 뭐냐고요? 오늘의 가우디를 있게 한 가우디의 후원자이자 친구인

성 가족 성당의 한글

구엘이 가우디로 하여금 고급 빌라 프로젝트를 맡겨 가우디의 가족인 부친과 조카의 생활 집과 작업 공간 그리고 구엘의 집을 지으면서 형태와 자재를 자유자재로 이용하며 서양 근대 건축과는 상반되는 상징적 요소가 가득한 작품들을 창작했어요.

통행 교량이나 물 저장 시스템을 설계하며 실용적인 솔루션을 적용했어요. 시장 건물의 옥상에 모래를 깔아 빗물이 여과되고 옥상의 타일 의자의 각도와 높이 조정으로 물이 한 곳으로 모이게 하는. 실용적인 디자인입니다. 타일은 기존 타일과 접시 등 깨어서 다시 붙이는 작업처럼 보였어요.

구엘 공원은 예술적 평가를 넘어서 20세기 초기 바르셀로나 산업 엘리트들의 도시화를 향한 의지와 열망을 훌륭하게 표현한 창작물입니다.

구엘 공원

카탈루냐 독립과 세월호 노랑 리본!

바르셀로나는 카탈루냐의 대표 도시입니다. 카탈루냐는 스페인 전체에서 보면 아주 까탈(?)스러운 지방이랍니다. 2017년에 엄청난 거국적 독립운동을 해서 많은 사람들이 구금되어 있어요. 우리나라의 3.1운동에 비견됩니다.

아파트 창문에 세월호의 노랑 리본을 달고, 길바닥에도 노랑 리본을 페인트로 칠한 것을 보았어요. 이 리본은 아프리카에서도 보았는데 아프리카에서는 에이즈 퇴치 단체의 로고로 기억됩니다. 우리는 세월호 리본으로 생각하지만, 의외로 해외에서 이 리본을 자주 보게 되네요. 세월호 시민단체는 왜 이 노랑 리본을 썼을까 생각해 봅니다. 저는 개인적으로 그 답을 카탈루냐에서 찾아보았어요. 카탈루냐는 언어도 스페인어와 다른 말을 사용하고 있어요. 가우디 성당 안에도 대부분은 카탈루냐어로 설명되어 있어요.

카탈루냐는 과거 지중해 무역으로 엄청난 부를 축적했고 전성기를 구

노랑 리본

가한 적이 있어요. 스페인 소속보다는 독립국가를 원하고 있어요. 그런데 스페인 정부가 인정하겠어요? 일본이 우리의 독립운동을 용인했나요? 중국이 신장 위구르와 티베트 독립을 용인하나요? 일본과 중국 정부가 그랬던 것처럼 스페인 정부도 카탈루냐 독립운동가들을 감옥에 가두고 핍박을 가하고 있죠. 독립운동에 희생되어 사망하거나 감옥에 갇힌 가족들이 무사하게 집으로 돌아오라는 간절한 기대와 기도의 상징이 노랑 리본이랍니다. 그래서 바르셀로나 곳곳에 노랑 리본이 있어요. 세월호의 노랑 리본도 그러한 의미가 있지 않을까요?

제가 본 리본을 세월(?)의 흐름에서 보면, 노랑 리본은 세월호에서만 사용된 것으로 생각했는데, 세월호 사건 이전의 아프리카 영화에서 보고 알아보니 에이즈 퇴치와 관련이 있었어요.

2017년 카탈루냐의 대 독립운동 희생자들을 추모하기 위해 세월호의 노랑 리본을 본떠서 사용했을까요? 그렇지는 않은 것 같아요. 카탈루냐 독립운동의 역사는 오래 되었어요. 근래 2017년의 독립운동이 대표적일 뿐이죠. 카탈루냐의 노랑 리본은 오래 전부터 있었다고 보아야 하겠습니다. 몬세라트 수도원Monestir de Montserrat으로 가는 길에 노랑 리본을 보고 필이 꽂혀 이야기가 길어졌네요.

몬세라트 수도원과 가우디

바르셀로나에서 한 시간 거리에 있는 몬세라트 수도원으로 향했어요. 공기가 참 맑네요. 미세먼지 걱정 없는 도시랍니다. 걱정이란 말의 유래를 보면 조선시대 명종임금으로 기억되는데 임꺽정이 신출귀몰하던 시대라서 임금님이 엄청 스트레스를 받았어요. 그래서 임금님이 "내 앞에서 꺽정꺽정 하지 마!"라고 한 데서 유래되었답니다. 믿거나 말거나!

몬세라트 수도원으로 가는 도중에 공동묘지랄까? 추모원 같은 시설이 보이네요. 스페인에서는 사람이 사망하면 분장사가 최대한 예쁘게 분장

몬세라트 수도원

하여 상반신을 공개하고 조문객들은 헌화를 해요. 성묘날도 모든 성인들을 기념하는 11월 1일로 정해서 합니다. 하루 전인 10월 31일은 귀신들의 축제인 할로윈 데이Halloween day이니 아이러니하네요.

몬세라트 수도원은 해발 750미터의 둥글둥글한 바위를 톱으로 잘라놓은 듯한 바위틈에 세워졌어요. 유네스코 세계자연공원으로 지정되었어요. 암벽 등반 루트가 3,000개가 넘는 산악인들의 성지라고 합니다. 케이블카를 타러 갔더니 부활절 연휴라서 줄이 너무나도 기네요. 봉 대신 닭이라고 기차를 타러 갔더니 다행히도 여유가 있었어요. 가파른 돌산을 휘감아 올라가는데

등반 레일

레일을 보니 두 선의 레일 중간에 톱니바퀴가 있네요. 스위스 마터호른 Matterhorn과 융프라우Jungfrau 봉으로 가는 기차의 레일과 같아요.

30분 정도 기차가 헉헉대며 😊 올라가니 바실리카 성당 2층에 검은 성모 마리아가 무릎에 예수님을 안고 있는 목각 50센티미터 정도의 라 모레네타La Moreneta가 이 수도원의 보물이네요.

880년에 한 목동이 바위틈에서 빛이 나는 것을 보고 가 보았더니 라 모

검은 성모 마리아상

레네타(검은 성모 마리아상)가 있었던 것입니다. 이 성모상을 옮기려고 하면 항상 사고가 나서 그대로 몬세라트에 두었답니다. 1025년에 베네딕토 수도회Benedictine Order 올리바 수도원장이 수도원을 지었어요. 대단해요. 이 돌산의 꼭대기 수도원에서 치유의 기적들이 계속 일어났어요. 이렇게 유명해지다 보니, 1881년에 바실리카 성당으로 승격되어 카탈루냐의 대표 성당이 되었어요.

예수회 창시자 로욜라Loyola가 젊어서 전쟁에 나갔다가 큰 부상을 입고 이 수도원에서 요양하면서 치유 받아 그 은혜가 너무 커서 첫 회심을 하게 되어 예수회를 창설하기로 결심합니다. 한국의 서강대학교가 예수회에 의해 창립되었죠.

가우디도 혈육인 부친과 조카와 함께 자주 이 수도원을 찾으면서 자연에서 영감을 받아 곡선을 주로 사용하며 1800년대 후반 가우디 성 가족 성당 재건에 참여하게 됩니다.

몬세라트 수도원과 가우디 그리고 성 가족 성당은 떼려야 뗄 수 없는 세 겹 줄로 묶인 삼위일체(?)라고나 할까요?

올리브, 포도, 귤의 발렌시아!

몬세라트 수도원의 에스콜라니아 소년 합창단Escolania de montserrat은 세계 3대 소년 합창단으로 유명합니다. 초등학교 4학년에서부터 중학교 2학년까지 변성기 전의 소년 40~50명으로 구성된 명문 음악 학교입니다. 성악, 작곡 그리고 피아노 등을 배워요. 그런데 우리에게는 생소하죠? 아마 베네딕토 수도회Benedictine Order 소속으로만 활동하고 대외활동은 거의 하지 않아서 그렇지 않나 생각됩니다. 세계적인 첼리스트인 파블로 카잘스Pablo Casals가 작곡한 〈니그라 숨Nigra Sum〉을 이 합창단이 2010년에 불렀어요. 아가서 1:5의 '검지만 아름답다'는 의미입니다. 론다Ronda의 한 성당을 갔더니 검은 예수님상이 있었어요. 케냐에서 본 〈최후의 만찬〉 그림에도 예수님이 흑인이었던 기억이 납니다. 연세대학교 루스채플에는 예수님이 한복에 갓을 쓰고 있지요.

스페인 사람들은 오후 2시부터 5시까지 '시에스타Siesta'라는 낮잠 시간에 일을 하지 않아요. 오후 5시에 다시 출근하고 오후 8시쯤에 퇴근하여 9시쯤에 저녁식사를 합니다. 점심도 당연히 오후 2시 반쯤에 먹죠. 참 여유가 많은 사람들이네요.

까탈스런 카탈루냐 지방에서 발렌시아 지방으로 넘어갑니다. 잠깐! 축생축사의 나라 바르셀로나에서 맹활약한 메시를 언급하지 않고 넘어가려니 조금 서운합니다. 축생축사는 축구에 살고 축구에 죽는다는 의미입니다. 이 사람들 축구에 대한 열정은 정말 대단합니다. 아르헨티나의 메시

귤나무 가로수

인형 앞에서 무심코 사진 한 번 찍고 10달러를 강탈 내지 헌납한 기억이 나네요.

다시 발렌시아로 넘어오며 광활한 대지를 바라보니 올리브, 포도, 귤 밭이 번갈아 펼쳐지네요. 여기는 가로수조차 귤나무입니다. 샛노란 귤이 참 탐스럽네요. 그런데 길거리 귤은 아무도 따가지 않아요. 맛이 너무 시어서 별로랍니다. 맛보다는 오렌지가 워낙 흔해서 그런 것 아닐까요. 카페나 레스토랑에서 주는 오렌지 주스는 모두 알갱이가 씹히는 천연주스입니다.

올리브유도 아침마다 공복에 한 스푼 반을 먹으면 건강에 그만이랍니다. 스페인 사람들은 길거리에서도 담배를 막 피워요. 그런데도 건강해 보이는 이유는 이 올리브유 때문인 것 같아요. JYP 박진영도 20년 넘게 올리브유를 먹었다고 매스컴에서 본 적 있지요.

포도밭도 많아요. 스페인의 포도주도 유명하죠? 잠깐! 포도주와 포도주스의 차이는 무엇일까요? 너무 어렵게 생각하지 마세요. 포도주는 단수이고 포도주스는 복수랍니다!😊 그렇다고 저에게 포도주스로 복수(?)하지 마세용.😛

카탈루냐와 발렌시아 지방에는 사이프러스 나무가 참 많아요. 측백나무 같은데 기둥 모양으로 높이 솟은 나무입니다. 하늘에 가장 가까이 닿은 나무라서 궁전이나 성당에는 꼭 이 나무가 장관을 이루고 있어요.

아르간 오일, 올리브유 등 스페인 특산물

스페인은 역사와 전통이 있는 잘사는 나라입니다. 그런데 1인당 국민소득은 우리보다 쬐끔 적다는 것이 이해가 가지 않아요. 넓은 땅에 풍부한 관광자원 그리고 맑은 공기가 참 부러워요. 길거리에서 담배를 피우는 사람들이 참 많아요. 제가 보기에는 길거리에서 담배를 피우는 사람은 여성들이 더 많은 것 같아요. 그런데 이렇게 담배를 많이 피우는데 스페인 사람들이 건강한 이유가 무엇일까요? 와인을 많이 마시는 프랑스인들이 더 건강한 이유가 레드와인 때문이라며 프랑스 패러독스라고 했나요? 그렇다면 담배를 많이 피우며 맥주를 잘 마시는 스페인 사람들이 올리브유와 아르간 오일을 많이 먹어서 건강하다면 이는 스페인 페러독스(?)가 되나요?

현재 세계 최장수국은 일본으로 평균 85세 정도인데 2040년에는 스페인이 87세 정도로 세계 최장수국이 될 거라고 미국의 한 학술지가 발표했어요. 스페인 사람들은 갑상선 암이나 위장병 등이 거의 없다고 합니다. 그 이유는 지중해 식단이라고 할 수 있는 견과류, 마늘, 올리브유를 많이 먹어서 그런 것 같아요.

올리브유는 다들 잘 아실 테고, 아르간 오일은 좀 새삼스럽죠? 아르간 나무는 지브롤터 해협 건너편의 모로코에서 자생하는 식물입니다. 염소들이 아르간 나무의 잎과 열매를 먹는 것을 보고 성분을 분석해 보니 아토피, 여드름, 주름살 제거에 좋다는 것을 알고 프랑스 화장품 회사인 랑콤과 에스티로더 등이 화장품으로 개발해 비싸게 팔고 있답니다.

우리 눈에 익숙한 스페인 브랜드들도 있네요. 세계 최고의 의류 브랜드인 ZARA, 신발 브랜드인 CAMPER, 24Hour도 있네요. 프링글스 감자칩의 하몽 맛은 한국에 없는데 짭쪼롬한 맛이 우리 한국인의 입맛에 맞아요.

스페인어로 '안녕!'은 '올라', '굿모닝'은 '부에노스 띠아스', '감사'는 '글라시아스', '화장실'은 '아세오', '물'은 '이구아', '얼음'은 '이멜로'이고요, '멋있어요!'를 남자에게는 '구아쁘', 여자에게는 '구아빠'라고 합니다. 더 이상은 저의 머리 용량 초과입니다. 🤣

스페인에서 커피는 물보다 쌉니다. 맛도 좋아요. 거기다가 가격은 아메리카노의 경우 1유로 정도로 2유로를 넘어가지 않아요. 커피를 영어로 하면 뭘까요? 셀프랍니다. 😃

바르셀로나를 떠나오며 람블라스 거리 La Ramblas를 들른 기억이 나네요. 젊은이들의 거리로 서울의 명동 거리에 해당됩니다. 바닥이 물결무늬 타

물결무늬 보도

일로 착시현상이 일어나요. 넓은 거리에 예쁜 카페와 기념품점들이 즐비하네요. 람블라스 거리가 시작되는 곳에 가우디가 지은 물결무늬 모양의 광산을 연상시키는 카사 밀라$^{Casa\ Milà}$(밀라의 집)가 독특한 외관으로 눈길을 사로잡아요. 가우디가 이 건물주로부터 건축비를 못 받아서 소송 끝에 승소하여 거액의 건축비를 받았답니다. 유네스코 세계문화유산에 등재된 건물입니다. 앞거리의 인도타일도 가우디가 직접 만들어 세 장마다 문양이 다르게 새겨졌어요. 100년이 넘었는데도 바닥의 문양이 선명함에 놀라울 뿐입니다.

그라나다 알함브라 궁전의 추억

바르셀로나에서 발렌시아를 거쳐 〈알함브라 궁전의 추억Recuerdos de la Alhambra〉이 깃든 그라나다Granada에 도착했어요. 일단 타레가Tárrega의 〈알함브라 궁전의 추억〉이

그라나다 위치

라는 기타곡이 떠오르죠? 음이 끊이지 않고 계속 오르락내리락하고 소리도 커졌다 작아졌다 하며 끝없이 반복되는 그 음악 말이죠? 저도 콩나물 대가리(?)에 대해선 문외한인지라 더는 설명하기 어려우니 이해해 주세요. ☺

그라나다에 왔으니 알함브라 궁전은 보아야 할 텐데 입장이 장난이 아닙니다. 유적 보호를 위해서 매년 입장객 수를 10%씩 줄이고 있답니다. 작년에는 매일 8,300명씩이었는데 올해부터는 7,600명으로 줄였답니다. 저는 입장했을까요? Carrot! 당근이죠. 거기까지 갔는데 입장 못하면 말이 되겠습니까? 혹시 앞으로 가실 분은 예약을 추천해 드립니다. 10년 뒤면 하루에 몇 명씩 입장시키겠다는 건가? 마케팅 전략인가? 작년에 비해 실제로 인원을 줄였으니 전략은 아닌 것 같고, 아무튼 입장했으니 다행이죠. 암표가 성행하는 탓인지 신분증과 입장권의 이름이 일치하는지를 가끔씩 체크하는군요. 여권을 꼭 소지해야 합니다.

언덕 위에서 내려다본 그라나다 구시가지

    입구 마당에 백일홍 같은 꽃이 만발하여 이따금씩 내리는 여우비도 성가시지가 않아요. 입구 벽에 ALHAMBRA PALACE라는 표시가 있어요. 제대로 읽으면 '아람브라 궁전'이라고 읽어야 할 것 같은데요, 그냥 '알함브라 궁전'이라고 할게요. 발음이 중요한 게 아니라, 지금 여기에 있다는 것이 중요하니까요. 😛 색깔별 사람들이 세계에서 다 모였네요.

    입장하고 나서 바로 흙담 성벽 길을 따라 한참을 가니 군인들의 거처가 나오고 전망대가 나오네요. 입장권의 QR을 찍어야 입장이 됩니다. 세 번 정도 QR을 찍어야 궁 전체를 봅니다. 참고로 이 궁전은 이슬람 궁전입니다. 1492년에 이사벨 1세Isabel I 여왕이 이베리아 반도에서 이슬람을 최후로 몰아내었으니 이 성은 최소한 500년은 넘었겠지요? 스페인은 참 영리하네요. 이슬람 궁전 건축물로 돈을 벌고 있잖아요. 우리도 일제 건물 모두 부술 것이 아니라 관광 자원으로 쓰면 좋겠어요. 흙으로 만든 궁전인데도 보존이 참 잘 되었어요. 언덕 위에서 내려다본 그라나다 구시가지의 하얀 정경은 한 폭의 그림 같아요.

알함브라 궁전의 분수

　궁전의 정원이 아기자기하고 꽃들과 작은 분수들이 나그네의 지친 심신을 시원하게 적셔주며 힘을 줍니다. 카를로스 5세 궁전Paracio de Carlos V을 지나 건너편 언덕에 있는 헤네랄리페Generalife 정원이 힐링을 주네요. 이 정원은 아랍 왕들이 더위를 피하기 위한 휴식처로 이용했답니다. 오렌지 나무와 각종 꽃들과 연못 그리고 분수대가 여러 건물과 작은 광장으로 이어집니다. 분수대의 물소리가 청량하며 분위기와 어울려 몽환적인 향연이 펼쳐지는 느낌입니다.

　타레가의 <알함브라 궁전의 추억>이 바로 이 정원의 분수대 물소리에서 영감을 얻어 작곡되었답니다. 타레가가 제자이자 유부녀인 여인에게 사랑을 고백했으나 그만 거절을 당하는 바람에 우울한 마음을 달래려 찾은 곳이 바로 이 정원이랍니다. 그런데 이 정원의 아름다움과 분수대 물소리가 타레가로 하여금 <알함브라 궁전의 추억>을 탄생시킨 것입니다. 작곡가이자 기타리스트인 거장 타레가에게 실연을 안겨 준 그 여인에게 감사해야 할까요?😊

투우의 발상지 론다!

　바르셀로나가 속한 카탈루냐 지방을 떠나 발렌시아Valencia를 거쳐 안달루시아Andalucia 지방의 그라나다에서 알함브라 궁전을 거닐었어요. 스페인 사람들은 13~4세기의 이슬람 궁전 건축물로 관광 수입을 짭짤하게 올리고 있어서 부러웠어요. 이제 투우의 발상지인 론다Ronda로 떠납니다.

　마을 어귀에 접어들어 레스토랑과 상점 골목을 지나니 웬 원형 극장 같은 담벼락이 우리를 막아서네요. 바로 1785년에 지어진 세계 최초의 토로스Toros 투우장이랍니다. 경북 청도(중국 칭따오와 다름)에 있는 소싸움과 소싸움 경기장이 더 오래되었을 것 같은데……😠

　투우는 왜 생겼을까? 신께 제물을 올릴 때 짐승의 피가 필요했고, 또 결혼 같은 잔치에 짐승의 고기가 필요했었죠. 일거양득이라고나 할까요? 아무튼 이렇게 시작된 투우가 이제는 관광 상품이 되었어요. 오늘은 투우

투우상 앞에서

누에보 다리

경기가 열리지 않네요. 대신 외곽의 투우상과 투우사의 테이블보(?) 휘날리는 상과 사진을 찍는 것으로 투우 경기 관람을 대신하기로 합니다.

투우장을 지나자 다리가 나타나네요. 바로 따호 강의 가파른 절벽의 신·구시가지를 이어주는 누에보 다리 Puente Nuevo랍니다. 우리집 앞에 '누에다리'가 있는데 이름이 비슷하네요. 😀

누에보 다리 밑으로 펼쳐지는 가파른 절벽과 절벽을 이루고 있는 원통형의 거대한 바위 기둥 그리고 그 바위 기둥 위에 얹혀 있는 하얀 집들은 보기만 해도 좋은데 저기에 사는 사람들은 얼마나 좋을까? 대문호 헤밍웨이가 이 마을을 '사랑하는 사람과 로맨틱한 시간을 보내기 좋은 곳'이라고 말한 이유를 알겠어요. 헤밍웨이는 이 마을에 머물며 <누구를 위하여 종은 울리나>를 썼어요. 저는 이 마을에 머물며 햇빛이 뜨거워 선글라스를 썼어요. 😀 누에보 다리를 건너니 구시가지 골목이 아기자기하고 한복판의 큰 성당 안에 있는 검은 피부의 예수님상이 인상적입니다.

론다를 둘러보고 지중해의 강렬한 햇빛과 푸른 바다 그리고 하얀 집들

(빨강 지붕)의 빼어난 경관의 미하스Mijas로 달려갔어요. J를 H로 발음하네요. 그냥 '미자mija'가 사는 마을로 기억하면 되겠어요. 😊 성경에도 한국 자매의 이름이 나오죠? 민수기(?)죠? 😊 지중해와 산비탈의 장난감 같은 집들은 마치 동화마을 같아요.

세계에서 가장 유명한 해변인 코스타 델 솔Costa del Sol의 한가운데 자리하여 코스타 델 솔의 보석이라고 불린답니다.

안달이 나서 다시 찾은 안달루시아!

론다를 떠나 잠깐 지브롤터 해협^{Strait of Gibraltar} 너머의 모로코^{Morocco}에 들렀다가 안달하던 안달루시아 지방의 세비야^{Sevilla}로 왔어요. 왜 안달했냐구요? 그라나다를 떠난 후 계속 귓가에 안달루시아 <알함브라 궁전의 추억>의 선율이 떠나지를 않았어요. 아마 알함브라 궁전이 이슬람 궁전이고, 모로코가 이슬람 사회라서 안달했을 거라고 추측해 봅니다. 바르셀로나가 있는 까탈스런 카탈루냐 지방에는 투우를 금지시켜 투우장이 없어요. 세비야는 그라나다와 함께 안달루시아 지방에 속합니다.

세비야에 들어서니 강풍이 몰아쳐서 우산이 부서지고 세비(?)를 많이 내야 할 것 같아요. 과달키비르 강변^{Río Guadalquivir}에 세비(?)를 걷기 위한 황금의 탑^{Torre del Oro}이 버티고 있어요. 흙벽돌의 12각형으로 그리 높지 않은 탑 같은데 황금의 탑이라고 부르니 의아합니다. 탑 꼭대기를 황금으로 도

황금의 탑

265

금을 해서 황금의 탑이라고 하기도 하고, 또 과거에 이 탑 안에 황금을 보관해서 황금의 탑이라고 불렀답니다. 건너편에는 은탑을 세우고 두 탑 사이에 쇠줄을 묶어 이 강을 통과하는 배들을 감시 통제하고 세비(통행료)도 걷었답니다. 그래서 이 도시 이름을 세비야라고 불렀다는 말은 순전히 저의 뻥입니다요. 🤣

세비야가 생소하게 들릴지 모르지만 오페라 〈세빌리아 이발사$^{Il\ barbiere\ di\ Siviglia}$〉의 세빌리아가 바로 세비야입니다. 인구 80만 명의 스페인 4대 도시이자 항구 도시입니다. 세비야의 역사도 복잡합니다. 서고트 족이 지배할 때에 왕이 아들에게 세습하는 제도가 아니라서 왕위 다툼이 심했어요. 그래서 서고트 족이 북아프리카의 타리크^{Tarik} 장군에게 지원을 요청합니다. 타리크 장군이 지브롤터 해협을 건너와 보니 자기들의 사막보다 훨씬 좋은 옥토이고, 사람들은 양순하니 딴 마음인 흑심을 품었죠. 흑심을 항상 품고 있는 것은 저와 당신(찔리죠?😊)이 아니라 연필(?)입니다요. 😄 그래서 타리크 장군이 서고트 족을 몰아냅니다. 평화는 빵과 돈으로는 절대 살 수가 없어요.

타리크 장군의 이슬람 세력이 스페인에 쉽게 들어와서 마지막 물러날 때까지는 780년이나 걸렸어요. 이사벨 여왕(미인이었음)이 직접 말을 타고 10개월간 군대를 지휘하여 1492년 1월에 이베리아 반도에서 마지막으로 이슬람을 몰아내고 가톨릭 통일 왕국을 이루었어요. 이 때 무슬림들은 산속으로 숨어들어가서 집시^{Gypsy}가 되었어요. 지금도 스페인 인구의 3% 정도가 집시입니다. 알함브라 궁전 옆의 하얀 마을도 이 집시들이 500년 이상 전통을 지켜오고 있어요.

스페인은 살 만한 나라인데 소매치기가 왜 많을까요? 경찰도 꽤 있는데 연간 65조 원의 관광 수입을 올리는 관광대국이 소매치기 문제를 해결하지 못하는 것이 아이러니하죠? 내막을 들여다보니 경찰들은 좀 거시적인 테러 방지에 집중을 해요. 소매치기는 이쪽 주머니에서 저쪽 주머니로 옮겨지는 제로섬(?)이라는 거죠? 우리처럼 매년 10%씩 최저임금을 올릴 수 없으니 이렇게 해서라도 부의 균등분배와 소득주도성장(?)을 하려는 의도가 깔려 있지 않을까요?🤣 외국인 관광객을 주요 고객으로 삼으니 해외자금의 국내 짱박기(유식한 말로 외자유치?)가 아닐까요? 소매치기들 그렇게 무섭지 않아요. 들켜도 씩 웃고 미안하다고 해요. 그러고 보니 이탈리아에도 소매치기가 많던데……. 관광대국은 소매치기 기술을 전문적으로 가르치나?😜 경찰들도 테러나 데모 진압용이지 소매치기를 잡는 용도가 아님을 여기서 알았어요.

요즘 한국에서 검찰과 경찰이 밥그릇 싸움을 하는 것처럼 비추어지는데 참고했으면 해요. 호랑이 잡는 사냥개에게 토끼를 잡으라고 하면 되겠어요? 안달이 나서 달려온 안달루시아 세비야에서 이러구러 많은 이야기를 했네요.

세비야 성당과 아야 소피아의 정반대 역사!

세비야 시내에 들어오니 둥글둥글한 목제 건물의 관광안내소가 고색창연한 모습으로 우리를 맞아 주네요. 새벽부터 모로코 탕헤르에서 지브롤터 해협을 건너와서 안달루시아의 세비야까지 달려오니 배가 고파요. 중식당에서 한식 비슷한 요리들로 민생고를 해결했어요. 한글로 콜라 2유로, 와인 4유로라고 적어 놓은 벽보판을 보니 한국 관광객들이 꽤 많이 오나 봅니다.

민생고를 해결하고 나니 비록 우산이 부서지는 비바람 치는 날씨지만 뚫고 앞으로! 앞으로! 전진할 수가 있어요.

우와! 시내 한 복판에 웅장한 고대의 건물들이 우리를 압도하네요. 이 건물들은 세비야 성당 Sevilla Cathedral, 알카사르 alcazar, 인디아스 고문서관 Archivo General de Indias의 세 건물입니다. 세비야 성당은 세계 세 번째로 큰 성당입니다. 첫째는 아마 바티칸의 성 베드로 대성당 Basilca di San Pietro이고, 둘째는 런던의 세인트 폴 대성당 Saint Paul's Cathedral이에요. 세비야 성당은 고딕양식과 르네상스양식이 조화를 이룬 엄청 큰 성당입니다.

알카사르는 성이란 의미입니다. 10세기에 무슬림 총독의 거주지로 사용되다가 1248년 국토회복운동 Reconquista으로 무어인들을 물리친 이후로 지금까지 스페인 왕실의 거주지로 사용하고 있어요. 인디아스 고문서관 건물이 엄청나게 큰 것을 보니 엄청난 고문서가 보관되어 있을 것 같아요. 한국의 훈민정음 정도의 문서가 보관된 것 같아요.

세비야 성당

　세비야 성당은 히랄다 첨탑Torre de la Giralda이 장관입니다. 200미터가 넘는 높이로 걸어서 올라가 보니 35층 정도의 높이였어요. 세비야 시내가 한 눈에 들어왔어요. '히랄다'를 'Giralda'로 써 놓았는데, 영어식으로 읽으면 '지랄(?)다'가 되기 때문에 'G'를 'ㅎ'으로 발음하는 걸까요? 그라나다 알함브라 궁전의 헤네랄리페 정원도 'Generalife Garden'으로 표기되어 있어요. 이곳은 왕들의 일반 사생활 공간이라고 이해를 하면 될 것 같아요.

　히랄다 첨탑은 원래 이슬람 사원의 로켓포처럼 생긴 첨탑이었는데 무슬림이 물러간 후 그 첨탑을 가톨릭 식으로 리모델링을 했어요. 세비야 성당 구석구석에 이슬람 사원의 자취가 있어요. 튀르키예의 이스탄불에 있는 아야 소피아Hagia Sophia는 성당에서 모스크로 바뀌어 내부에 예수님과 성모 마리아의 성화가 아직도 남아 있지요. 그런데 세비야 성당은 모스크에서 성당으로 바뀌어 야릇한 대조를 이루고 있어요. 아야 소피아와 세비야 성당은 기독교와 이슬람의 지배자가 누군가에 따라 서로 종교가 바뀌는 아이러니를 느끼게 합니다.

히랄타 첨탑

세비야는 530년 만에, 그라나다는 780년 만에 자신의 힘으로 회복되었음을 우리가 꼭 인식해야겠어요. 일제 식민지도 외세가 아닌 우리 힘으로 회복해야 했다면 500년은 더 걸렸을 수 있었겠다는 아찔한 생각이 들었어요. 애국합시다. 우리나라는 우리 힘으로 지켜야 합니다. 갑자기 애국 모드로 전환되어 아직 세비야 성당 내부로는 들어가지 못했네요.

공중에 떠 있는 대성당 안의 콜럼버스의 묘!

　세계에서 세 번째로 큰 세비야 성당은 건축 기간만 100년 넘게 걸린 대역작입니다. 어마어마한 규모와 아름다움에 탄성이 절로 나오네요. 그대 앞에만 서면 왜 나는 작아지는가? 이 유행가 가사가 딱 맞아요. 인간이 웅장한 대성당 앞에 서니 얼마나 작은 존재인지 느낄 수 있었어요.
　세비야 성당은 원래 이슬람 사원의 모스크였는데 레콩키스타Reconquista, 즉 국토회복운동으로 이슬람을 몰아 낸 후 모스크를 허물고, 모스크 토대 위에 고딕양식, 르네상스양식, 그리고 바로크양식을 합쳐서 지은 세계 건축사적으로도 특이한 여러 건축 양식이 짬뽕된(?) 건축물로 유명해요.
　대성당 안에 들어서면 그 웅장한 규모와 화려함을 글로는 표현할 수 없어요. 제 눈에는 가우디의 성 가족 성당, 몬세라트 수도원의 성당, 바티칸 대성당, 파티마 대성당Sanctuary of Our Lady of Fátima, 밀라노 두오모Duomo di Milano의 내부는 웅장하고 화려함이 그저 비슷했어요. 그런데 세비야 대성당의 특이한 점은 대성당 내부 중앙에 한 사람의 관을 네 명의 왕이 어깨에 메고 있어요. 누구의 무덤일까요? 그것도 몰라요? 제목에 힌트를 줬잖아요? 아! 이제 감이 온다고요? 그래요. 콜럼버스Christopher Columbus의 묘랍니다.
　콜럼버스는 원래 이탈리아 제노바 출신으로 부친의 영향을 받아 항해 전문가가 되었어요. 콜럼버스는 대서양을 건너면 인도가 나올 것이라고 생각하고 후원을 받기 위해 프랑스와 포르투갈에 의뢰했지만 몽땅 퇴짜

콜럼버스의 묘

를 맞았어요. 그래서 스페인까지 왔는데 친구인 한 주교의 주선으로 이사벨 여왕을 만나게 됩니다. 당시 이사벨 여왕은 마침내 이슬람을 이베리아 반도에서 완전히 몰아내고 기고만장할 때입니다. 콜럼버스가 이사벨 여왕을 만나 담판을 벌입니다. 이때 사나이다운 콜럼버스의 나이 39세, 미모의 이사벨 여왕의 나이 40세, 서로 통하는 면이 있었죠. 염문도 있었지요. 그러나 사실 관계는 저도 몰라요. 각자 상상에 맡겨요. 콜럼버스는 이사벨 여왕을 만난 자리에서 이렇게 말했어요.

"각하도 모험 정신으로 말을 타고 손수 지휘해서 이슬람을 몰아내고 스페인 통일왕국을 이루었습니다. 저 또한 모험해서 인도를 발견하면 스페인 영토와 국력이 더 강성해지고 황금까지 굴러 들어옵니다. 저에게는 10%만 주시고 총독으로 임명해 주세요."

배짱이 두둑한 이사벨 여왕의 입장에서는 별로 손해 볼 게 없었어요. 모든 사람들의 예상을 뒤엎고 극적으로 이사벨 여왕의 승인과 지원을 받은 콜럼버스는 천신만고 끝에 신대륙을 발견하게 됩니다. 한 마디로 대박이 난 거죠. 금의환향하여 영웅이 되고, 새로운 식민지의 총독이 됩니다.

여기까지는 좋아요. 그런데 호사다마란 말이 있죠? 식민지에서 반란이 일어나고, 설상가상으로 사이가 좋았던 이사벨 여왕이 세상을 떠나고 맙니다. 이사벨 여왕 남편인 왕의 무시, 그리고 간신들의 시기와 질투로 이순신처럼 팽! 당하게 되었지요. 콜럼버스는 결국 마지막 항해에서 돌아와 건강이 급격히 나빠지더니 2년 후인 1506년에 바야돌리드에서 생을 마감합니다. 그의 시신은 세비야에 묻혔다가 1542년에 쿠바의 산토 도밍고 Santo Domingo 성당에 안치되었어요. 콜럼버스는 죽으면서 다음과 같이 유언했답니다.

"죽어도 스페인 땅에 눕지 않겠다."

나중에 스페인 정부가 쿠바에서 콜럼버스의 유해를 모셔와 스페인의 땅이 아닌 세비야 성당의 공중에 스페인 역대 4명의 왕으로 하여금 어깨에 콜럼버스의 관을 메게 했답니다. 앞의 두 명의 왕은 표정이 밝은데, 뒤의 두 명의 왕은 표정이 어둡고 푹 숙여 벌레 씹은 표정을 하고 있어요. 이 벌레 씹은 표정의 두 왕은 콜럼버스를 마땅치 않게 대접한 왕들이랍니다.

콜럼버스의 묘 이야기를 하다가 길어졌어요. 다음에는 신대륙 발견과 관련된 이야기를 해 볼까 합니다.

콜럼버스가 발견한
신대륙이 아메리카가 된 내력!

콜럼버스

콜럼버스가 발견한 미 대륙이 왜 콜럼버사(?)가 아닌 아메리카가 되었을까요? 콜럼버스의 입장에서는 억울할 만합니다. 자신이 처음 발견해서 비록 인도로 착각은 했지만 이 대륙을 처음 발견한 것은 자신인데 아메리카라니요! 조선의 세종대왕이란 분이 "아무렇게나!"라고 한 것이 '아메리카'로 되었다면 수긍하겠는데 억울한 건 어쩔 수 없어요. 그런데 갑자기 세종대왕이 왜 나오느냐고요? 아! 진정하시고 한 번 들어보세요.

　세종대왕께서 한글을 창제하시고, 세계에 나라 이름을 지어주겠노라고 방을 써서 붙였어요. 가장 먼저 온 나라가 옆의 섬나라여서 '1번'이라고 지어 주었는데, 배를 타고 출랑대며 가다가 배 멀미가 났는지, 아니면 히어링이 신통치 않았는지 '1번'을 '일본'으로 알아듣고 그리 했답니다. 🤣 그 다음에는 아프리카에서 왔어요. 뭘 먹고 사느냐고 물으니 초콜릿을 먹고 산대요. 그래서 가나다라마바사에서 첫 '가나'로 주었지요. 가나 초콜릿! 아시죠?😬 그 다음 북미에서 두 명이 왔어요. 둘 중 어느 나라가 넓은

지를 물었어요. 북쪽이 크다고 했어요. 면적이 더 넓은 북쪽 나라에 '가나'는 이미 주었기에 '가나다'를 주었지요. 이 사람들 발음을 좀 세게 해서 '카나다Canada'로 부르고 있죠? 😆 같이 온 남쪽 나라 사람에게 뭐 하고 사냐고 물었어요. 콜럼버스가 이름을 지어준 인디언들을 괴롭히며 산다고 했어요. 세종대왕께서 이에 열받아서 '아무렇게나' 하라고 한 것이 요즘의 아메리카로 되었대요. 🤣 아메리카노는 즐겨 마시며 요건 몰랐죠? 마지막으로 온 사람에게 왜 늦었냐고 물었더니, 엄청 허벌나게 먼데서 왔다고 했어요. 지도를 그려보라고 했더니 조선의 바로 옆 나라였어요. 너는 말과 사실이 너무 차이나서 '차이나!'라고 했었다나요? 😊 믿거나 말거나!

그런데 콜럼버스가 발견한 신대륙이 '콜럼버사'가 아닌 '아메리카'가 된 사연은 이렇답니다. 콜럼버스는 항해 후 신대륙 발견에 대한 항해일지와 보고서를 왕에게 보고했어요. 왕은 대충 읽어본 후 영웅으로 환대하며 풍악을 울리고 질펀한 잔치를 벌였죠? 그리고 콜럼버스를 식민지 총독으로 임명장을 주며 파견했어요. 그런데 메디치Medici 가문, 즉 이탈리아 재벌회사의 직원이었던 피렌체 출신의 아메리고 베스푸치Amerigo Vespucci라는 사람이 스페인 지사로 발령을 받아 콜럼버스의 조수로 활동하며 신대륙을 여행합니다. 두 분 다 스페인 사람이 아니라 이탈리아 사람이네요. 예컨대 삼성의 직원이 해외로 파견 나가서 남극탐사를 가는 한국인을 따라간 격이죠.

이 아메리고 베스푸치가 1503년에 〈신세계Nuovo Mundo〉라는 책을 발행하고, 1505년경에는 네 차례의 항해에서 새로 발견된 육지에 관한 아메리고 베스푸치의 서한을 발표했어요. 이를 본 독일의 유명한 지리학자

아메리고 베스푸치

발트제밀러Martin Waldseemüller가 1507년에 저술한 〈세계지 입문 Cosmographie Introducio〉에서 신세계임을 발견한 아메리고의 이름을 기념하여 아메리카로 부른 것이 그대로 굳어졌어요.

콜럼버스는 이 대륙을 처음 발견하고서는 얼마나 억울하겠어요? 그것도 자기 이름 대신에 동족인 조수의 이름으로 불리다니!

그러나 아메리고 베스푸치의 입장에서는 이렇게 항변할 수 있지 않겠어요?

"제가 의도적으로 그런 게 아니죠? 행님은 계속 인도라고 우기며 원주민들에게도 인디언이라고 불러서 그것이 굳어졌잖아요? 저야말로 행님이 발견한 대륙이 인도가 아니라 신대륙이라고 주장했으니 제 이름으로 명명하는 것은 Carrot!(당근?)이죠? 햐! 요놈 봐라! 완죤(?) 하극상이네.

세상사가 다 그런 거 아니겠어요. 콜럼버스의 실수는 왕에게 보고만 했지 책을 써서 발표하지 않았다는 것에 있어요. 항해일지와 보고서는 왕궁 구석 어딘가에 처박혀 있었겠지요. 반면 아메리고 베스푸치는 책을 썼잖아요? 그걸 유명 학자가 인용함으로써 '콜럼버사'가 아닌 '아메리카'가 되었잖아요. 한국의 금속활자와 조선실록 등 모든 출판물이 대중이 아닌 왕궁과 같은 특정인과 특정 장소에 갇히다 보니 구텐베르크Johannes Gutenberg

보다 훨씬 앞섰는데도 아직까지 세계적으로 인정을 받지 못하는 것 아닙니까? 공감하시면 당장 받아 적어요. 적어서 대중을 상대로 발표해야 제대로 평가 받습니다. 그래서 저도 이렇게 적고 있잖아요? 😀 또 적자생존(?)이란 말도 있잖아요? 뭔 소리냐고요? '적는 자만이 살아남는다'는 뜻이에요. 🤣 기억은 기록을 당하지 못합니다.

이런 콜럼버스의 최대 실수를 알아차린 이가 있었으니 이름하야 그의 둘째 아들 페르난도 콜럼버스 Fernando Columbus 입니다. 어쩌면 콜럼버스가 신대륙을 처음 발견한 사실마저도 묻힐 수 있었는데, 둘째 아들이 적자생존(?)을 깨닫고 적어서 오늘날 우리가 콜럼버스를 기억하는 것은 그나마 천만다행입니다. 콜럼버스 둘째 아들의 묘가 바로 세비야 성당 안 공중에 뜬 콜럼버스의 묘 앞에 안치되어 있어요. 그래서 세비야 성당은 콜럼버스 성당으로 불러야 하지 않을까 생각해 봅니다. 😀

콜럼버스에서 갈릴레이까지

콜럼버스는 지구가 둥글다는 것을 어떻게 알았을까요? 코페르니쿠스 Nicolaus Copernicus의 영향을 받지 않았을까 생각해 봅니다. 왜냐하면 코페르니쿠스는 폴란드 생 신부로 이탈리아 베니스 소재의 파도바Padova 대학과 세계 최초의 대학인 볼로냐Bologna 대학에 유학하며 그리스 문헌을 통해 사모스의 아리스타르코스Aristarchus of Samos의 태양중심설에 푹 빠지게 됩니다.

어! 이건 또 무슨 말이죠? 갈릴레오 갈릴레이Galileo Galilei보다 지동설을 먼저 주장한 사람이 있었네요. 그렇죠? 코페르니쿠스 하면 발상의 전환이잖아요. 계란을 딱 때려 세웠잖아요? 간단하지만 엄청난 돌파구죠? '삶은 계란'을 영어로 하면 'Life is egg'입니다요. 😊 코페르니쿠스가 임종 직전

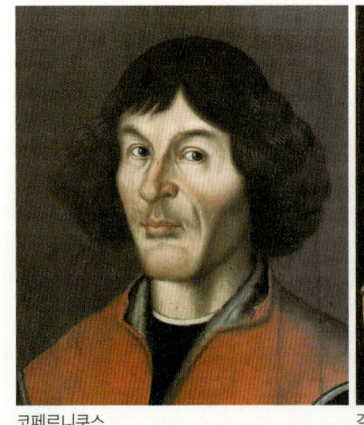

코페르니쿠스

갈릴레오 갈릴레이

구텐베르크

에 〈천구 회전에 대하여 De revolutionibus orbium coelestium〉를 발간하여 지동설을 제시했어요. 당시 인쇄술이 처음으로 발명되어 혁명적인 영향력을 미치게 됩니다.

인쇄술 하면 구텐베르크죠? 1450년에 〈구텐베르크의 42행 성서 42-line Gutenberg Bible〉를 발간했죠. 42줄이 전부가 아니라 한 페이지에 42줄인 방대한 성경을 발행했어요. 구텐베르크도 동업자 요한 푸스트 Johann Fust에게 소송에 지고, 이후의 성경은 푸스트와 쇠퍼의 이름으로 발행되었어요. 아무튼 이 인쇄술은 1517년의 종교개혁과 코페르니쿠스의 지동설을 널리 알리게 했죠.

사실 인쇄술 하면 고려 인종 때인 1230년경의 〈상정고금예문 詳定古今禮文〉이 세계 최초인데 실물은 전하지 않는다고 해요. 1377년에 인쇄한 〈직지심체요절 直指心體要節〉 하권을 1877년에 프랑스 외교관이 조선에서 구입해서 프랑스 국립도서관에 보관했죠. 1972년에 세계 최초의 금속활자인쇄본으로 인정은 받았어요. 그리고 구텐베르크의 〈42행 성서〉보다 73년 빠르지만 아무도 몰라요. 아! 답답하다! 답답한 이유는? '답'이 두 개니까 그렇죠!🤣

다시 지동설로 돌아와서 갈릴레오 갈릴레이는 이탈리아 피렌체 Firenze 생으로 피사의 사탑 Torre di Pisa이 있는 피사 대학 의학부를 다니다 탑처럼 좀 삐딱하게 기울어 빌게이츠처럼 대학을 중퇴합니다. 이후 좋은 스승을 만나 개인 교수를 받은 결과 멋진 논문을 써서 수학 강사가 되고, 더 나아가 베니스에 있는 파도바 대학(코페르니쿠스가 다닌 대학임)의 교수가 됩니다. 또한 재벌 메디치 가의 전속학자가 됩니다. 돈이 좀 궁했나? 좀 납득이 안 가네요. 어쨌든 1564년에 코페르니쿠스의 지동설을 지지하는 저서인 〈프톨레마이오스와 코페르니쿠스의 2대 세계 체계에 관한 대화〉를 발간합니다. 바로 교황청의 금서로 지정되고, 이단행위로 재판을 받게 되죠. 그래도 지구는 도는데 말이죠?

1609년에 네덜란드에서 망원경이 발명되어 이 망원경을 통해 〈별세계의 보고Sidereus Nuncius〉란 책으로 일약 스타가 됩니다. 후속으로 〈태양 흑점에 관한 서한Istoria e dimostrazioni intorno alle macchie solari〉을 발표하여 성서와 지동설의 모순에 대한 교황청의 2차 재판을 받고, 앞으로 헛소리하지 않겠다고 서약을 했죠. 여전히 지구는 도는데 말이죠?

맹인이 되어 낙향 후 장녀와 〈두 개의 신과학에 관한 수학적 논증과 증명Discorsi e dimonstrazioni mathematiche intorno a due nuove scienze attenenti alla meccanica〉을 이탈리아가 아닌 네덜란드에서 출판하고 속편을 준비하던 중 세상을 떠나게 됩니다. 교황청에서는 즉각 공적인 장례를 금지했고요. 안됐어요. 지구가 태양을 중심으로 도는 게 맞는데……. 콜럼버스에서 갈릴레이까지 오며 지구가 둥글고 돈다는 사실을 무시하는 교황청으로 인해 제가 돌아버리겠어요. 😐

콜럼버스와 마젤란!

포르투갈로 가기 위해 세비야에 들렀어요. 사실 〈세빌리아의 이발사 Il barbiere di Siviglia〉 정도밖에 모르고 세비야에 발을 들여놓았어요. 그런데 전혀 예상 밖의 콜럼버스를 만났어요. 그것도 콜럼버스 부자의 묘를 세비야 성당 안에서 말입니다. 여행의 묘미가 바로 이런 것이 아니겠습니까? 기대하지도 않은 상황을 만나 혼나면서 깨우치는 것이죠? 여행을 하다 보면 우연히 만나는 사람들과 상황들이 있죠? 그런데 우연히 만난 사람과 상황이 한두 번 정도는 우연이라 칠 수 있는데 세 번 정도가 되면 우연이 필연이 됩니다. 콜럼버스가 세비야의 팔로스Palos 항구를 출발하여 신대륙을 발견했지요. 〈이솝 우화〉에 보면 그리스의 항구 이름도 팔로스 항구가 있었던 것으로 기억됩니다. 잘난 척하다가 들통이 난 동물의 이야기였죠. 지명은 비슷한 것이 많죠. 모로코인지 모나코인지 모르고 헷갈렸고요. '헷갈리다'를 불어로 하면 알송달송, 일본어로는 아리까리, 독일어로는 애매모호, 중국어로는 갸우뚱, 아프리카어로는 깅가밍가라고 합니다.

마젤란Ferdinand Magellan을 이전에 두 번 정도 마주쳤지만, 그때는 아무 생각 없이 지나쳤어요. 그런데 이번 세비야 강변의 황금의 탑에서 마젤란이 1519년에 세계 최초로 세계 일주를 위해 출발했다는 사실을 알게 되었어요. 콜럼버스도 1492년에 세비야의 팔로스 항구에서 신대륙을 향해 출발했어요. 그러보 보니 세비야가 스페인 이사벨 여왕이 사는 수도였음을 추측할 수가 있네요. 그 후에 수도가 톨레도Toledo를 거쳐 마드리드Madrid로 옮겨졌겠네요.

　다시 마젤란으로 돌아와서, 마젤란 하면 주식하는 분은 마젤란 펀드, 마젤란 아카데미, 게임하는 분은 마젤란 게임을 떠올리겠죠? 저와 마젤란의 첫 번째 만남은 15년 전쯤 필리핀 세부Cebu의 막탄Mactan 섬으로 기억됩니다. 마젤란이 막탄 원주민들에게 맞아 죽는 검은색의 조각물과 옆의 어설픈 건물 안의 그림을 본 적이 있어요. 그때는 마젤란이 여기서 죽어서 안 됐구나 하는 정도였어요.

　두 번째의 만남은 5년 전쯤 남미 배낭여행 중 칠레Chile의 푼타 아레나스Punta Arenas에서 엘 칼라파테El Calafate를 거쳐 아르헨티나Argentina의 우수아이아Ushuaia로 가는 길에 마젤란 해협을 건너야 했어요. 버스를 갈아타는데 버스가 13시간 정도 연착하는 바람에 알지도 못하는 시골 동네의 정류장에서 하염없이 기다리다 겨우 버스를 타고 마젤란 해협에 다다르니 새벽 한두 시가 되었어요. 승선자 중에 보호자 없는 미성년자가 있어서 신원 조회하느라 선착장에서 두 시간 기다려 출항을 하니 마젤란 해협의 밤바람이 얼마나 거센지 가마우지도 파도에 휩쓸려 우리 앞에서 정신을 못 차리던 모습이 아직도 눈에 선해요.

　마젤란이 5,600킬로 정도 되는 이 해협을 처음 발견하여 마젤란 해협이라 부르고, 36일에 걸쳐 이 해협을 빠져나갔어요. 마젤란 해협은 대서양과 태평양을 바로 통할 수 있어서 황금노선이 되었죠. 그런데 1914년 파나마운하가 개통되면서 그만 명성을 잃게 되었지요. 지금은 저 같은 배낭여행자나 건너는 해협이 되었네요. 이때도 마젤란이 남미 사람인지 유럽 사람인지도 몰랐어요. 어! 저의 무식이 탄로 났네요. 🤣

세비야에서 세 번째로 만난 마젤란은 스페인 사람이 아니라 포르투갈에서 태어나 포르투갈 왕을 위한 모로코 점령 전쟁 중 다리를 다치는 바람에 포르투갈 왕으로부터 팽을 당해 스페인으로 귀화를 했어요. 당시 스페인은 지금의 미국만큼 강대국이었나 봅니다. 콜럼버스, 아메리고 베스푸치, 마젤란 등등의 인물들이 스페인으로 몰려왔네요.

마젤란은 1519년 8월 배 5척과 270명의 선원과 함께 세비야의 황금의 탑에서 출발하여 대서양에서 천신만고 끝에 새로운 바다로 나아갑니다. 생각보다 크고 평화로운 바다라서 그런 의미의 태평양이라고 명명하고 괌에 도착합니다. 그리고 필리핀 세부의 막탄 섬에서 원주민들에게 선교 개척을 하다가 원주민들에 의해 생을 마감합니다. 남은 것은 배 빅토리아호 한 척과 선원 18명뿐이었어요. 이들은 향료를 가득 싣고 세비야로 돌아옵니다. 이 향료는 지난 3년간의 항해 비용을 충당하고도 남았어요. 이렇게 세계 최초의 세계일주가 이루어졌어요.

여기서 의문점 두 가지! 첫째, 마젤란은 사망했는데 돌아온 선원 이름이 아닌 왜 마젤란인가? 아마 마젤란이 사령관이라서 그랬거나 아니면 돌아온 선원들은 조선시대의 노비처럼 이름이 없어서 그랬는지 모르겠어요. 둘째, 세비야에서 출발해서 마젤란은 필리핀에서 순교(?)했으니 일주라는 완주가 아닐 수도 있잖아요? 아마 사사오입과 같은 당시 비율의 관습이 있었나 봅니다.

이렇게 해서 코페르니쿠스의 지구가 둥글다는 생각을 콜럼버스가 믿고 인도를 찾아가다가 아메리카 신대륙을 발견했고, 마젤란이 둥근 지구를 실제로 한 바퀴 돌았어요. 지금 저의 머리가 빙빙 돌고 있어요. 😆

플라멩코, 까르멘 그리고 세빌리아의 이발사

플라멩코 하면 경쾌한 춤을 떠올리죠? 그런데 저는 아프리카를 떠올리고 온천이 떠오릅니다. 13년 전에 아프리카 케냐에 갔어요. 운전하던 현지인이 갑자기 알아듣기 어려운 영어로 뭐라고 뭐라고 하는데 중간 중간에 '플라밍고'를 자꾸 말하는 거예요. 이 시골길 차안에서 춤을 추자는 것은 아닐 테고. 너무 궁금했어요. 영문(?)도 모르고 하는 영어로 도대체 이 상황에서 플라멩코 춤 이야기를 왜 하냐고 했더니, 씨~익 웃으면서 왼쪽 창문 밖을 보라고 했어요. 노천 온천에서 흘러나오는 개울물에 홍학 떼가 거닐고 있었어요. 그래서 어쨌다고? 했더니 친절하게도 홍학을 플라밍고라고 부른답니다. 아~ 저의 무식이 또 탄로 났어요. 홍학의 걷는 모습이 그러고 보니 플라멩코 춤과 같네요. 그 후로 홍학을 볼 때마다 플라멩코 생각이 떠올라요.

세비야는 예술의 도시네요. 고 노무현 전 대통령께서 본 플라멩코를 봤어요. 관객이 한 2천 명이나 되는데 100% 한국인들이네요. 아마 저처럼 얼떨결에 세비야에 왔다가 플라멩코까지 보게 되지 않았을까요?

플라멩코 중간에 조르주 비제 Georges Bizet 의 오페라 카르멘 Carmen 이 삽입되었어요. 카르멘은 까무잡잡한 매력적인 집시 여인으로 담배 공장에서 일해요. 카르멘이 돈 호세 청년을 좋아하지만 돈 호세는 의외로 관심이 없어요. 카르멘이 사고를 쳐서 감옥에 가요. 돈 호세가 카르멘을 감방에서 담당하다가 사랑에 빠지게 되죠. 카르멘을 탈출시키다가 발각된 돈 호

플라멩코 공연의 마지막 인사

세는 강등에 이어 황퇴(황당한 퇴직)를 당합니다. 카르멘이 출소 후 돈 호세를 버리고 투우사와 만나 사랑에 빠지니 화가 난 돈 호세는 투우장에 찾아가서 투우사가 보는 앞에서 카르멘을 칼로 찌르네요. 잔인합니다! 카르멘이 일하던 담배공장이 지금은 세비야 공과대학으로 바뀌었어요. 스페인 사람들은 건물 하나하나마다 활용에 활용을 더해요. 그것도 이슬람 때 지은 건물을 가지고 관광수입을 엄청 올리고 있어요. 부러워요.

세비야 하면 로시니Gioacchino Antonio Rossin의 〈세빌리아의 이발사〉죠. 마드리드의 알마비바 백작이 예쁜 로지나에 반해 세비야로 와서 구애를 합니다. 그런데 로지나의 후견인이자 의사인 바르톨로가 로지나의 젊음과 재산을 노리고 결혼을 하려고 해요. 알마비바 백작은 오로지 로지나의 집 창문을 바라보며 세레나데밖에 다른 옵션이 전혀 없었어요. 그런데 옛날에 백작의 하인이었던 이발사 피가로Figaro(어! 결혼 행진곡의 주인공인데?)를 우연히 만나 기상천외의 도움을 받게 됩니다.

알마비바 백작은 평민으로 가장해 로지나와 사랑을 하게 되고, 군인과 음악 선생으로 변장해 로지나와 도망가다가 바르톨로의 하수인인 바실리오에게 발각됩니다. 이번에는 바실리오마저 매수한 백작은 로지나와 결혼하며 바실리오를 결혼증인으로까지 세웁니다. 돈의 위력이 무섭죠? 이 장면을 보면서 발을 동동 구르는 바르톨로를 보며 한편으로는 고소함, 다른 한편으로는 안됐다는 생각이 들었어요. 저의 속마음이 들켰네요. 😛

다시 플라멩코로 이야기를 돌리면, 이슬람의 무어인들이 다시 지브롤터 해협을 건너 아프리카로 쫓겨 갈 때 이 땅에 집시로 남아 살면서 겪은 애환들을 이 플라멩코에 담았답니다. 힘들다고 항상 찌푸리고 있으면 안 돼요. 이 집시들처럼 흥겹게 흔들어 봐요. 얼~쑤! 좋~다! 따다다닥! 딱따다따닥! 암튼 신나요. 보면서 발을 구르며 따라해 보지만 쉽지는 않네요. 아르헨티나 부에노스 아이레스Buenos Aires에는 탱고스쿨이 있어서 단기 교습소를 다닌 적이 있어요. 못 믿겠다고요? 제 연구실에 탱고스쿨 졸업장과 졸업 작품에서 탱고 무희와 다리를 활짝 들고 찍은 사진도 있어요. 아! 플라멩코 단기스쿨이 있으면 배우고 싶네요. 평생 다 배워도 배우(?)라고 하는 사람은 바로 영화배우랍니다. 🙂

콜럼버스가 신대륙에서 담배를 가지고 와서 처음 피운 곳이 바로 이 세비야입니다. 원래 담뱃잎을 말아서 피웠는데 크림전쟁 때 담배가 부족하여 종이에 말아서 피우니 불도 쉽게 꺼지지 않아서 요즘의 담배로 개발하여 세계로 퍼져나갔답니다. 얼마 전 신문에 북한도 밀가루보다 많은 담배를 수입했다는 기사를 보았어요. 콜럼버스가 김정은에게까지 영향을 미쳤네요. 이제사 스페인 사람들이 길거리에서 담배를 많이 피우는 이유를 알겠어요. 🤣

포르투갈의 수도 리스본은 리스보아!

스페인 세비야에서 카르멘을 만났는데 카르멘이 왜 담배 공장의 여공이었을까? 좀 근사한 이미지, 예건대 요즘 같으면 삼성전자 휴대폰 회사에서 근무했으면 이미지가 더 나았을 텐데 말이죠? 그런데 당시 세비야는 콜럼버스가 처음 도입해 세계로 공급한 아이폰 같은 담배가 최고의 상품이었을 것으로 생각됩니다.

당시는 담배 토바코 산업이 매력적이어서 카르멘이 담배 공장 여공이었을 거라고 생각해 봅니다. 그 후예들이 지금도 스페인 길거리에서 담배를 뻐끔뻐끔 피우고 있는 거지요.

이제 포르투갈의 수도 리스본 Lisbon으로 가 봅니다. 리스본이 어디냐고 물으니 그런 도시는 포르투갈에 없답니다. 이게 말이나 됩니까? 혹시나 아직 스페인이라서 그런가? 했는데 이미 포르투갈로 들어왔어요. 물론 나

포르투갈

리스본 위치

라가 바뀌었지만 국경 검문소라든가 어떠한 표시도 없이 훅 포르투갈로 들어왔어요. 너희 나라 수도를 모르느냐고 했더니 그제서야 "아~ 리스보아!"라고 하네요. 카사블랑카 영화에서도 분명히 리스본이라고 했고, 리스본만이 저의 머리에 있었는데 리스본을 포멧(?)시키고 리스보아Lisboa로 인스톨(?)하려니 띵!합니다.

브라질 리오데자네이로에 갔을 때 겪은 똑같은 상황이 생각났어요. 리오데자네이로라고 하면 브라질 사람들이 몰라요. 알고 보니 히우데자네이로Rio de Janeiro라고 하더라고요. 그리고 보니 포르투갈과 브라질은 포르투갈어를 쓰네요. 미리 포르투갈어를 공부 안 하고 간 저의 탓이죠. 그런데 우리가 쓰는 단어 중에 포르투갈 말이 몇 개 있어요. 뭘까요? 설마 '빵pão'이 포르투갈어라는 거 아셨나요? 프랑스어가 아니고 포르투갈어라는 것을 아셨다고요? 어메~ 기죽어!

그럼 '사분'이라고는 들어 보셨나요? 경상도 사투리인 줄 알았는데 이 사람들 '비누'를 '사봉'이라고 하네요. 아마 오래 전에 안동으로 파송된 서양 신부님이 비누를 사봉이라 했는데 안동 분들의 히어링에 굴절되어 사분이라고 불렀지 않았나 짐작해 봅니다.

축생축사 포르투갈의 대표적인 축구 선수가 호나우도죠? 등 뒤에 로날드Ronaldo라고 쓰인 것 같던데 호나우도라고 부르네요. R을 포르투갈어로 H로 발음하는군요. 호나우도는 원래 심장병과 가난으로 축구 선수가 될 수 없었는데, 역경을 기적적으로 이겨내고 세계적인 선수가 되었어요. "나중 된 자가 먼저 된다."가 여기에 맞나요? 아니면 역경의 열매 또는 고진감래라고나 할까요?

리스보아의 오리지널 에그 타르트를 맛보다!

리스본을 포르투갈 사람들은 리스보아라고 부른다고 했죠? 여기서는 뭘로 부를까요? 저도 헷갈려요. 리스보아가 맞지만 리스본으로 부르겠어요. 왜냐면 카사블랑카 영화에서 리스본은 꿈의 도시로 나오거든요. 카사블랑카에서 리스본까지만 가면 바로 미국으로 갈 수 있는 자유의 해방구 도시로 묘사됩니다. 그 리스본을 리스보아로 부르니 그 잔상이 사라지거든요.

리스본에 들어서니 한강보다 두 배 정도 넓이의 타호 강Río Tajo이 우리를 맞아 줍니다. 일단 타호 강의 이름이 마음에 듭니다. 왜냐면 마젤란이 처음 세계일주 항해를 위해 출발한 황금의 탑이 있는 강 이름이 과달키비르 강Río Guadalquivir이잖아요? 강 이름을 외우기에는 저의 머리 용량에 과부하가 걸려요. 과달키비르 강에 비해 타호 강은 외우기 쉬우니까 좋아요. 타호 강보다 더 외우기 쉬운 강은 무슨 강이죠? 뭘 생각해요? 바로 한강 아닙니까? 서울을 관통하는 한강이 비엣남(?세계에서 한국과 일본만 베트남이라 함)의 제3의 도시 다낭에도 같은 이름으로 있더라고요.

타호 강을 건너 시내로 들어가니 길이 꼬불꼬불하네요. 예쁜 미니 기차에 몸을 싣고 구석구석을 휘젓고 다닙니다. 스페인의 도시처럼 고색창연한 건물은 거의 없어요. 그렇다고 현대식 건물도 거의 없는 오르막내리막의 길옆으로 나지막한 3~4층 건물이 주를 이루네요. 스페인 도시들에 비해 신도시라고 합니다. 이유인즉 1755년 리스본에 대지진이 일어나 수십

언덕에서 내려다본 리스본 시내

만 명의 인명 피해를 입고 도시의 2/3가 파괴되었어요.

리스본의 대부분의 건물은 이후에 지어졌으니 250년밖에(?) 되지 않는 새 건물들이랍니다. 스페인에 비해서입니다. 우리나라에 오면 100년 된 건물도 오래된 건물인데 스페인의 수백 년 된 고색창연한 건물들에 호강한 눈에 리스본의 건물들은 밋밋해요. 우스꽝스러운 꼬마 기차가 온 동네를 휘젓고 다니며 언덕 위에서 리스본 시내와 타호 강을 보여주더니 타호 강변을 내리 달립니다. 타호 강에는 10만 톤급 정도 되는 크루즈 선도 정박한 걸 보니 강이 꽤 깊은가 봅니다.

타호 강변의 벨렘Belém 지구에 파리 몽마르트Montmartre 언덕에 있는 성당의 지붕 모양과 흡사한 지붕을 가진 엄청 큰 하얀 수도원이 눈길을 끕니다. 바로 제로니무스 수도원Mosteiro dos Jerónimos이랍니다. 수도원은 보통 시골 한적한 곳에 있는데 이 수도원은 리스본 중심부에 있네요. 이 수도원에는 제로니무스 수도회 소속 수백 명의 수사들의 무덤이 있어요. 하얀 돌로 건축하여 밝은 햇빛 아래에서 눈이 부십니다요. 또 그림들이 많은데

제로니무스 수도원

요. 노아의 방주처럼 동물들을 실은 배 그림도 있어요. 항해를 출발하기 전에 선원들이 이 수도원에 들러 기도를 했어요. 바스쿠 다 가마의 무덤이 인도에서 이 수도원으로 옮겨졌군요.

아! 그런데 이 아름다운 수도원 옆에 에그 타르트 원조 빵집이 있어요. 시간은 충분하지 않고 수도원과 에그 타르트 집 둘 중에 한 곳만 갈 수 있네요. 무슨 운명의 장난이런가? 둘 중 어딜 갔을까? 가긴 어딜가? 당근 에그 타르트 집을 가야지? 실망했다고요? 제 수준이 그 정도밖에 안 돼요. 이해해 주삼. 🤣 마카오의 뼈대만 앙상한 성당 앞 계단을 내려와서 긴 시간을 기다려 에그 타르트를 사 먹은 기억이 다시 떠오르네요. 당시에는 마카오가 에그 타르트의 원조인 줄 알았는데 마카오 에그 타르트의 원조가 리스본에 있는 바로 이 에그 타르트 집입니다. 여기도 엄청 줄이 기네요. 그리고 보니 마카오가 포르투갈의 식민지였네요. 그래서 에그 타르트가 포르투갈에서 마카오로 건너갔네요.

포르투갈이 스페인보다 더 센 강대국이던 시절에 강대국들 간의 협약

에그 타르트 원조 빵집 진열대

에서 한국도 포르투갈의 영향력 아래였는데, 당시 조선은 별로 먹을 게 없는 나라라서 무시하고 마카오는 가성비가 되는 섬이어서 꿀꺽했다는 말이 있어요. 그런데 이 에그 타르트의 맛이 서울의 파리바게뜨 에그 타르트의 맛과 똑같아요. 파리바게뜨의 에그 타르트 맛이 저에게는 더 좋아요. 이럴 줄 알았으면 제로니무스 수도원을 주마간산 격으로만 볼 것이 아니라 천천히 보며 고상한 척했으면 여러분 앞에 폼도 잡을 수 있었는데 폭망(?)했어요. 🤣

대항해 시대를 연 포르투갈과 바스쿠 다 가마!

타호 강변의 벨렝 지구에 있는 제로니무스 수도원을 지나면 강변에 하얀 4층짜리 건물이 보입니다. 벨렝 탑Torre de Belém이라고 해요. 이 탑은 1500년대 초에 바스쿠 다 가마Vasco da Gama(1469~1524)의 업적을 기리기 위해 만든 기념탑이자 등대 역할을 했어요. 바스쿠 다 가마는 포르투갈에서 가장 유명한 항해자로 70년 동안 세 번에 걸쳐 인도로 가는 항로를 개척한 인물입니다.

벨렝 탑 건물의 모퉁이마다 감시탑이 있어요. 왜 감시탑이냐고요? 19세기까지 1층을 정치범 수용소로 사용했어요. 더 까무러칠 사실은 이 1층은 만조가 되면 물에 잠겨요. 이 정치범들은 물이 차면 어떻게 될까요? 예! 그래요. 총알이 필요 없어요. 벨렝 탑의 2층은 포대, 3층은 망루 및 세관으로 사용했어요. 이 탑은 포르투갈 특유의 마누엘Manueline 양식으로 1983년 유네스코 세계문화유산으로 지정되었어요.

지금은 미국이 세계 최강이지만 역사를 거슬러 올라가면 미국 이전은 영국, 그 이전은 스페인, 스페인 이전은 포르투갈이 아니었을까요? 포르투갈이 대항해 시대의 문을 가장 먼저 열었어요. 이유인즉 포르투갈은 대서양에 접해 있고, 이슬람 세력의 팽창으로 아시아로의 육로 무역이 어려워졌어요. 이 사람들 육류를 아주 많이 먹는데 양념인 향료가 필수이죠. 인도와 중국으로 갈 수 없어서 발을 동동 구르고 있었죠. 이때 짜잔! 누가 나타났을까요? 바로 바스쿠 다 가마입니다! 바스쿠 다 가마가 인도로 가

벨렝 탑

는 길을 개척했어요. 당시 엔히크^{Henrique} 왕자가 아프리카 항로를 개척했는데 인도까지는 가지 못했어요.

당시 오스만 튀르크가 북서 아프리카 무역을 독점했고, 이탈리아 상인들이 이 틈을 이용하여 향료 무역으로 폭리를 취하고 있었어요. 여러모로 열 받고 있던 포르투갈 왕에게 바스쿠 다 가마는 구세주나 다름없었죠.

마누엘 1세가 바스쿠 다 가마를 인도 원정대 책임자로 임명했어요. 1497년 7월 8일 네 척의 배에 168명의 선원을 태우고 리스본을 떠났어

바스쿠 다 가마

바스쿠 다 가마의 리스본 출항 벽화

요. 희망봉Cape of Good Hope을 발견한 바르톨로메우 디아스Bartolomeu Dias도 동행했어요. '희망봉' 하니까 제가 '사랑의 교회'에서 함께 섬긴 윤영욱 선교사님(남아공에서 현재 사역하시는 목사님)을 희망봉 중턱에서 만났던 기억이 새롭네요. 바스쿠 다 가마는 대서양과 인도양의 바닷길을 처음 개척했어요. 1499년에 55명만 데리고 향신료를 가득 싣고 돌아왔어요. 포르투갈 왕은 바스쿠 다 가마에게 귀족 작위를 주고 인도양 제독으로 임명했어요. 바스쿠 다 가마의 2차 원정 때 인도 코친에 식민 도시를 건설했어요. 콜럼버스와 비슷합니다. 이제 바스쿠 다 가마는 백작이 되고 국왕의 정책 고문이 됩니다.

이때도 현지 공관의 부정부패가 심각하여 적폐청산을 위해 1524년 바스쿠 다 가마는 3차 원정을 떠났다가 인도 코친에서 노령과 과로로 생을 마감했어요. 바스쿠 다 가마의 인도 항로 개척 500주년 기념행사가 인도인들의 반대로 무산되었죠.

유라시아 대륙 땅끝 마을 카보 다 로카!

대항해 시대의 꿈과 낭만을 간직하고 있는 포르투갈의 수도 리스본은 카르타고^{Carthage} 시대부터 가장 번성한 항구 도시였죠. 기원전 205년 경 로마의 지배하에 있다가 서기 704년에는 이슬람의 지배를 받는 등 유럽의 다양한 문화와 역사를 중심에서 맞이한 도시입니다. 15~16세기에는 유럽에서 손꼽히는 상공업 도시로 전성기를 이루었으나, 1755년의 대지진과 쓰나미로 도시의 2/3가 파괴된 아픔을 간직한 도시이기도 합니다. 1994년에는 유럽공동체의 문화도시로 지정되었어요. 리스본을 떠나면서 타호강 기슭과 언덕 위의 유서 깊은 흔적들을 떠올려 보았어요.

이제 리스본을 떠나 유라시아 대륙 서쪽 땅끝 마을인 카보 다 로카^{Cabo da Roca}로 향합니다. 우리나라도 유라시아 대륙의 동남단에 위치하고 있지요. 유라시아 대륙 하면 카자흐스탄^{Kazakhstan}, 우즈베키스탄^{Uzbekistan}, 키르키즈스탄^{Kyrgyzstan} 등의 동쪽 지역을 떠올리지만 포르투갈과 스페인은 유라시아 대륙의 서쪽 지역입니다. 유라시아 대륙은 지구의 반을 넘게 차지하는 거대한 땅덩어리랍니다. 유라시아 대륙의 서쪽 끝 땅끝 마을이 바로 카보 다 로카입니다.

포르투갈의 '로카'가 아닌 '호카^{Roca}' 마을에 있는 곳이라고 해서 호카 곶이라 부르기도 합니다. 언덕 위에 천문관측소 같은 건물이 있고 언덕 아래로 꽃밭으로 이루어진 큰 정원이 펼쳐집니다. 잠깐 퀴즈! 냉동 오리를 영어로 하면 뭘까요? '언덕(?)'입니다요. ☺ 꽃밭이 끝나는 해안 길에 가파

호카 곶

른 절벽이 절경입니다. 바람도 세게 부네요. 셀카의 손이 부르르 떨립니다. 절벽의 두려움과 바람에 날려갈까 겁이 나서 그렇지요. 다행히 저는 체구가 큰 편이라서 날려갈 걱정은 없네요.

깎아지른 듯한 해안 절벽과 꽃밭의 배경을 셀카에 담다 보니 어느덧 큰 하얀 십자가의 돌탑이 우리를 막아서네요. 바로 여기가 유라시아 대륙의 서쪽 땅끝 마을입니다. 넓은 수평선과 함께 아름다운 꽃밭에서 낭만적인 시간을 보냈어요. 여기까지 왔으니 기념 증명서라도 한 장 받았으면 좋겠다는 생각이 들었어요. 마침 화장실이 딸린 안내소 건물에서 방문 기념 증명서를 팔고 있어요. 생각보다 꽤 비싼 가격으로 팔고 있어서 방문 증명서 대신 눈도장으로 대신하기로 합니다요. 이제 파티마로 향합니다.

포르투갈의 파티마 성당

포르투갈에도 투우가 있어요. 스페인 론다 지방의 투우를 설명할 때 결혼이나 제사를 위해 투우로 즐기고 그 고기로도 잔치와 제사에서 즐긴다고 했어요. 칼로 15번 찔러서 죽지 않는 소는 살려준답니다. 사형제도에서도 집행 후 수 분 동안 숨을 거두지 않으면 살려 준다고 합니다. 그런데 포르투갈의 투우에서는 소를 죽이지 않아요. 포르투갈은 덜 잔인하고 인간적이네요.

람보르기니 명차가 있죠? 람보르기니의 심벌이 뭐죠? 소가 말처럼 뛰는 것으로 기억되네요. 이 람보르기니가 투우에서 기원되었어요. 성당 꼭대기에서 내려다보이는 투우장이 정겹게 보입니다.

포르투갈의 땅끝 마을까지 온 김에 카보 다 로카 Cabo da Roca의 노래를 들어보았어요. 구슬픈 분위기의 노래군요. 아말리아 로드리게스 Amalia Rodrigues가 착 가라앉은 분위기로 불러요. 일명 장송곡이라고 해요. 아말리아 로드리게스는 포르투갈의 국민가수였어요. 한국의 이미자보다 더 영웅입니다. 1999년 사망 시 3일장의 국민장으로 치렀어요. 차화연과 남성훈이 주연을 맡은 드라마 〈사랑과 야망〉에 나오는 음악이 아말리아 로드리게스의 파두 Fado 음악이었어요.

포르투갈은 포르투와인과 델파커피 그리고 코르크나무가 유명합니다. 포르투와인은 일반 와인보다 알코올 도수가 높은데요, 우리나라의 소주와 도수가 비슷하지만 달콤해요. 와인 마개가 코르크인 줄은 알았는데,

포르투갈에서 나오는 코르크나무 껍질에서 온 것은 여기서 알았어요. 그런데 이 사람들은 코르크로 오만가지를 다 만드네요. 가방, 옷, 지갑, 슬리퍼, 장난감 등등인데, 지금까지 저는 와인마개의 용도로만 생각했어요. 여기서도 저의 무식이 탄로 났어요.

해질 무렵에 파티마 성당Sanctuary of Our Lady of Fátima 마을에 도착했어요. 대형 쇼핑센터에는 가톨릭 성물로 가득합니다. 호텔도 안팎이 십자가로 도배되다시피 했어요. 고객이 100% 성지 순례객이라서 이런가 봐요. 왜 성지 순례지냐고요? 1917년 세 명의 농촌 아이들에게 성모 마리아가 발현했어요. 교구와 교황청에서는 비밀로 하고 싶지만 소문은 급속도로 퍼져 나갔어요. 아이들의 목숨이 위험에 처해졌어요. 우여곡절 끝에 성지 순례지로 인정받아 세계 4대 성당이 세워지고 광장에는 30만 명을 수용할 수 있고, 교황 바울 2세가 방문했을 때는 100만 명을 수용했어요. 광장에 교황 바울 2세상이 있네요.

호텔에서 내려다보이는 석양과 어우러진 파티마 성당의 모습이 아주

파티마 성당

성스러워요. 저의 고향 대구 동대구 역 근처에 파티마 병원이 있는데, 이렇게 연결되는 줄 몰랐어요. 오늘만큼은 저도 성지 순례자가 되어 봅니다.

2천 년의 고도 톨레도

　포르투갈 파티마 성당과 엄청 큰 예수님상의 환송을 받으며 다시 스페인의 2천 년 고도인 톨레도^{Toledo}로 향했어요. 이번 여행에 스페인을 세 번이나 입국하게 됩니다요. 그런데 여권에는 그런 입국 표시가 없어요. 이 동네에는 국경의 개념이 희박해요.

　톨레도는 톨레도 주의 주도로 역사적인 요새 도시입니다. 우리나라의 경주나 일본의 교토에 해당하는 타호 강 연안의 톨레툼^{Toletum}이라는 성벽 도시입니다.

　서기 193년 로마가 선주민인 켈트 족을 물리치고 식민도시를 건설하여 5세기 말에는 서고트 왕국의 수도가 됩니다. 8세기에는 이슬람의 사라센이 점령하고, 11~12세기에는 세파르디 유대인$^{Sephardi\ Jews}$ 공동체가 금융, 공업, 상권의 경제적 부를 차지하게 되죠. 그러나 1492년 국토회복운동인

톨레도 대성당

톨레도 대성당

레콩키스타^{Reconquista}가 완결된 후 유대인들은 이교도로 낙인찍혀 추방됩니다. 1560년 스페인 통일왕국의 펠리페 2세^{Felipe II}는 톨레도에서 마드리드로 천도하게 됩니다.

쿠스토디아 데 아르페

톨레도는 선사시대부터 역사가 시작되었고, 이베리아 반도의 역사에서 몇 번이나 역사의 주인공이 되었지요. 그런 덕분에 도시 전체가 거대한 하나의 문화유적입니다. 톨레도에서는 개인 집도 마음대로 고칠 수 없어요. 개와 산책하는 사람들도 많아요. 개를 하루에 한 시간 이상 산책시키지 않으면 벌금을 무는 개 팔자가 상팔자인 세상입니다. 😃

톨레도의 랜드마크인 톨레도 대성당은 자그마치 266년 동안 지은 역작 중의 보

알카사르

물입니다. 본당 보물실의 쿠스토디아 데 아르페^{Custodia de Arfe}, 즉 성체 현시대^{聖體顯示臺}는 5,000여 개 부품 전체가 금과 은으로 만들어졌고, 그 무게만도 180kg에 이르는 화려함의 극치를 보여주는 보물이네요. 프랑스 왕 생 루이^{Saint Louis}가 기증한 황금의 성서도 있어요. 성가대실은 미술관으로 바뀌어 엘 그레코^{El Greco}와 고야^{Goya}의 작품이 전시되어 있어요. 고흐^{Vincent van Gogh}와 고갱^{Paul Gauguin}은 익숙한데 고야는 생소했어요. 작품을 보니 대단한 화가네요. 고야의 유령 영화도 보았어요. 국회에서 전시된 적이 있는 박근혜 전 대통령의 나체 패러디 그림이 고야의 그림인 것 같아요.

톨레도 구시가지 정상에는 성채인 알카사르^{alcazar}가 있어요. 1986년에 유네스코 세계문화유산으로 지정되었어요. 과거 기독교 왕국의 전초기지로 16세기 카를 5세^{Karl V} 때는 최고 권력의 근거지이자 르네상스기에는 스페인의 예술 중심지였어요.

빨강 미니 기차를 타고 시내 구석구석을 도는 재미가 쏠쏠합니다. 가톨

빨강 미니 기차

릭, 이슬람, 유대교의 유산이 공존하는, 세속적인 표현으로는 과거 문화유산으로 뽕을 뽑는 부러움을 자아내는 2천년의 고도 똘망똘망한 똘레도의 강렬한 햇빛에 눈이 부십니다.

풍차 마을에서 만난 돈키호테

풍차 하면 히딩크Guus Hiddink의 나라 네덜란드죠? 그런데 똘망똘망한 똘레도를 떠나 마드리드를 향해 들판을 달리는데 민둥산의 꼭대기에 하얀 풍차들이 우리에게 손짓합니다. 능선을 굽이굽이 돌아 정상에 오르니 하얀 풍차 대여섯 대가 줄지어 있어요. 스페인에도 풍차가 있나? 그러고 보니 스페인이 풍력발전 세계 5위라는 말을 들은 기억이 나네요. 스페인을 한 바퀴 돌며 풍력발전 팔랑개비를 간간이 본 적이 있어요. 스페인은 바람이 많이 부나 봅니다. 여기 콘수에그라Consuegra 풍차 마을에도 옛날부터 바람이 많이 불어 풍차로 밀을 정미하는 방아간이 생겼나 봅니다.

콘수에그라는 그 유명한 〈돈키호테Don Quixote〉의 작가 세르반테스Cervantes Saavedra의 고향이랍니다. 돈키호테가 저 언덕 위의 풍차들을 보고 "아니 저기 저, 기다란 팔뚝을 자랑하는 거인들이 안 보이나? 어떤 놈은 팔

콘수에그라의 풍차 마을

길이가 10미터가 넘는 놈도 있는데." 이에 산초가 가라사대 "아닌뎁쇼 나리, 저기 보이는 저건 거인들이 아니라 풍차인뎁쇼, 그리고 팔뚝처럼 보이는 건 풍차랑께요." 열 받은 돈키호테 왈, "자네는 이런 모험이라는 것을 통 모르는 모양이구먼. 저건 거인이야. 정 겁이 나면 저만치 물러나서 기도나 하라구. 그동안 나는 저놈들과 여태껏 보지 못한 맹렬한 싸움을 벌일 테니까!" 애마 로시난테Rosinante를 탄 돈키호테가 상상이 됩니까? 돈키호테보다는 똥끼호테(?)라고 부르고 싶어요.

돈키호테는 소설로보다는 엉뚱함의 대명사로서 캐릭터가 더 유명하지요. 콘수에그라 풍차 마을은 돈키호테가 들판의 언덕에 서 있는 풍차를 보고 괴물이라 착각해 달려들었다가 풍차 날개에 맞아 나가 떨어져버린 에피소드의 실제 무대입니다.

풍차 앞에 함석으로 된 앙상한 돈키호테상과 찰칵 한 후 안으로 들어갔어요. 1층의 기념품점을 지나 좁은 계단을 돌아 올라가니 2층에 미니 레스토랑(세계에서 가장 작음)이 있네요. 다시 돌아서 올라가니 풍차 날개에 연결되어 돌아가는 이음새로 방아 절구를 움직이는 실제 방앗간입니다. 벽면에 역사와 방앗간의 원리들을 설명해 놓았는데 도통 알아볼 수는 없었지만 그림으로 대강 짐작할 수 있었어요.

　풍차 마을에서 내려다보이는 농촌 풍경은 참 평화로웠어요. 아무것도 없는 평원 언덕에 풍차들만 서 있는 것이 마치 멀리서 보면 괴물 같기도 하겠다는 돈키호테의 생각에 공감이 갑니다요. 세르반테스는 이 미친 중년 사내를 통해 무엇을 말하고 싶었던 것일까를 생각할 즈음 배꼽시계가 요란하게 울리네요. 언덕 아래에 위치한 돈키호테 테마 레스토랑에서 돈키호테의 세르반테스가 먹었던 전통 음식으로 민생고를 해결하고 나니 돈키호테가 되고 싶은 엉뚱한(?) 생각이 들었어요. 엉뚱함이란 푸짐하게 먹으면 배가 뚱뚱해야 하는데 엉덩이(?)가 뚱뚱하면 엉뚱한 것 아닌가요?🤣

스페인의 수도 마드리드

마드리드 위치

스페인의 수도는 1560년 경에 톨레도에서 천도를 해서 지금까지 500년 가까이 수도로 자리매김하고 있어요. 스페인에 와서 가장 먼저 찾았어야 할 도시였지만 사정상 가장 늦게 찾았네요. 그렇다고 특별한 사정이 있었던 것은 아니고 항공기 스케줄상 바르셀로나로 입국하여 마드리드에서 빠져나가는 일정이었답니다. 지금까지 거쳐 온 도시들을 떠올려 봅니다.

가우디 성당이 있는 바르셀로나, 이강인이 뛰었던 발렌시아, 알함브라 궁전의 추억이 있는 그라나다, 콜럼버스가 공중에 떠 있는 옛 수도 세비야, 포르투갈의 수도이자 에그 타르트의 원조인 리스본, 유라시아 대륙 서쪽 땅끝 마을 카보 다 로카, 성지 순례지인 파티마 성당, 2천 년의 고도인 똘망똘망한 똘레도, 똥끼호테(?)의 콘수에그라 풍차 마을을 거쳐. 드뎌 휴~ 스페인의 수도 마드리드로 입성했어요.

스페인 광장으로 달려갔어요. 그런데 지구상에 스페인 광장이 왜 이렇게 많나요? 로마, 바르셀로나는 물론, 괌에서조차 스페인 광장을 본 기억이 있어요. 세비야에서 가장 아름다운 건물들은 사실 스페인 광장이었어

마드리드의 스페인 광장 중심부

요. 광장이라고 하면 광화문 광장을 떠올리겠지만 세비야의 스페인 광장은 엄청 긴 반원형의 거대하고 아름다운 대칭형의 건물군입니다. 반원형 건물 안마당의 분수 또한 일품입니다. 1992년에 콜럼버스의 신대륙 발견 500주년 기념 무역박람회인 엑스포를 개최한 것으로 기억됩니다.

그런데 스페인의 수도 마드리드에 있는 스페인 광장은 별로 볼품이 없고 조용합니다. 그나마 스페인 광장이 시내 중심가와 연결되어 편리하기는 합니다. 스페인 광장 중심부에 세르반테스의 돈키호테가 시종 산초를 데리고 애마 로시난테를 탄 동상이 분수대와 함께 있어요. 뒷배경으로 큰 빌딩이 있는데 중국에 팔려 현재 호텔과 리조트로 리모델링을 하고 있어요. 공사 벽면에 화웨이 P.30 광고가 붙은 것을 보니 중국에 넘어간 것은 확실합니다. 스페인 사람들 자존심이 상할 것 같아요.

오늘은 마드리드에서 마라톤 경기가 있나 봅니다. 바리케이드가 군데군데 쳐져 있고 교통이 통제되어 오히려 보행하기에는 훨씬 수월합니다. 푸에르타 델 솔Puerta del Sol, 일명 '솔 광장'으로 접어 들어갑니다.

마드리드는 도시 전체가 걸작 세상!

    스페인의 수도 마드리드 거리를 걷고 있노라면 걸작 건물의 숲을 감상하는 느낌입니다. 파리처럼 7~8층의 가지런한 건물에 특별히 코너를 활용한 건물들이 유난히 많이 눈에 띄어요. 뉴욕 맨해튼Manhattan에 가면 모퉁이의 건물을 광고판으로 활용하는 타임스퀘어 빌딩이 있죠? 제가 갈 때마다 삼성 아니면 LG 광고를 하고 있어서 가슴이 뿌듯했었어요. 마드리드 한복판의 타임스퀘어 광장 같은 빌딩의 앞면에 삼성 갤럭시 광고가 우리를 맞아주네요. 기분이 좋아집니다.

코너를 활용한 건물

삼성 광고가 있는 건물

마요르 광장

이 깨끗한 도시에도 노숙자와 걸인이 있네요. 거지님은 예쁜 반려견을 두 마리씩이나 옆에 대동하고 영업(?)을 하고 있네요. 이 분들 왜 여기서 영업을 하고 있을까요? 궁금해서 신문기자가 취재하러 들어갔다가 아직도 나오지 않았다는 얘기가 있어요. 왜냐구요? 여기서는 거지 생활이 시간과 돈에 쫓기는 기자 생활보다 좋아서 거기서 아예 살림을 차렸을 거란 추측입니다. 😜 아까 그 거지님이 혹시 취재 들어간 기자님이 아닐까요?

앞만 보고 걸어가다 보니 사방이 건물로 둘러싸인 광장이 나와요. 펠리페 3세 Felipe Ⅲ가 1619년에 완성한 마요르 광장 Plaza Mayor입니다. 예쁜 테라스가 달린 건물들. 건물들로 둘러싸인 광장에는 세르반테스 기념상 같은 기마상이 있고, 예쁜 길거리 레스토랑도 운치가 있어요. 마요르 하면 한국인 누군가가 생각납니까? 이강인 아닙니다요. 이강인은 발렌시아와 마요르카에서 선수로 뛰었죠. 지금은 파리 생제르맹에서 뛰고 있지요. 축생축사의 나라에 와서 그것도 손흥민이 이 마드리드에서 유럽 챔피언스 리그 결승전에서 준우승을 했지요. 달리기나 경주에서 2등을 이기면 몇 등인지 아세요? 1등이 아니라 여전히 2등입니다요. 결국 스포츠나 인생살이도 1등을 하려면 당당하게 1등을 이겨야 합니다. 2등을 이기면 여전히 2등임을 명심합시다. 축구 이야기가 나왔으니 말인데, 마드리드가 홈인 레알마드리드가 리그에서 우승한 횟수가 가장 많은 축구광의 도시이기도 합니다. 축구공이 가장 많은 나라는 어느 나라일까요? 남아프리카공화국입니다. 왜냐구요? 남아공이니까요. 🤣

애국가의 작곡가 시대를 앞서간 안익태

아! 지난 글에서 마요르 광장에서 생각나는 한국인이 누구냐고 물었는데 축생축사(?)의 나라이다 보니 이강인으로 시작해서 삼천포가 아닌 남아공으로 빠져버렸네요. 😄

마요르 광장이 아닌 마요르카Mallorca 섬이 있어요. 우리나라 제주도에 해당하는 스페인의 마요르카 섬은 스페인의 남동쪽 지중해에 있는 가장 큰 섬으로 제주도의 약 두 배 크기의 섬으로 인구는 제주도와 비슷해요. 그런데 애국가를 작곡한 안익태 선생님이 생의 후반에 마요르카 교향악단의 상임지휘자로 취임하죠. 그리고 마요르카 섬을 엄청 사랑하며 마요르카 섬의 문화를 업그레이드 시켰어요.

안익태 선생님은 1906년 평양에서 태어나 숭실학교에 입학 후 일본으로 유학 갔다가 다시 미국으로 유학을 갔어요. 유학 후에는 헝가리 부다페스트와 독일 등에서 연주 활동을 했지요. 카라얀의 베를린심포니오케스트라도 지휘를 했네요. 어떻게 한국인이 그 열악한 환경에서 이렇게 특출할 수 있었을까요? 존경심이 절로 납니다. 당시 우리나라의 애국가는 서양 사람들이 한 잔 걸치고 부르는 이별 노래에 가사를 붙인 것에 불과했어요. 이를 보고 안익태 선생님은 애국가를 작곡하게 되었지요. 동해물과 백두산이 마르고 닳도록 대한 사람 대한으로 길이 보전하세. 이강인 선수가 청소년 월드컵대회에서 애국가를 아주 우렁차게 불렀다죠? 이강인 선수가 활동한 발렌시아가 안익태 선생님이 활동한 바르셀로나와 마요르카 섬과 그리 멀지 않아요.

왜 갑자기 바르셀로나가 나오냐구요? 안익태 선생님이 1965년에 바르셀로나에서 돌아가셨어요. 바르셀로나에서 가우디와 메시만 생각했었는데 앞으로 다시 바르셀로나에 간다면 안익태 선생님의 흔적을 찾아봐야겠어요. 마요르카 섬에 있는 안익태 선생님이 사시던 집은 한 독지가가 25만 불에 사서 우리 정부에 기증하여 안익태 기념관이 되었어요. 지금은 안익태 선생님의 손녀가 살고 있답니다. 마요르카 섬까지 못 가시는 분은 서울 지하철 7호선 숭실대 역에서 첫째로 만나는 오른쪽 건물에 있는 안익태 기념관이라도 방문해 보시면 좋겠어요.

500년 전 스페인은 지금의 미국보다 더 강국

지금의 스페인은 한국보다 조금 못사는 나라로 평가되죠? 2002년 월드컵대회에서도 승부차기 끝에 우리가 이긴 것으로 기억하잖아요. 스페인 하면 투우의 나라 정도로 생각했었죠? 그런데 스페인의 여러 도시들을 다녀 보니 어느 도시도 우리나라의 도시보다 역사와 문화적인 면에서는 떨어지지 않고, 현대화 면에서는 우리가 앞설 수도 있겠다는 생각이 들었어요. 역사와 전통이 살아 있고 도시들은 예술적이었어요. 부러운 점들이 너무 많았어요. 풍요로운 농업자원, 깨끗한 자연환경과 기후, 안정된 사회 등 우리보다는 더 선진국처럼 느껴졌어요.

그럼에도 불구하고 유럽하면 영국, 프랑스, 독일, 이탈리아, 스위스 정도가 먼저 떠오르고 스페인은 기타 유럽 국가 중 한 나라로 생각했던 것은 사실입니다.

교회사를 전공하며 '바야돌리드 논쟁'에서도 라스카사스와 세풀베다의 선교지 원주민을 어떻게 볼 것인가의 문제에서 라스카사스의 원주민 옹호 입장을 지지한 적이 생각납니다. 정작 바야돌리드 논쟁의 무대가 되는 나라에 대해서는 생각하지 못했어요. 바로 스페인이 남미식민지 지배 때의 주제를 공개적으로 논의한 대사건이었죠. 그만큼 스페인이 역사의 중심에 서 있었다는 증거입니다. 요즘의 미국보다 더 센 국가였다는 말입니다. 500년 전에는 미국이라는 나라가 지구상에 없었어요. 영국과 독일도 스페인에게는 조족지혈이었지요.

세계 최강국이요, 부자 나라이다 보니 식민지 국가도 많고, 이탈리아 출신 콜럼버스와 아메리고 베스푸치 같은 사람도 당시 최고의 나라인 스페인에 와서 꿈들을 이루었지요. 이런 걸 아메리칸 드림이 아닌 스페인 드림이라고 해야 하나? 스페인 드림은 좀 어색하네요. 하여간 당시로서는 스페인 드림이 맞았을 것입니다. 당시 스페인의 이사벨 여왕은 지금의 미국 대통령보다 더 영향력이 센 여장부였어요. 이사벨 여왕은 직접 말을 타고 스페인 군대를 지휘하여 1492년 1월에 이슬람 무어인들을 이베리아 반도에서 78년이 아닌 780년 만에 완전히 몰아내었던 것이죠. 우리나라도 일본의 식민지에서 스페인처럼 자체의 힘으로 독립을 했었다면 36년이 아니라 최소한 360년은 더 걸렸을 것이라는 생각에 머리카락이 쭈뼛섭니다. 아무튼 우리는 연합국 덕분에 해방이 되었고, 또 분단국가가 되는 비운을 동시에 겪게 되었죠.

다시 스페인으로 컴백해서 말하자면 무적함대의 스페인이었죠. 감히 스페인에 누가 도전할 수 있었겠어요? 그런데 달도 차면 기우는 법이죠. 네, 그렇습니다. 1704년 합스부르크 왕가 Haus Habsburg의 스페인 왕 카를로스 2세가 후손 없이 급사하자 프랑스 루이 14세가 자기의 조카를 스페인 왕 펠리페 5세로 선포했어요. 이에 반발한 영국, 오스트리아, 네덜란드가 스페인과 프랑스를 상대로 전쟁을 합니다. 스페인의 무적함대가 영오네(?) 세 나라 연합군에게 예상을 뒤엎고 지고 맙니다. 드디어 1713년 위트레흐트 조약 treaties of Utrecht에 의해 루이 14세 조카가 스페인 왕으로 눌러앉는 대신 지브롤터와 또 다른 지역 하나를 영국에 양보합니다. 이미 스페인은 기울기 시작했고, 영국이 떠올라 스페인이 지브롤터를 반환하라고 해도 지브롤터 주민 2만7천여 명이 투표한 결과 1967년과 2002년에 모두 영국 편에 남겠다고 했어요. 그래서 지브롤터는 영국령입니다.

    영국에서 독립한 미국은 지금 세계에서 가장 영향력이 있지만 500년 전에는 스페인이 세계 최강의 국가였어요. 아~ 옛날이여~ 500년 후에는 미국도 중국도 아닌 대한민국이 세계 최고의 국가이기를 기원해 봅니다.

마드리드의 푸에르타 델 솔 광장

　마요르 광장과 이어진 푸에르타 델 솔 광장으로 갔어요. 마드리드 사람들은 누군가를 만날 때 '태양의 문'이라는 뜻을 가진 이 광장의 곰이 열매를 따먹는 상 앞에서 만나기로 약속을 해요. 그런데 전 만날 사람이 없어요. 그렇다고 정체를 드러낼 수는 없잖아요. 누군가와 약속을 해서 만날 사람이 있는 것처럼 태연하게 곰상 옆에서 괜히 누군가를 기다리는 것처럼 시계를 힐끗 보기도 했답니다.

　여행을 다니다 보면 제가 카톡과 페북에 글을 올리다 보니 현지에 살고 있는 지인 분들에게 들킵니다. 이때는 슬기로운 대처가 필요합니다. 고국을 떠나 현지에서 생업의 전선에서 처절하게 고군분투하시는 분들에게 단순히 여행 차 들러서 그 분들의 시간을 뺏고 대접을 받는다는 것은 제 자신이 허용을 하지 않습니다. 이런저런 합당한 시계줄(?)을 핑계로 다음

곰상 옆에서

에 한국에서 만나자고 만남을 미루기가 십상입니다. 마드리드에서도 제 일정이 노출되어 이런저런 핑계(?)를 대며 일단 저의 작전이 성공(?)했어요. 이번 일정에 저에게 모로코와 마드리드에서 연락주신 분께는 대단히 죄송하고 감사함을 표하며 이 글을 통해 용서를 빕니다. 😀

다시 푸에르타 델 솔 광장으로 돌아와서, 시청 같은 관청 건물들과 지하철 1, 2, 3호선 솔 역이 바로 연결됩니다. 오늘은 마라톤 대회가 열리고 있어요, 도로가 통제되고 달리는 사람들과 응원하는 사람들의 표정들이 밝아요.

그런데 이 거리에도 애완견을 두 마리씩이나 옆에 끼고 구걸하는 거지님이 있어요. 취재 들어간 기자가 이 분이 아닐까? 했었죠? 사실 '거지'나 '기자'나 다 한 끗(?) 차이예요. '거지'의 '거' 자에서 'ㅓ'를 떼어서 '지' 자에 달면 기자가 됩니다요! 뭔 말이냐구요? 자 봐요! '거지 → 기자' 이제 이해가 되시나요? 또 한 구석에는 하늘색 침낭 속의 노숙자분이 아직 일어나지 않으셨네요. 이처럼 마드리드의 중심가 푸에르타 델 솔의 화려함 뒤에는 노숙자와 걸인의 그림자도 있네요. 예수님도 값비싼 향유를 예수님의 발에 뿌린 여인과 관련해, 제자인 유다가 이 향유를 팔아 가난한 사람들에게

마라톤 현장

강아지를 데리고 있는 거지

319

나누어주는 것이 낫겠다고 하자, 가난한 사람들은 이 세상 끝날 때까지 있겠으며 이 여인은 좋은 일을 했고, 성경이 읽혀질 때마다 이 이야기가 전해지리라고 했었죠? 이야기가 슬슬 설교 쪽으로 흐르고 있습니다요!😳 왜냐하면 제가 목사이기도 하거든요. 😄 스페인의 국민소득이 7만 불이 되어도 거지와 노숙자들은 여전히 있을 거라는 말입니다.

며칠 전 바르셀로나에서 한국 여성 분이 소매치기 오토바이 강도에 다쳐서 목숨을 잃었다는 슬픈 소식을 들었어요. 전에도 말씀 드렸듯이 스페인 경찰들은 테러 방지에 신경을 쓰지 소매치기에 별 관심을 두지 않는다고 했지요? 이탈리아나 프랑스, 스페인에도 소매치기가 많다고 했어요. 그래서 가방은 옆이나 뒤가 아닌 앞으로 매어야 합니다. 최저임금 인상효과도 있다고 했는데 목숨을 빼앗을 정도라면 정부에서 나서야 할 것 같아요. 바르셀로나에서 메시, 가우디 그리고 안익태로 좋은 인상을 가졌는데 소매치기가 이미지를 확 구겨버렸어요.

시대의 아픔인 집시들의 삶이 머리를 스쳐갑니다. 오스트리아와 체코의 아울렛에 들렀을 때에도 주차장의 차 넘버 중 루마니아 번호판이 많다고 소매치기를 특별히 조심하라는 멘트가 귓가를 울립니다! 프라도 국립 미술관으로 발길을 옮깁니다.

마드리드의 프라도 국립미술관!

　마드리드의 솔 광장을 거닐다가 마요르 광장과 왕궁을 지나 마라톤 선수들과 서로 길을 양보하며 응원도 하는 사이 언덕 아래에 위치한 프라도 국립미술관Museo Nacional del Prado에 도착했어요.

　프라도 국립미술관은 회화, 조각 등 3만 점이 넘는 방대한 미술품을 소장한 대형 미술관으로 파리의 루브르 박물관Louvre Museum, 상트페테르부르크Saint Petersburg의 에르미타주 미술관Hermitage museum과 함께 세계 3대 미술관으로 꼽힙니다. 프라도 미술관은 1785년 카를로스 3세에 의해 건설되기 시작했는데 원래는 자연과학 박물관이 될 예정이었답니다.

　스페인 왕가의 방대한 컬렉션을 기반으로 한 왕실 전용 갤러리가 국립미술관이 된 뒤에도 귀중한 미술품의 수집은 현재까지 계속되고 있답니다. 작품 구성을 보면 역시 스페인 회화 부문이 충실합니다. 스페인 회화의 3대 거장으로 불리는 엘 그레코, 고야, 벨라스케스Diego Velázquez를 비롯해 16~17세기 스페인 회화의 황금기에 활약했던 화가들의 주옥같은 작품

프라도 미술관

들이 감탄을 자아내게 합니다.

　또한 스페인 왕실과 관계가 깊었던 네덜란드의 플랑드르Flandre파 작품도 많고, 르네상스 시대의 거장인 라파엘로Raphaello Sanzio와 보티첼리Sandro Botticelli 등의 이탈리아 회화 작품도 충실합니다요. 그 외에 독일, 프랑스 등 유럽 회화의 걸작, 고대의 조각 작품군도 전시되어 있어서 천천히 관람한다면 하루는 족히 소요됩니다. 프라도 국립미술관에는 문이 세 개 있는데 각각의 문에는 고야, 벨라스케스, 무리요Bartolomé Esteban Murillo의 동상이 입장하는 관람객을 맞이하듯이 서 있어요.

　보안 검색 때문에 입장할 때 시간이 꽤 걸리는군요. 미술관 내에서는 여느 미술관과 마찬가지로 촬영을 금지하고 있어요.

　뭐니 뭐니 해도 미술관이라고 하면 거장들의 진품들이 몇 개나 소장되어 있는가가 그 품격을 결정하지 않나 생각합니다. 세계 3대 미술관에 걸맞은 진품들이 즐비합니다. 아르헨티나Argentina 부에노스아이레스Buenos Aires의 국립미술관에 갔을 때 피카소Pablo Picasso와 르누아르Jean Renoir 등 거장들의 진품들을 보고 놀란 적이 있어요. 세계 5대 경제대국이었을 당시에 아르헨티나는 거장들의 진품들을 수집한 것 같았어요.

　미술관을 주마간산 격으로 돌며 그림들을 한꺼번에 스캔(?)하고 미술관 문을 나오니 기억에 남는 그림이 몇 개 없어요. 그런데 잠깐! 고야의 그림이 떠오릅니다요. 어떤 그림이냐구요? 이거 말씀을 드려도 되나요? 19금인데……. 😄 언젠가 국회의사당 내에서 모 국회의원 등이 전시회를 한 그림(?)과 비슷한 그림이 걸려 있어요. 궁금하시죠? 그죠? 아마 다음의 그림 제목 중의 하나가 아닐까요?

고야가 카를로스 4세의 궁정 화가가 되어 그린 〈카를로스 4세 일가〉, 〈옷을 벗은 마하〉, 〈옷을 입은 마하〉 중의 하나입니다요. 눈치 빠르신 분의 입가에는 벌써 웃음이 자아지네요. 😛 인간 내면의 고뇌와 갈등을 주로 표현한 만년으로 이어지는 고야 작품 세계의 변화도 프라도 국립미술관에서 느낄 수 있었어요.

이렇게 스페인 일정을 마무리하려고 합니다.

5부

크로아티아 / 슬로베니아
Republic of Croatia / Republic of Slovenia

보스니아 헤르체코비나 / 몬테네그로
Bosnia And Herzegovina / Republic of Montenegro

아드리아해

아드리아해$^{Adriatic\ Sea}$는 이탈리아 반도와 발칸 반도 사이에 위치한 바다로 사실상 내해에 가깝습니다. 그렇기에 일부 민족들은 아드리아해를 아드리아 만이라고 부르기도 했는데, 대표적인 민족이 에트루리아^{Etruria}입니다. 서쪽과 북쪽으로는 이탈리아가 접해 있으며, 동쪽으로는 크로아티아^{Croatia}, 알바니아^{Albania}, 보스니아 헤르체고비나$^{Bosnia\ and\ Herzegovina}$, 몬테네그로^{Montenegro}와 접해 있어요. 또한, 북쪽 끝에서 슬로베니아^{Slovenia}와 접하고, 남동쪽에서는 그리스 반도와 만나요. 남쪽은 이오니아해$^{Ionia\ Sea}$와 이어져 있고요. 다만, 보스니아 헤르체고비나의 경우 유고슬라비아^{Yugoslavia} 시절 편입된 네움^{Neum} 지역 덕분에 간신히 아드리아해와 접한 수준입니다. 슬로베니아도 마찬가지로 아드리아해와 접하는 부분이 별로 없어요.

이탈리아와 접해 있어 매우 길이가 긴 서쪽 해안선은 매우 단조로운 반면에, 발칸 반도와 접해 있고 길이가 짧은 동쪽 해안선은 섬이 많아 매우 복잡합니다. 그래서 아드리아해에 산재해 있는 섬의 수는 무려 1300개 정도입니다. 또한 기후가 연간 약 30도 정도로 유지되는 아드리아해는 매우 따뜻한 지역으로 손꼽혀

요. 그 덕분에 고대 시대부터 많은 인구가 이곳에 거주했는데, 현재도 약 350만 명이 이 바다에 의존해서 살아갑니다.

알프스 산맥에서 녹아든 빙하수와 아펜니노 산맥 일대의 하천들에서 유입되는 물이 섞이는 바다로 풍광이 매우 아름다워요. 게다가 중세 시대에 중요한 교역로였던 아드리아해에는 수많은 중세풍의 항구 도시가 세워지기도 했기에 매년 많은 관광객들이 이곳을 찾아요. 대표적인 관광지가 바로 베네치아Venezia이며, 그 외에도 코토르Kotor, 두브로브니크Dubrovnik, 스플리트Split, 자다르Zadar, 트리에스테Trieste 등이 있어요.

아드리아해는 이탈리아 반도가 발칸 반도 쪽으로 휘어져 물길을 가로막으며 생겨난 바다입니다. 이어지는 바다라고는 이오니아해밖에 없으며, 이마저도 매우 좁은 해협을 통해서 만납니다. 이탈리아 아풀리아Apulia 지역과 알바니아 사이에 위치한 이 해협의 이름은 오트란토Otranto 해협으로 아폴리아 지역의 도시 이름에서 따왔어요. 이오니아해와 아드리아해 사이의 경계는 대부분의 기관에서 오트란토 해협으로 보고 있으며, 국제수로 연맹에서도 이 해협을 경계선으로 규정하고 있어요.

좀 더 자세하게 살펴보면 그리스의 코르푸Corfu 섬에서 이탈리아의 카포 산타 마리아 디 루카Capo Santa Maria di Leuca 등대까지 이은 선을 경계로 보고 있어요. 수로 연맹에서는 아드리아해를 다시 삼등분해서 관리하고 있는데, 각각 북부 아드리아해와 중부 아드리아해, 남부 아드리아해로 나뉩니다. 북부 아드리아해와 중부 아드리아해의 경계는 크로아티아의 도시인 자다르Zadar에서 수직으로 내린 선이며, 중부 아드리아해와 남부 아드리아의 경계는 두브로브니크Dubrovnik에서 수직으로 내린 선입니다.

로마 발흥 이후 라벤나Ravenna는 로마제국, 서로마제국, 오도아케르 왕국, 동고트 왕국과 동로마제국의 지배를 받았어요. 서로마제국의 수도가 밀라노에서 아드리아해 북쪽과 연결된 라벤나로 옮겨졌으며, 이후 동고트 왕국의 수도도 그곳이었고 동로마제국 때에는 이탈리아 통치의 중심이 된 라벤나 총독부가 자리했어요. 동로마제국이 아드리아해 북부에서 물러난 이후 아드리아해 연안에서 가장 중요한 도시는 바다 가장 북쪽에 자리한 베네치아가 되었어요.

베네치아는 중세에서 르네상스 시대에 걸쳐 무역으로 막대한 이익을 올렸던 강성한 베네치아 공화국의 본거지였고, 베네치아 공화국은 이른바 '아드리아해의 여왕'이란 이름으로 불렸어요. 오랜 동안 아드리아해는 베네치아 공화국의 내해 또는 호수나 마찬가지였으며 동쪽 발칸 반도 연안에도 베네치아 공화국의 식민 도시가 많이 존재했답니다. 하지만 18세기 베네치아가 본격적으로 몰락하며 상당수의 아드리아해 영토들이 합스부르크 제국에 편입되었고 베네치아 본토마저 1797년 합스부르크 제국에 합병되며 동쪽 끝 라구사Ragusa(지금의 드브로브니크Dubrovnik)에서부터 북쪽 끝 베네치아까지 아드리아해 영토의 대부분을 합스부르크 왕조가 다스리게 되었어요.

이후 제1차 세계대전이 끝나고 오스트리아-헝가리 제국이 해체되며 바다 동쪽은 새로 건국된 남슬라브 족의 나라 유고슬라비아 왕국의 영토가 되었으나, 제2차 세계대전이 발발하면서 아드리아해를 자국의 내해로 만들려는 이탈리아 왕국의 야욕 때문에 일부 지역이 이탈리아 제국령이 되었다가 이탈리아 왕국 북부가 나치 독일에게 점령당하며 이 일대도 '아드리아해 작전 구역'으로 묶어 다스리기 시작했어요. 그러나 패전 이후 유고슬라비아에 반환되었답니다. 동부 연안은 유고슬라비아가 쪼개진 이후 신생국들의 차지가 되었으며, 이 유고슬라비아 출신 국가 중에서 가장 긴 해안선을 가진 국가는 크로아티아입니다.

　수산업과 관광업은 아드리아해 해안 전체의 중요한 수입원입니다. 크로아티아의 관광 산업은 아드리아해 분지의 다른 지역보다 경제적으로 빠르게 성장했어요. 해상 운송은 또한 이 지역 경제의 중요한 부분입니다. 아드리아 해에는 연간 백만 톤 이상의 화물을 처리하는 항구가 19개나 있어요. 연간 화물 회전율 기준으로 가장 큰 아드리아해 항구는 트리에스테^{Trieste} 항이고, 스플리트^{Split} 항은 연간 승객 수가 가장 많은 아드리아해 항구입니다.

아드리아해를 낀 나라들

아드리아해를 가장 많이 끼고 있는 나라는 앞에서 언급한 대로 크로아티아입니다. 이 외에도 슬로베니아, 보스니아 헤르체고비나, 몬테네그로를 들 수 있어요. 생소한 나라들이죠?

이 나라들은 탄생된 지 30년 정도 되는 청년기의 나라입니다. 여러분의 나이보다 젊은 나라들이 있다니 신기하죠? 유고슬라비아는 들어보셨죠? 유고슬라비아 연방공화국에서 분리 독립했다고 간단하게 생각하면 이해가 빠를 것입니다. 이 나라들은 발칸반도에 위치하고 있어요. 발칸반도가 어디에 있냐고요? 그리스 로마는 들어보았잖아요? 바로 그리스가 발칸반도에 있어요. 그리스는 유럽이잖아요? 튀르키예 바로 옆에 있어요. 그리스가 속한 발칸반도의 그리스 북쪽에 위치한 나라들입니다. 한 나라씩 소개해 봅니다.

크로아티아는 1980년대 말부터 동유럽의 자유화 물결과 함께 소련이 붕괴되고 1991년 6월 유고슬라비아 사회주의연방으로부터 독립을 선언했어요.

아드리아해를 낀 네 나라

1991년부터 1995년까지 유고 내전을 겪으며 극심한 경제적 고통을 당하기도 했어요. 2000년부터는 관광산업이 회복되면서 국민생활이 나아지기도 했어요. 크로아티아의 주요 산업은 섬유, 석유, 화학, 기계, 조선, 식품, 알루미늄 제품, 제지 산업 등입니다. GDP의 약 20%를 차지하는 관광산업은 국가 경제의 큰 버팀목이 되고 있어요. 지난 3년간 코로나로 인해 타격이 컸는데 다시 관광산업이 활기를 띠면서 크로아티아의 경제도 기지개를 켜고 있어요. 우리나라는 1992년 4월에 크로아티아를 승인했고, 주 헝가리 대사가 겸임하다가 2007년 11월에 주 크로아티아 대사관으로 승격했어요. 크로아티아의 수도는 자그레브Zagreb입니다.

슬로베니아는 유럽의 중부 발칸반도 북서부에 있는 나라입니다. 1918년 2월에는 베오그라드왕국의 일원이 되었어요. 제2차 세계대전 후 유고슬라비아 사회주의연방의 하나가 되었지만 1991년 유고슬라비아 사회주의연방의 해체와 함께 내전을 거쳐 독립했어요. 슬로베니아는 유고연방 6개 공화국 중 가장 부유하고 공업화된 국가였어요. 독립 이후에도 가장 모범적인 체제 전환 및 단기간의 경제적 안정을 달성하여 한때 중동부 유럽에서 가장 높은 GDP를 기록하기도 했어요. 우리나라는 1991년 4월에 슬로베니아를 승인했고, 11월에 정식으로 국교를 맺었어요. 슬로베니아의 수도는 류블랴나Ljubljana인데 대한무역진흥공사 사무소가 설치되어 있어요.

보스니아 헤르체고비나는 제1차 세계대전을 계기로 오스트리아-헝가리 제국이 소멸되면서 유고슬라비아 왕국에 편입되었어요. 보스니아 전쟁은 1992년부터 1995년까지 보스니아 헤르체고비나 공화국에서 일어난 국제적인 무장 분쟁입니다. 보스니아 전쟁은 유고슬라비아 해체의 한 부분입니다. 1992년 3월에 보스니아 의회는 공식적으로 독립을 선언했어요.

몬테네그로는 발칸반도의 남서부 지역에 위치한 유럽 내에서도 매우 작은 국가입니다. 혹시 이전에 몬테네그로라는 나라 이름을 들어보신 적이 있으신가요? 사실 저도 몬테네그로 이름 자체를 익히는 데 꽤 시간이 걸렸어요. 몬테네그로는 원어명으로 '츠르나 고라Crna Gora'로 '검은 산'이라는 마운트 니그로로 이해하시면 좋을 것 같아요. 중세시대 베네치아의 지배를 받을 때 베네치아 언어로 몬테네그로로 불렀답니다. 과거에 몬테네그로 공화국은 세르비아 공화국과 함께 새로운 유고슬라비아 연방을 구성하였고, 유고연합이 해체된 이후에는 세르비아 몬테네그로 연합을 구성하였어요. 그러나 2006년 5월 21일에 독립을 묻는 국민투표로 독립이 결정되어 6월에 독립을 선언했어요. 몬테네그로 내륙은 크로아티아, 보스니아 헤르체고비나, 세르비아Serbia, 코소보KOSOVO 그리고 알바니아Albania와 접해 있어요. 우리나라와 몬테네그로는 2006년 9월 4일 외교관계를 수립했어요. 몬테네그로의 수도는 포드고리차Podgorica입니다. 이 포드고리차 공항에서 테라 코인의 권도형이 잡혀 수감되었지요. 이제 인천에서 튀르키예 이스탄불을 거쳐 크로아티아의 수도 자그레브로 들어갑니다.

인천, 이스탄불, 자그레브

    인천공항을 출발하여 12시간 정도 걸려 이스탄불 공항에 내려 크로아티아로 가기 위해 두 시간 정도 이스탄불 공항에 머물렀어요. 아니! 이스탄불 공항이 천지개벽을 했어요. 오래전에 터키를 두 번 방문했을 때의 공항과는 전혀 달라요. 인천공항을 벤치마킹해서 기존 공항을 증축하여 인천공항보다 더 크게 지었다고 합니다.

    이스탄불은 동서양이 만나는 교통 요충지입니다. 그러다보니 세계 최대 규모로 공항을 지었어요. 인천공항보다 화려합니다. 게이트를 잘못 찾아가면 한 시간이나 걸릴 수 있답니다. 하드웨어는 인천공항에 견줄 만한데 소프트웨어 면에서는 인천공항을 따라올 수 없어요. 입국수속도 인천보다 느리고 혁대까지 풀라고 합니다. 공항 내에서 와이파이가 되느냐고 안내원에게 물었더니 전광판 밑의 키오스크를 이용하랍니다. 키오스크에서 안드로이드 혹은 아이오에스 중 선택하라고 하고서는 더 이상 진도는 나가지 않고 일시적 오류라는 문구만 뜹니다. 반복해도 마찬가지입니다. 아마 일시적 오류가 아니라 항시적 오류인 것 같아요. 인천공항보다 더 화려하고 최신의 시설들이지만 서비스 면에서는 인천공항을 따라잡을 수 없어요.

    비행기를 갈아타는 데 두 시간의 여유가 금방 지나가는군요. 이제 크로아티아 자그레브 행 비행기를 탔어요. 국내선 비행기처럼 규모가 작아요. 비행 스케줄을 보니 15분 정도면 자그레브에 도착한답니다. 뭔가 이상해

크로아티아 위치

서 살펴보니 튀르키예 이스탄불과 우리나라와의 시차가 6시간이고, 크로아티아 자그레브와는 시차가 8시간이랍니다. 그러면 15분이 아니라 2시간 15분 후에 자그레브에 도착합니다. 제가 8시간 젊어졌어요. 😃

인천에서 이스탄불까지 10시간 정도면 오는데 12시간이 걸린 이유는 아마 러시아와 우크라이나 전쟁으로 좀 우회해서 온 것 같아요. 지난번의 스칸디나비아 반도를 갈 때에도 흑해 중간에서 우회전해서 우크라이나 상공을 통과 예정이었는데, 흑해를 계속 끝까지 통과하여 루마니아Romania, 리투아니아Lithuania, 에스토니아Estonia 상공을 통과하여 헬싱키Helsinki로 가면서 한 시간 이상 더 걸린 기억이 납니다. 아무튼 우리 지구상에서 전쟁은 일어나서는 안 됩니다. 제가 가는 이 발칸반도에서 30년 정도 전에 가장 잔인한 전쟁들이 장기간 계속되었답니다. 지금은 이렇게 평화롭게 오갈 수 있어서 얼마나 행복한지 모르겠어요.

자그레브 대성당

자그레브는 크로아티아의 북서부에 있는 도시로 크로아티아의 수도입니다. 자그레브는 1851년에 캅톨Kaptol과 그라데츠Gradec가 합쳐져서 하나의 도시로 되었어요. 자그레브는 크로아티아 교통의 허브이고 경제, 산업, 행정, 연구의 중심 도시입니다. 자그레브에 크로아티아 인구의 4분의 1이 살고 있어요. 동쪽의 캅톨 지역에는 주로 성직자들이 살았고 자그레브 대성당이 있어요. 서쪽의 그라데츠에는 주로 수공업자와 상인들이 살았어요. 그라데츠와 캅톨은 1851년 옐라치치Jelacic에 의해 하나로 합쳐졌답니다.

1987년 하계 유니버시아드 대회를 유치했고, 2020년에는 규모 5.5의 지진으로 수많은 건물들이 파괴되었어요. 자그레브의 상징인 자그레브 대성당은 탑 하나에 있는 십자가를 잃기도 했어요. 자그레브에 매년 백만 명의 관광객들이 찾고 있어요.

자그레브 시내에 우뚝 솟은 자

자그레브 성당

그레브 대성당으로 발길을 재촉했어요. 자그레브 대성당은 1093년에 헝가리 왕 라디슬라스Ladislas가 착공하여 1102년에 완공된 자그레브 최대 규모의 성당입니다. 크로아티아 전체 인구의 80% 이상이 가톨릭 신자로서 자그레브 대성당은 오랜 역사와 함께 그 웅장한 규모로도 유명합니다. 특히 멀리에서도 눈에 띄는 두 개의 첨탑은 북쪽 탑이 높이 105미터와 남쪽 탑이 높이 104미터로 자그레브에서 가장 높은 건물입니다. 1880년 대지진이 나기 전에는 두 첨탑의 높이가 108미터였어요. 최대 수용 인원은 5,000명이나 됩니다. 자그레브의 상징인 만큼 과거 화재와 지진 그리고 전쟁을 겪는 동안 파손되었지만 다시 고딕양식으로 복구하여 수많은 관광객들이 찾고 있어요.

자그레브 대성당은 성모 마리아를 위해 지었어요. 대성당 바로 앞에 성모 승천상이 있어서 성모 승천 성당으로 불리기도 합니다.

반 옐라치치 광장과 성 마르크 성당

자그레브 시내는 천천히 걸어서 다니기에도 좋은 도시입니다. 자그레브 대성당 맞은편 골목길에 전통시장이 있고 계단 길을 내려가니 뻥 뚫린 광장과 큰 도로가 나옵니다. 큰길에는 전차가 다닙니다.

이 광장이 반 옐라치치 광장입니다. 여유로운 자그레브 올드 타운 관광의 출발점이자 중심이 되는 곳이 바로 반 옐라치치 광장입니다, 이 광장부터는 자동차가 다닐 수 없고 대중교통으로는 유일하게 트램Tram만이 다닙니다. 자동차가 없는 광장과 거리를 걸으니 아주 낭만적입니다.

반 옐라치치 광장과 동상

성 마르코 성당

　광장 중앙에는 광장 이름의 주인공인 반 요시프 옐라치치 동상이 웅장하게 자리 잡고 있어요. 반 옐라치치는 1848년 오스트리아-헝가리 제국 당시 크로아티아의 독립을 위해 앞장서서 싸운 인물입니다. 크로아티아가 공산화되면서 광장의 이름이 공화국 광장으로 변경되었어요. 1991년 내전 이후 독립한 크로아티아는 다시 반 옐라치치 광장으로 부르고 있어요. 광장 한쪽에는 자그레브 도시 이름의 어원인 만두 세바츠Mandu Evac의 분수가 있어요. 반 옐라치치 광장은 자그레브 사람들의 만남의 장소이자 가장 많은 야외공연이 이루어지는 문화 복합 공간이기도 합니다.

　반 옐라치치 광장에서 그라데츠 구역 중심부의 골목길로 언덕을 오르니 화려한 모자이크로 꾸며진 지붕의 성당이 눈에 확 들어옵니다. 성 마르코 성당입니다. 성 마르코 성당은 빨강, 파랑, 흰색의 아름다운 체크무늬 바탕의 지붕이 정말로 예쁩니다. 정면에서 바라보면 아담한 성당 지붕이 눈에 들어옵니다. 지붕 전체가 타일 모자이크로 되어 있어 마치 조립식 블록으로 조립해 놓은 느낌이 듭니다. 화려한 지붕에 문양이 두 개 있어요. 왼쪽에는 크로아티아 최초의 통일왕국인 크로아티아·슬라보니아 달마티아 문장이 있고, 오른쪽에는 자그레브 시 문장이 모자이크로 표현되어 있어요.

성당 내부에는 크로아티아 출신 유명 조각가 이반 메슈트로비치 Mestrovic Ivan의 작품이 전시되어 있는데 화려한 벽화와 아름다운 프레스코화로 유명합니다.

크로아티아의 생활상

크로아티아에는 유럽과 미국에서 많이들 관광을 옵니다. 한국 사람도 많이 와요. 상인들은 기본적인 한국말을 잘해요. 그만큼 한국 사람들이 많이 오고 있다는 증거죠. 크로아티아의 관광은 봄과 여름이 성수기입니다. 봄에 꽃들이 만발하고, 여름에는 아드리아해를 따라 자리 잡은 휴양 도시가 세계의 관광객들에게 손짓을 합니다.

크로아티아의 호텔들은 난방을 잘 해 주지 않는 곳이 있어요. 전기 절약이라는 구실도 있지만 근검절약 정신에 투철한 때문이 아닐까 생각합니다. 호텔 복도에도 전등을 손님이 켜야 밝아집니다. 저는 그것도 모르고 너무 어둡다고 불평했어요. 며칠을 보내고 나니 호텔 복도가 어두우면 벽을 더듬어 스위치를 찾는 노하우가 생겼어요.

러시아와 우크라이나 전쟁으로 러시아가 이태리와 독일 등 유럽 국가에 천연가스 공급을 끊으니 여기 크로아티아에도 난방기구, 보온 물팩 그리고 내의를 엄청 많이 사고 있어요. 여기에도 전기 가스 요금이 인상되었어요. 크로아티아 사람들도 어려운 경제 사정으로 허리를 조이고 있답니다.

크로아티아의 날씨는 여름에는 건조하고, 겨울에는 습도가 올라갑니다. 올해 유럽에서는 만 명 이상이 무더위로 사망했답니다. 스페인이 42도까지 올라갔고, 여기도 42도까지 올라갔답니다. 우리나라보다 더울 때는 더 덥고, 추울 때는 덜 추워요. 지중해성 기후라서 겨울에는 별로 춥지 않아요. 여름에 42도까지 올라가도 습도가 낮아서 그늘에 들어가면 시원하답니다. 여행을 다니다 보면 냉난방이 잘 된 버스 안이 가장 따뜻하고 시원하답니다. 크로아티아의 가정과 호텔에 에어컨이 없는 경우도 많아요. 남쪽 지방에는 겨울에 눈이 많이 옵니다.

10년 전에 자그레브의 인구가 100만이 넘어서 집값과 임대료가

니콜라 테슬라 동판 얼굴

비싸고 교통 체증이 심해져 자그레브 외곽으로 이사를 나가서 지금은 80만 명 정도가 자그레브에 살아요. 우리나라 서울의 집값이 비싸서 경기도로 나가서 서울로 출퇴근하는 것과 같아요. 자그레브의 물가는 한국과 비슷하거나 오히려 더 싼 것 같아요. 화폐는 쿠나 HRK였으나 2023년 1월 유로존에 가입하면서부터 유로를 씁니다.

자그레브 구시가지를 거닐다 보니 유고 내전 당시 폭격당한 건물을 수리하여 결혼식장으로 사용하고 있어요. 이 건물의 외벽에 니콜라 테슬라 Nikola Tesla의 동판 얼굴이 새겨져 있어요. 전기차 테슬라가 생각나죠? 에디슨과 노벨상을 공동으로 받기로 되었는데 수상을 포기한 위대한 발명가이자 과학자입니다. 에디슨보다 더 위대하다고 생각해요. 니콜라 테슬라가 바로 크로아티아 출신입니다. 노벨상 수상을 거부하다니 존경스럽습니다. 저도 저렇게 마음을 비울 수 있으면 참 좋겠습니다. 근데 저는 뭐 하나 이루어 놓은 것이 없어서 비울 것도 없네요.

341

슬로베니아 입국과 소개

크로아티아 자그레브를 떠나 이제 슬로베니아로 갑니다. 크로아티아가 잘 살까요? 슬로베니아가 잘 살까요? 당연히 크로아티아가 잘 살겠죠? 땡입니다. 크로아티아는 일인당 국민소득이 17,000달러 정도 되는데 슬로베니아는 크로아티아의 두 배로 우리나라와 비슷합니다.

슬로베니아는 서유럽 국가와 베네룩스 국가들이 맺은 26개국 셍겐 협정Schengen Agreement에 가입되어 오스트리아나 독일 등으로 갈 때 심사 없이 통과합니다. 제가 크로아티아에 갔을 때만 해도 크로아티아가 셍겐 협정에 가입되지 않아서 국경을 지날 때마다 여권을 가지고 가서 심사를 받아야 했는데, 지금은 그냥 통과랍니다. 왠지 손해 본 느낌이에요. 우리가 아는 서유럽 국가들은 이 조약에 가입했으나 영국과 아일랜드는 셍겐 회원국이 아닙니다. 셍겐 회원국 간에는 무비자로 180일 중 90일까지 한 나라에서 머무를 수 있어요. EU회원국들 간에 유로존 국가들과 비 유로존 국가들이 있어요. EU회원국들이 모두 NATO회원국이 아니듯이 유로존 회원국이 아닌 경우가 있어요.

슬로베니아는 스위스, 프랑스를 지나가는 알프스 산맥의 끝자락에 자리 잡고 있어요.

슬로베니아 위치

이 산맥을 율리안 알프스Julijske Alpe 혹은 줄리안 알프스라고 합니다. 율리안은 줄리어스 카이사르를 의미합니다. 이 지역에는 초지가 많고 서쪽으로 갈수록 산이 높아집니다.

블레드Bled라는 도시에서 30분이면 오스트리아와 이탈리아로 갈 수 있어요. 동유럽과 이어지고 발칸 반도로 이어집니다.

크로아티아를 가로지르는 사바 강Sava River의 길이가 무려 960킬로미터나 됩니다. 사바 강은 율리안 알프스에서 발원하여 자그레브, 보스니아, 세르비아를 거쳐 영어로는 도나우 강Donau, 독일어로는 다뉴브 강Danube River과 합류하게 됩니다.

슬로베니아의 면적은 약 2만㎢로 우리나라 전라남북도를 합친 면적과 비슷합니다. 슬로베니아는 미니 유럽이라고 할 수 있어요. 슬로베니아의 인구는 200만 명 정도로 우리나라 대구광역시보다 좀 적은 편입니다. 슬로베니아에는 겨울에 유럽 사람들이 스키를 타러 많이 옵니다. 아마 스위스가 물가가 비싸서 슬로베니아로 오는 것 같아요.

세계를 다니다보면 수돗물을 마실 수 있는 나라가 별로 없어요. 스위스, 오스트리아와 우리나라 정도죠. 그런데 슬로베니아의 수돗물도 마실 수 있어요. 그만큼 슬로베니아의 자연환경이 깨끗하다는 증거입니다. 한국의 아리수 수돗물도 세계적으로 깨끗한 물임을 알고 자부심을 가져도 좋을 것 같습니다. 크로아티아의 수돗물이 깨끗하다고 해도 저는 생수를 마시겠어요. 왜냐하면 수돗물에 석회성분이 있을 수도 있잖아요.

제가 앞으로 갈 보스니아와 몬테네그로는 샤워할 때 비누가 잘 풀리지 않아요. 석회 성분 때문입니다. 유럽에 대머리가 많은 것은 석회 성분이탈모를 유발하기 때문이랍니다. 슬로베니아사람들은 식사를 할 때에 와인이나 맥주를 많이 마십니다. 그 이유는 석회 성분을 와인과 맥주가 몸 밖으로 배출하는 데 도움을 주기 때문이랍니다. 설거지를 하고 컵이나 그릇을 마른 천으로 닦지 않으면 하얀 자욱이 남아요. 세탁기도 2~3개월에 한 번씩 석회 제거제를 뿌려 주어야 합니다. 배수로에도 마찬가지로 수시로 석회 제거제를 뿌려 주어야 합니다. 저는 이 상황을 세탁기와 배수구의 스켈링이라고 부르겠어요. 이에 비하면 한국의 수돗물은 세계 최고입니다.

　슬로베니아는 대리석으로 집을 지어 아주 튼튼합니다. 길바닥도 대리석으로 깔아 반질반질합니다. 가끔씩 구시가지 도로에는 로마 도로의 상징인 까스활명수 무늬의 도로도 있어요. 오래 전에 로마의 지배도 받았다는 증거이겠죠.

슬로베니아의 경제와 문화

슬로베니아는 1918년 12월 다민족국가인 세르비아-크로아티아-슬로베니아 왕국인 다른 말로는 베오그라드 왕국의 일원이 되었어요. 제2차 세계대전 후 유고슬라비아 사회주의연방에서 1991년 유고슬라비아 사회주의연방의 해체와 내전을 거쳐 독립했음을 이전에 말씀드렸죠?

슬로베니아는 율리안 알프스 산지의 동쪽 산록에 자리 잡은 국토의 대부분이 산지인 고산국가입니다. 북쪽으로 오스트리아, 동쪽으로 헝가리와 크로아티아, 서쪽으로 이탈리아, 남쪽으로는 크로아티아와 국경을 접하고 있어요. 국경의 일부가 남서쪽으로 아드리아해의 피란 만^{Gulf of Piran}과 접하다 보니 크로아티아와 국경의 연안 출구 문제로 갈등을 겪고 있어요.

슬로베니아는 국토 절반 이상이 숲으로 덮여 있어 유럽에서 핀란드와 스웨덴에 이어 세 번째로 숲이 많아요. 라임 나무를 피나무라고 히는데 슬로베니아의 국가 상징이기도 합니다.

로마의 교황 니콜라스 1세^{Pope Nicholas I}는 당시 군주였던 코첼^{Kocel}과 슬로베니아의 젊은이 50명을 초청하여 키릴문자로 된 성서를 가르치고 전파했어요. 키릴문자의 성경은 로마의 학자 콘스탄틴 키릴과 메토디우스^{Constantine Cyril and Methodius} 형제가 편찬한 것으로 발칸반도에 전파되어 슬라브어의 근간이 되었어요. 1550년에는 교육자이자 종교개혁가인 트루바르^{Primus Truber}가 슬로베니아어의 독자적인 문자 체계를 발명했어요. 1584

년에 그의 제자인 유리 달마틴Jurij Dalmatin이 슬로베니아어로 성경을 번역했어요. 자국어로 성경을 번역하면 루터처럼 종교개혁이 일어나는데 슬로베니아에서 개혁교회를 찾기는 참 어려워요. 슬로베니아에도 종교개혁의 시도가 있었으나 가톨릭의 반 종교개혁운동으로 개신교가 쇠퇴하여 가톨릭이 80% 이상입니다.

1797년 베네치아 공화국이 해체되면서 슬로베니아의 일부 영토가 오스트리아 대공국에 편입됩니다. 1848년 프랑스의 2월 혁명을 시작으로 슬로베니아도 혁명운동으로 슬로베니아어를 공식 언어로 지정해 달라고 요구했으나 오스트리아 제국은 묵살했어요. 19세기 후반 30만 명의 슬로베니아인이 미국, 아르헨티나, 독일, 이집트, 오스트리아 지역으로 이주했어요. 1991년 6월 25일 크로아티아와 함께 유고연방으로부터 탈퇴 및 독립을 선언했어요. 슬로베니아는 2004년 3월 29일 NATO에, 5월 1일에는 EU에, 2007년 1월 1일에는 유로화가 공식 화폐로 지정되었어요.

슬로베니아는 1980년 이전에는 산림산업, 섬유산업, 금속산업이, 1980년 이후에는 자동차, 기계, 전자, 제약, 화학 등의 제조업이 발전했어요. 슬로베니아는 알프스, 지중해, 중세도시 등의 풍부한 관광자원을 바탕으로 연간 300만 명 이상의 관광객들이 방문합니다. 슬로베니아의 대표 관광지로는 블레드 호수, 세계 3대 동굴 중 하나인 포스토이나 동굴 그리고 아드리아해에 인접한 중세 건축 해안도시인 피란이 있어요.

슬로베니아의 주요 농축산물은 감자, 홉, 밀, 사탕무, 옥수수, 포도, 소, 양, 가금류 등입니다.

슬로베니아의 문화는 게르만 문화, 라틴 문화, 슬라브 문화가 교차하는 민족 고취의 문화가 특징입니다.

슬로베니아에는 세계 두 번째로 큰 수은광산이 1490년에 발견되어 500년간 수은 채굴로 유럽대륙의 과학, 의학, 기술 개발의 자극제가 되었어요. 1923년 물리학자 프리츠 프레글Fritz Pregl은 유기화학 분야의 미세분석 기술로 슬로베니아의 과학자로는 최초로 노벨상을 수상했어요. 우리나라는 아직 과학 분야에서 노벨상을 한 명도 받지 못했는데, 삼성과 현대자동차 같은 일류기업이 있다는 것은 아이러니가 아닐 수 없어요.

슬로베니아의 수도 류블랴나

'작은 프라하'라는 별명을 가진 슬로베니아 공화국의 수도이자 가장 큰 도시 류블랴나Ljubljana는 로마의 도시 에모나Emona가 있던 곳으로 오스트리아-헝가리 제국의 영향을 받아 전형적인 동유럽의 느낌을 가지면서도 아기자기하고 난잡하지 않은 단아한 아름다움이 있는 발칸 유럽의 핵심 도시입니다. 옛 유고연방 시절 가장 먼저 자유민주주의 선거를 실시하여 동구권의 개혁 바람을 불러일으킨 바가 있어요. 또 지리적 여건상 수많은 전쟁을 치르면서도 건물과 문화재 등이 크게 파손되지 않고 고스란히 남아 있어서 동유럽 발칸반도 여행의 숨은 보석이라고 할 수 있어요. 류블랴나 도심 곳곳에서 크고 작은 문화 행사와 공연이 끊이지 않아 일 년 내내 활기로 가득 찬 에너지 넘치는 도시랍니다.

슬라브어로 류브는 '사랑해, 좋아해'라는 의미입니다. 일설에 의하면 류블랴니차Ljubljanica 강에서 유래했으며 '사랑스러운 모습의 사람'을 의미한다고 해요. 류블랴나 도시의 상징은 용입니다. 중국이나 동양에서 용이라면 이해가 가는데 유럽에서 용이 상징이라니 의아합니다. 꼬리가 긴 용이 아니라 꼬리가 짧은 깜찍한 용이네요. 류블랴나 문장에 성의 탑 꼭대기에 용이 그려져 있어요. 류블랴니차 강에 놓인 다리 중에 용의 다리가 있는데, 이 다리 모서리에 네 마리의 용상이 귀엽고 깜찍한 모습입니다. 또 이 다리에 아담과 하와가 선악과를 따 먹고 에덴동산에서 추방되는 조각물과 반인반수의 조각물이 있는데, 왜 이 자리에 이 조각물이 있는지 잘 모

류블랴니차 강의 다리 　　　　　　다리 네 귀퉁이의 용

르겠으나 볼거리를 제공하는 측면이 있는 것 같아요. 강변으로 재래시장이 있어요. 감을 몇 개 사먹었는데 엄청 답니다.

1529년부터 개신교 공동체가 류블랴나에 있었어요. 이들은 1598년 가톨릭의 반개혁 운동이 시작되면서 추방당했어요. 가톨릭 주교 토마스 크뢴은 마차 8대 분량의 개신교 서적을 공개적으로 불태우라고 명령했어요. 1597년 예수회가 류블랴나에 들어왔고, 1606년 카푸친 수사들이 개신교를 근절하기 위해 그 뒤를 따라 슬로베니아판 분서갱유 사건이 이 도시에서 일어났어요.

1809년부터 1813년까지 나폴레옹이 지배하던 동안 류블랴나는 라이바흐Laibach라는 이름으로 일리리아Illyria 지방의 수도였어요. 1813년에 다시 오스트리아로 넘어갔고, 1815년부터 1849년까지 오스트리아 제국 일리리아 왕국의 행정 중심지였어요.

제1차 세계대전이 끝나고 오스트리아-헝가리 제국 해체에 이어 이 지역은 세르비아-크로아티아-슬로베니아 왕국에 합류했어요. 제2차 세계대전

프란치스코 성당 앞의 프레세렌의 동상

때인 1941년에는 이탈리아가 점령했고, 1943년에는 나치 독일이 점령했어요. 전쟁이 끝난 후 유고슬라비아사회주의연방공화국의 일부인 슬로베니아사회주의공화국의 수도가 되었다가 1991년 슬로베니아가 독립되어 독립 슬로베니아의 수도입니다. 류블랴나의 복잡한 역사만큼 시민들이 겪은 고통을 생각하니 가슴이 저며 옵니다.

류블랴나의 중앙에는 수태고지 프란치스코 성당Franciscan Church of the Annunciation이 있는 프레세렌 광장Preseren Square이 있어요. 프레세렌의 동상이 핑크색 프란치스코 성당 앞에 서 있어요. 프레세렌은 슬로베니아인이 사랑하는 민족 시인이라서 프레세렌의 사망일이 국경일이랍니다. 프레세렌의 동상 위에 목욕하는 듯한 나체의 여인상이 있어서 프란치스코 성당 앞에 큰 나무를 심어 성당이 보이지 않도록 가렸어요. 제가 보니 잎이 낙엽으로 떨어져 성당에서 잘 보여요. 시대가 바뀌었으니 이제 성당에서도 그 여인상을 별로 대수롭게 여기지 않는 것 같아요.

2006년 말부터 운행 중인 류블랴나성으로 올라가는 푸니쿨라Funicular를 타고 류블랴나 성으로 올라갔어요. 류블랴나 성에서 류블랴나 도시를 내려다 볼 수 있어서 좋았어요. 박물관에서는 류블랴나 역사 영화를 보았어요. 성의 언덕길 모퉁이에 위치한 동굴 카페에서 레드와인을 한잔하면서 여독을 잠시 풀었어요.

슬로베니아의 블레드 섬

류블랴나가 사랑스러운 의미를 가졌다고 했죠? 슬로베니아도 영어로 하면 Slovenia인데 중간에 love라는 사랑의 단어가 들어 있어요. 어떤 나라도 나라 이름에 사랑이라는 단어가 들어가 있지는 않을 것 같아요. 아무튼 슬로베니아와 류블랴나는 사랑스러운 나라이자 사랑스러운 수도입니다.

발칸이라는 단어의 의미는 산맥인데 불가리아에 발칸산맥이 있어요. 발칸반도에는 코소보를 포함하면 11개의 나라가 있어요.

오늘은 블레드 성Blejski Grad으로 갑니다. 1855년에 스위스의 의사 가족이 블레드 성에 왔다가 온천수를 발견했어요. 여기서 온천수와 태양 그리고 흙으로 사람들을 치유했어요. 이 소문을 들은 귀족들이 찾아와서 유명하게 되었어요.

알프스 산맥을 병풍처럼 사방에 두른 유럽의 작은 호수 마을입니다. 이 슬로베니아의 작은 호수 마을이 우리나라에는 잘 알려져 있지 않지만 유럽 내에서는 손꼽히는 휴양도시 중 하나입니다. 알프스의 눈동자 혹은 보석으로 불리며, 율리안 알프스의 빙하로 만들어진 아름다운 블레드 호수가 유명합니다.

절벽 위의 성 블레드는 독일 제국의 헨리 2세가 브릭센Brixen의 알부인Albuin 주교에게 1004년에 준 땅으로 오늘날 슬로베니아에서 가장 유명한 호수 휴양 마을입니다.

블레드 호수 너머로 보이는 블레드 성

류블랴나에서 한 시간 정도 달려 호수를 따라 배를 타러 가는데 호수변에 유고슬라비아 시절의 티토 Josip Broz Tito 별장이 우리를 만깁니다. 지금은 호텔로 바뀌었네요. 티토가 영빈관으로 사용하며 외국 국빈을 맞은 장소로 유명합니다. 김일성과 김정일 부자가 여기를 방문하여 2~3일간 머물 예정이었는데 경치가 너무 아름답고 골프장도 멋있어서 무려 15일간을 머물고 갔다고 합니다. 이 빌라 블레드에 김일성과 김정일의 친필 사인이 있었는데 지금은 없답니다.

티토 별장을 지나 호수 기슭으로 가니 작은 플레트나 Pletna 배가 우리를 기다리고 있어요. 이 배는 무동력선으로 뱃사공이 노를 저어서 가는데 역

플레트나 배

사가 250년이나 됩니다. 마리 앙투아네트Marie Antoinette의 어머니이자 쉔부룬 왕궁Schönbrunn Palace의 주인인 테레제Theresia 여제가 40년을 지배할 때 23척의 배를 허가해 주었답니다. 지금까지 그 전통이 지켜지고 있어요. 뱃사공은 대를 이어 운행하고 있어요. 18세 이상만 운행할 수 있어요. 배의 앞머리에는 배 주인 가문의 딸 이름이 적혀 있어요.

이 호수에는 숭어와 민물메기가 많아요. 여기서 낚시를 하려면 라이선스가 있어야 합니다. 슬로베니아인은 270유로면 되지만 오스트리아인이나 외국인은 600달러를 지불해야 라이선스를 받습니다. 하루에 3~5마리 정도로 잡을 수 있는 마리 수가 정해져 있어요.

트럼프 전 미국 대통령과 멜라니 여사가 여기를 찾았답니다. 멜라니 여사가 슬로베니아의 노보 메스토Novo Mesto 출신입니다.

배에 올라 15분 만에 블레드 섬에 도착하니 계단 위에 15세기에 지어진 성모 마리아 교회가 참 아름답습니다. 계단을 오르기 전에 왼쪽 숲길로 블레드 섬을 한 바퀴 돌면서 율리안 알프스 산맥을 감상했어요. 성모 마리아 교회 안에는 1470년에 제작된 고딕양식의 프레스코화와 바로크양식의 가구들이 보존되어 있어요.

블레드 섬을 나와 이제는 절벽 위의 블레드 성으로 갔어요. 블레드 성은

블레드 섬의 성모 마리아 교회와 내부

아랫마당과 윗마당으로 나뉘는데 아랫마당에는 1555년에 지은 인쇄소가 있어요. 이 인쇄소에서 슬로베니아어로 번역된 성경을 인쇄했어요. 인쇄소에서는 현재 방문증을 발급하고 있어요. 물론 유료입니다. 윗마당에는 박물관이 있어요. 사냥칼, 항아리, 접시 등 여러 가지 유물들을 전시하고 있어요.

박물관 2층에 주교 관저가 있는데 이 관저의 화장실에서 볼일을 보며 창문을 통해 보는 풍경이 이 세상에서 가장 아름답답니다. 저도 화장실에 앉아서 그 풍경을 감상하려고 하니 화장실을 유리벽으로 막아 놓았어요. 대신 옆의 창문을 통해 호수 위에 떠 있는 눈동자 닮은 작은 섬이 보입니다. 이 풍경이 화장실에서 보는 세계 최고의 풍경입니다.

윗마당에서 아랫마당으로 내려오며 동굴 카페에 들어가 레드와인 한 잔을 1.5유로에 마셨어요.

크로아티아의 플리트비체 국립공원

크로아티아의 수도 자그레브로 와서 발칸반도의 입국 신고를 하고, 슬로베니아의 수도 류블랴나와 블레드 섬을 보고 이제 다시 크로아티아로 들어왔어요. 크로아티아가 남북으로 길기에 앞으로 여러 번 보스니아 헤르체고비나 등의 나라들을 들락날락 할 것입니다.

카를로바카Karlovacka에서 하룻밤을 묵고, 한 시간 반을 달려 천혜의 자연 풍경을 자랑하는 크로아티아 최초의 국립공원으로 눈발을 맞으며 들어섰어요.

플리트비체 국립공원Plitvice Lakes National Park은 크로아티아의 국립공원 중에서 가장 아름다운 곳으로 알려져 있어요. 공원 입구에 들어서니 함박눈이 내리고 길바닥의 눈은 발목을 덮습니다. 공원 입구 매표소 앞에 3미터는 족히 넘을 만한 검은 곰의 조각물이 반겨 주네요. 답례로 곰 앞에서 사진을 한 장 찰칵했어요. 매표소를 지나니 너도밤나무, 전나무, 삼나무 등이 빽빽하게 자라는 짙은 숲 사이로 형형색색의 호수와 계곡 그리고 폭포들이 원시림의 겨울동화를 연출

플리트비체 국립공원 입구의 곰상

합니다.

플리트비체 국립공원은 자그레브와 자다르 두 도시의 중간에 위치하며 행정 구역상으로는 리카센Lika-Senj 주와 카를로바츠 주에 걸쳐 있어요. 약 19.5헥타르로 서울 절반 정도의 넓이입니다. 유럽 사람들은 이 공원에 오면 3일에서 10일 정도 머무르며 다양한 코스를 즐긴답니다. 플리트비체 국립공원은 1951년에 크로아티아에서 최초로 국립공원으로 지정되었고, 1979년에는 세계자연문화유산에 등록되었어요.

플리트비체 국립공원은 15세기까지는 세상에 알려지지 않았어요. 16~17세기 경에 오스트리아와 오스만투르크가 국경을 나누는 과정에서 이곳에 아름다운 비경이 숨어 있음을 발견했어요. 그 당시에는 이 지역이 험준해서 사람들이 살고 있지 않았어요. 1895년에 이 지역에 호텔이 생기면서 관광 상품화가 시작되었어요.

플리트비체 국립공원은 상류와 하류로 나눌 수 있는데 상류는 백운암 계곡 호수들의 신비로운 색과 울창한 숲의 조화가 가장 신비로운 장관을 연출합니다. 하류는 석회암으로 이루어진 여러 개의 계단식 폭포와 호수들이 있어요. 상류에는 12개의 호수가 있고, 하류에는 4개의 호수가 있어요. 이 공원에 총 92개의 폭포가 있는데 가장 큰 폭포(일명 빅폭포)는 하부에 있어요. 영화 아바타에서 익룡이 밀림 속의 폭포로 가는 장면의 모티브가 바로 78미터 높이의 이 폭포랍니다. 여름 건기에는 수량이 적어 폭포수가 가늘었으나 지금은 우기라서 폭포의 줄기가 굵고 우렁찬 소리를 냅니다. 플리트비체 국립공원 대부분의 물은 Bijela(하얀)와 Crna(검은)강으로부터 흘러 들어오며, 모든 물줄기는 사스타비치Sastavci 폭포 근처에

빅폭포

있는 코라나Korana 강으로 흘러나갑니다.

　날씨에 따라서 코스별로 통제를 하는데 오늘은 눈이 많이 와서 빅폭포에 접근할 수 없을 것으로 예상되었는데 입장이 허용되었습니다. 산길이 미끄럽고 계단이 많아서 좁은 눈길을 걷는데 상당한 주의가 필요했어요.

　플리트비체 국립공원의 상징은 입구에서 함께 사진을 찍은 곰입니다. 이 국립공원과 이어지는 디나르 알프스 산맥은 남쪽으로 650킬로미터나 뻗어나갑니다. 디나르 알프스 산맥의 이름은 1,831미터 높이의 디나라산에서 따온 것입니다.

　눈이 오는 숲속 길을 걸으며 만나는 폭포와 호수의 빛깔이 수시로 바뀝니다. 이렇게 물의 색깔이 바뀌는 것은 물에 포함된 광물질의 유기물에 따라서 다르고, 빛의 각도와 날씨에 따라 빛의 색채가 달라지기 때문이죠. 플리트비체 국립공원 안에 약 300마리의 곰이 살고 있어요. 크로아티아의 5쿠네짜리 동전에 곰이 새겨져 있어요. 2쿠네 동전에는 물고기가 새겨져 있는데 참치입니다. 크로아티아에서 참치를 양식하여 많은 양을 수출하고 있어요. 한국에 돌아가면 참치 집에 갈 때 참치의 원산지를 확인해 보고 싶어요. 만약 크로아티아 산 참치를 만나면 지금의 이 크로아티아를 떠올리며 이 아름다운 플리트비체 국립공원을 생각할 것입니다. 여기 사람들은 참치를 치약처럼 튜브에서 짜서 먹어요. 한국에도 이런 튜브 참치가 있으면 제가 즐겨먹는 참치김밥을 만들 때 참 편리할 것 같아요.

플리트비체 국립공원의 산과 호수

플리트비체 국립공원에는 16개의 청록색 호수가 크고 작은 폭포로 연결되어 아름다운 풍광을 뽐냅니다. 나무로 된 18킬로미터 길이의 인도교는 개울 위를 지나가기도 하고, 개울이 인도교 위를 흐르기도 하는 아주 상쾌한 산책로입니다. 모든 인도교와 쓰레기 통 그리고 안내 표지판은 친환경적인 나무로 만들었어요. 이 공원 안에서는 수영, 취사, 채집, 낚시가 금지되고 애완동물의 출입도 금지되어 있어요.

눈을 맞으며 플리트비체 국립공원을 거닐며 여러 폭포와 호수를 지나오니 아름다운 카페가 따뜻한 커피와 아이스크림으로 저의 몸과 마음을 녹여줍니다. 카페를 나와 배를 타니 눈을 맞는 청둥오리들이 저와 경주를 하자며 배 주위를 헤엄쳐 달려요. 제가 동양대학교에 있을 때 소백산 자락의 청둥오리 백숙집을 자주 갔었는데 식사를 하고 나오면 저수지에 천연기념물로 지정된 오리들이 놀고 있는 것을 보며 항상 그 청둥오리들에게 미안한 마음을 가졌던 기억이 새롭습니다.

자다르의 바다오르간

플리트비체 국립공원에서 나와 인근 식당에 들러 민생고를 해결하기로 했어요. 플리트비체 호수에서는 송어가 많이 잡힙니다. 그래서 점심은 송어구이 정식을 먹기로 했어요. 송어를 그릴에 굽고 튀긴 감자와 함께 주네요. 구운 송어가 삶은 송어에서 물기를 제거한 것처럼 보입니다. 플리트비체 국립공원을 눈을 맞으며 몇 시간을 트레킹해서 그런지 송어구이가 꿀맛입니다. 이제 민생고도 해결했으니 두 시간 정도를 아드리아 해를 따라 남쪽으로 달려 크로아티아에서 가장 아름다운 푸른 아드리아 해를 볼 수 있는 자다르Zadar로 왔어요.

자다르는 크로아티아의 아드리아 해에 접한 자다른 주의 주도입니다. 자다르는 크로아티아의 다른 해안도시와는 달리 육지 쪽에 드넓은 평야 지대가 펼쳐져 있어요. 또 크로아티아에서 가장 오랫동안 지속적으로 인간이 거주한 도시입니다. 자다르에는 올드 타운의 상징인 성 도나트 성당 Church of St. Donat과 파도가 들려주는 음악인 '바다 오르간 Morske orgulje'이 있어요.

자다르는 크로아티아의 대표적인 해변 휴양 도시입니다. 작은 규모의 마을이지만 구도심의 중심부에 많은 볼거

성 도나트 성당

리가 몰려 있어요. 성 도나트 성당, 고고학 박물관, 마리 수도원, 나로드니 광장, 구시가의 청사, 시계탑 등을 둘러보고 바다 쪽으로 걸어가니 크로아티아 자다르에서 가장 유명하고 많은 여행자들이 찾는 곳인 '바다 오르간'이 해변에 설치되어 있어요.

바다 오르간은 광장의 방파제 아래로 들어온 파도와 바람이 계단 아래로 뚫린 작은 통로를 통해 들어와 계단 위쪽의 구멍으로 빠져나오면서 소리가 나도록 만든 신기한 오르간입니다. 피아노와 오르간은 건반이 있고 누가 앉아서 연주를 하는데 바다 오르간에는 의자가 없어요. 연주자는 사람이 아닌 파도와 바람입니다. 그러다보니 똑같은 곡은 한 번도 연주되지 않아요. 참 독창적이죠. 대신 광장과 공원의 경계에 있는 의자에는 피아노 건반의 문양을 넣어 놓았어요.

원형 광장   바다 오르간 해변

바다 오르간 계단 위쪽 광장 가운데에는 대형 원형 광장이 있는데 지름이 22미터입니다. 여기에는 LED전지가 바닥에 내장되어 있어 낮 동안 태양열로 충전하고 해가 지는 순간부터 한밤중까지 아름다운 형형색색의 조명이 들어와 바다 오르간을 빛나게 해 줍니다. 원형 광장에 파란색 피아노 건반 문양도 있어요. 예술에 과학이 접목된 첨단예술의 단면도 보여 주고 있어요.

오늘날 자다르는 달마티아 지방의 역사적 중심지이고, 풍부한 역사문화유산을 가지고 있어서 크로아티아에서 가장 인기 있는 관광지 중 하나입니다. 자다르의 성곽 도시는 유네스코 세계문화유산으로 등재되었어요.

파도와 바람이 드나드는 바다 오르간의 구멍

스플리트의 디오클레티아누스 궁전

　자다르에서 아드리아 해를 따라 두 시간을 달려 디오클레티아누스 궁전Diocletianus palace이 있는 스플리트Split로 왔어요. 스플리트는 아드리아 해 연안 최대의 로마 유적이 있어요. 스플리트는 크로아티아에서 두 번째로 큰 도시로 인구가 20만 명 정도입니다. 달마티아 지방에서는 가장 큰 도시입니다. 이 지역을 달마티아라고 하는데 아마 애완견을 좋아하시는 분들은 알죠? 달마티안 강아지가 바로 이 지역에서 나왔어요.
　세계 3대 진미는 푸아그라, 캐비어 그리고 송로버섯입니다. 송로버섯이 이 지역에서 생산됩니다. 송로버섯은 워낙 비싸서 검은 다이아몬드라고 부릅니다. 송로버섯은 양식이 되지 않아요. 양식이 되지 않는 송로버섯을 어떻게 채집할까요? 송로버섯은 소나무 뿌리 근처 땅속에 서식하고 있어요. 송로버섯 채취를 위해 돼지를 산으로 끌고 가서 냄새를 맡게 합니다. 돼지 코의 위력이 대단합니다. 돼지도 송로버섯을 엄청 좋아합니다. 돼지를 산에 그냥 방치하면 송로버섯을 바로 먹어버립니다.
　검은 송로버섯보다 더 귀한 하얀 송로버섯은 향이 독특하며 11월에만 나옵니다. 11월이 되면 미식가와 세계적인 쉐프들이 뿔다의 모터본에 모여 송로버섯을 이용한 요리대회를 열어요.

로마의 디오클레티아누스 황제는 스플리트 인근의 작은 어촌 바닷가 마을 솔린^{Solin}에서 해방 노예의 아들로 태어나 군대에 들어가 로마제국의 최고위 자리에까지 출세하게 됩니다. 황제를 측근에서 보좌하다가 황제가 죽게 되어 그 뒤를 이어 황제가 되는 뛰어난 인물입니다. 당시 로마는 상당히 개방적이어서 실력만 있으면 평민도 황제가 될 수 있었어요. 디오클레티아누스 황제는 여생을 보내기 위한 도시로 아드리아 해의 바닷가 마을 스플리트를 선택하고 서기 295년에 궁전을 짓기 시작했어요. 10년 후인 305년에 궁전이 완공되자 황제는 황제 자리를 평화적으로 이양하고 은퇴하여 원로의 삶을 보냈어요. 이 궁전에서 6년을 살다가 311년 70세의 나이로 세상을 떠났어요.

스플리트에서 여생을 보내던 디오클레티아누스에게 하루는 로마의 후임 황제가 찾아왔어요. 로마 황제는 그에게 당시 어려운 정치 상황을 언급하며 본국으로 돌아와 정치에 힘써 줄 것을 요청했어요. 그러나 디오

디오클레티아누스 궁전

클레티아누스는 '식물을 돌봐야 해서 갈 수 없다'며 거절했어요. 475년부터 480년까지 디오클레티아누스 궁전에서 서로마 제국의 마지막 황제인 플라비우스 율리우스 네포스도 살았어요. 세상 부러울 것이 없었던 절대 권력자인 로마 황제가 자신의 여생을 위해 고르고 고른 곳이 바로 스플리트입니다.

디오클레티아누스 황제는 그리스의 대리석과 이집트의 스핑크스 12마리를 가지고 와서 꾸밀 정도로 궁전을 짓는 데 애정을 쏟았어요. 황제가 죽자, 박해를 당한 기독교인들에 의해 10마리의 스핑크스 석상의 머리가 파괴되었어요. 궁전은 동서남북 200미터 남짓의 아담한 규모입니다.

세계문화유산으로 등재된 구시가지는 궁전을 중심으로 미로처럼 뻗어 있어요. 구시가지를 그라드 지역이라고 하는데 동문으로 나가니 재래시장이 열리고 있어요. 주민들이 살 수 있는 싱싱한 채소와 과일, 꿀, 생활용품 등을 파는 것을 보니 주민들이 주로 이용하는 것 같습니다.

스플리트는 크로아티아 여행의 백미인 두브로브니크와도 가까이 있어

재래시장

스핑크스

종탑

서 관광객들의 각광을 받고 있어요.

세계에서 가장 웅장한 로마 유적의 하나였다는 디오클레티아누스 궁전과 대성당, 종탑, 황제의 거처, 열주의 광장, 스핑크스, 주피티 신전 등이 있어요.

그레고리우스 닌 동상

　디오클레티아누스 궁전 지하에는 1,700년 전의 건축물이 그대로 보존되어 있어요. 오래전부터 쓰레기가 채워져 아무도 관심을 가지지 않았는데 쓰레기 더미를 제거하니 과거의 모습이 그대로 드러났어요. 지금은 보석과 액세서리 가게들이 입점하여 화려한 상가로 변신했어요.

　디오클레티아누스 궁전의 남문을 통해 들어와서 지하층을 보고 1층으로 올라오니 스핑크스가 있는 광장이 나와요. 이 광장을 지나 북쪽으로 가니 북문이 나오는군요. 디오클레티아누스 궁전에는 4개의 문이 있어요. 북문은 골드 게이트, 동문은 실버 게이트, 남문은 코퍼 게이트 그리고 서문은 아이언 게이트라고 합니다.

　골드 게이트인 북문을 나가면 그레고리우스 닌 동상Gregory of Nin Statue이 우뚝 서 있어요. 그레고리우스 닌은 마르틴 루터Martin Luther보다 앞선 10세기에 이미 크로아티아어로 예배를 해야 한다는 주장을 한 크로아티아 대주교이자 종교 개혁가입니다. 크로아티아 국민들이 그레고리우스 닌을 아주 존경합니다. 우리나라 천주교에서도 1980년대까지 성당에서 신부님이 라틴어로 미사를 드렸어요. 마르틴 루터보다 5~6세기 앞서서 자국어 예배를 주장했어요. 크로아티아어로 된 성경이 16세기가 되어 블레드 성에서 인쇄되었음을 지난번에 말씀드렸지요. 그레고리우스 닌 동상의 오른쪽 엄지발가락을 만지면 소원이 이루어진다는 전설이 있어요. 많은 사람들이 줄을 서서 기다리다 엄지발가락을 만지며 기도를 드립니다. 원래는 이 동상이 열주광장에 있었으나 동상의 크기가 무려 4.5미터에 다다를 정도로 커서 성벽 외부인 북문 앞으로 이동했어요.

스플리트 시 한복판에 있는 디오클레티아누스 궁전은 유네스코 세계문화유산으로 지정되었어요. 지금도 약 9천 명의 사람들이 성벽 안팎에 거주하고 있어요. 궁전 안에는 최신 유행의 부티크, 갤러리, 레스토랑, 바 등이 영업하고 있어요.

그레고리우스 닌 동상

디오클레티아누스는 70세에 세상을 떠날 때까지 이 궁전에 살면서 양배추를 재배하며 행복하게 살았어요. 디오클레티아누스는 후임 황제의 두 번째 임기 제안을 거절하며 "그대의 황제는 나더러 이곳의 평화와 행복을 다른 것과 바꾸라고 감히 권하지 못할 것이오."라고 말했답니다.

최고 권력의 맛을 본 사람이 그 권좌에 대한 복귀 요청을 거절할 정도로 디오클레티아누스 궁전의 생활이 행복했을까요? 디오클레티아누스 황제는 사실 59세에 중병을 앓았어요. 아마 건강상의 이유로 황제 자리에서 스스로 물러나지 않았나 추측해 봅니다. 그리고 복귀 요청에도 마음을 비우고 편안하게 살겠다는 의미도 있겠죠? 또 한편으로는 황제의 자리가 얼마나 힘든 자리인지 체험했기에 다시는 그런 짐을 떠안아서 건강을 악화시킬 필요가 없음을 깨달은 것이겠죠?

보스니아 헤르체고비나의 모스타르

보스니아Bosnia는 보스니아 헤르체고비나의 북부에 위치한 지역을 말합니다. 헤르체고비나Herzegovina와 함께 보스니아 헤르체고비나를 형성하는 지역으로서 중심 도시는 사라예보Sarajevo와 바냐루카Banja Luka입니다.

보스니아 헤르체고비나의 위치

보스니아의 면적은 약 41,000㎢로 보스니아 헤르체고비나 전체 면적의 80%를 차지합니다. 보스니아는 북쪽과 동쪽 국경을 만드는 사바 강Sava River과 드리나 강Drina River 그리고 판노니아 평원Pannonian Basin의 남쪽 국경까지 이르는 지역을 말합니다. 보스니아는 디나르 알프스Dinaric Alps 산맥에 놓여 있다고 보면 됩니다. 남쪽의 지중해 쪽은 헤르체고비나 지역입니다. 보스니아 전쟁이라는 말은 들어보았지만 헤르체고비나는 좀 생소하죠? 보스니아의 정식 국가명칭은 좀 길지만 보스니아 헤르체고비나 공화국입니다.

비잔티움 제국의 콘스탄티누스 7세가 집필한 외교 서적인 〈제국의 경영De Administrando Imperio〉에 의하면 사라예보는 보스나 강Bosna River을 중심으로 형성된 작은 지방인 보소나Bosona가 있다는 기록에서 보스니아라는 이름이 유래했어요.

보스니아 전쟁은 1992년부터 1995년까지 보스니아 헤르체고비나 공화국에서 일어난 국제적인 무장분쟁입니다. 전쟁에 참여한 주요국으로는 보스니아 헤르체고비나와 각각 세르비아^{Serbia}와 크로아티아가 지원하고 주도하는 준국가인 스릅스카 공화국^{Republic of Srpska}과 헤르체그보스니아^{Herzeg-Bosnia} 크로아티아인 공화국들입니다. 일단 나라 이름에서 복잡함을 알 수 있고 전쟁 내용도 복잡하기 때문에 주요 부분만 설명할게요. 보스니아 전쟁은 유고슬라비아 연방공화국의 해체 과정의 한 부분이라고 보면 됩니다. 이 전쟁은 격렬한 전투, 무차별 포격, 인종 청소 및 체계적인 강간 등의 대부분을 세르비아계가 저질렀어요.

제2차 세계대전에서 빨치산 활동을 하여 나치 독일을 물리친 티토^{Josip Broz Tito}가 6개 나라의 유고슬라비아 사회주의 연방공화국을 만들어 대통령이 되어 잘 이끌어 왔어요. 티토는 소련의 스탈린과 결별하고 친미국으로 돌아서서 능란한 외교력으로 비동맹 회의를 주도했어요.

1980년에 티토가 죽고 나자 유고연방의 크고 작은 분쟁이 일어나고 소련의 해체와 동·서독 통일의 영향으로 유고연방의 해체 과정에서 보스니아 전쟁도 일어났어요. 1995년에 미국이 중재하여 3년 8개월간의 보스니아 전쟁이 종식되었어요. 2004년에 모스타르 평화의 상징인 스타리 모스트^{Stari Most} 다리 준공식에 미국 빌 클린턴 대통령, 코피 아난 유엔사무총장과 영국의 찰스 황세자 등이 참석하였어요.

이 평화의 스타리 모스트 다리는 옛날 다리라는 의미가 있어요. 1556년에서 1566년까지 오스만의 건축가인 미마르 하이루딘^{Mimar Hayruddin}의 설계로 네레트바 강^{Neretva River} 위에 지어진 스타리 모스트 다리는 모스타르

건물의 총탄 자국

Mostar 도시의 이름에도 들어 있어요. 모스타르는 '다리를 지키는 사람'이라는 의미입니다. 모스타르의 옛 도시와 스타리 모스트 다리는 2005년 유네스코 세계문화유산에 등재되었어요.

모스타르 도심에 들어서자 아직도 총탄 자국이 선명한 건물들이 도심 한가운데서 그날의 참상을 알려주고 있어요.

모스타르 구시가지와 스타리 모스트 다리 주변에는 카페와 가게들로 유명한 관광지가 되었어요. 입구의 우측 계곡에는 스타리 모스트 다리를 짓기 전에 연습으로 지은 작은 다리와 카페 그리고 콸콸 흐르는 폭포수 외 붉은 석양이 한 편의 아름다운 풍경을 연출합니다. 10분 정도 옛 거리를 거닐다 보면 역사적인 아름다운 스타리 모스트 다리가 우뚝 나타납니다. 다리 시작 부분 왼쪽 모퉁이에 '1993년의 폭격을 잊지 말자'는 문구가 새겨진 돌이 있어요.

스타리 모스트 다리 주변의 경관이 말로 형용할 수 없을 만큼 아름답습니다. 다리를 건너니 잘생긴 개 한 마리가 품위 있게 관광객들에게 모델이 되어 주네요.

모스타르 시내 북쪽 네레트바 강 동쪽에 모스타르 제말 비예디치 Dzemal Bijedic 대학이 있고, 시내 서쪽에 모스타르 의과대학이 있어요. 또 즈리네바츠 공원 Zrinjevac Park 한가운데에 정무문, 당산대형 등의 영화로 알려진

스타리 모스트 다리

배우 브루스 리(이소룡)의 동상이 서 있어요. 이 동상은 인종 간의 갈등으로 찢어진 모스타르 사람들 사이에 다리를 놓을 수 있는 상징적 인물로 중국계 미국인인 브루스 리를 꼽아 모스타르 도시운동의 일환으로 제작되었어요.

메주고레

메주고레 위치

모스타르에서 30분 거리에 있는 성모 발현지로 유명한 메주고레Medugorje에는 성 야곱 성당Church of Saint James the Greater, 평화의 성모상Sanctuary of Our Lady Queen of Peace이 있고, 청동 예수상 무릎의 작은 구멍에서 물이 흘러나오는데, 그 물을 천에 적셔서 아픈 곳에 대면 낫는다는 이야기가 있어요.

메주고레는 보스니아 헤르체고비나 서남부 치틀루크Citluk에 속한 가톨릭교회 소교구의 명칭이자 교구 내에 속한 마을 이름이기도 합니다. 평지보다 200미터 정도 높은 언덕에 가톨릭교회가 있는 작은 마을이 있었어요. 원래 이름 없는 작은 농촌 마을이었는데, 1981년에 이 마을의 여섯 아이들이 성모 마리아를 직접 보았다는 소식이 전해지며 가톨릭 신도들의 순례지이자 성지가 되었어요. 또 관광지로도 널리 알려지게 되었어요.

축구 감독 벤투Paulo Bento의 나라인 포르투갈Portugal의 파티마 성당Sanctuary of Our Lady of Fatima도 아이들에게 성모 마리아가 나타났고 성지가 되어 수많은 순례객과 관광객들이 모여들고 있었어요. 교황 바오로 2세가 방문한 동상도 있었는데 포르투갈 파티마의 축소판이라고 보면 되겠어

성 야곱 성당　　　　　　　　　　　　　청동 예수상

요. 호텔도 종교 시설처럼 운영하는 것까지 똑같아요.

　메주고레는 슬라브어로 '산과 산 사이의 지역'이라는 의미로 실제로 해발 200미터 높이의 산악에 위치하고 있으며, 교구 전체의 인구가 약 4,300명 정도 됩니다. 1981년 6월 여섯 아이들이 마을 외곽의 붉은 돌산으로 된 크르니카Crnica라는 언덕 위에서 성모 마리아를 보았다고 주장했어요. 처음 목격자는 두 명이었으며, 이후 수차례에 걸쳐 여섯 명의 아이들에게 나타나 기도와 평화의 메시지 등을 전했다고 합니다.

　이에 가톨릭교회와 과학 및 의학계에서 다양한 조사가 진행되었어요. 현재까지 가톨릭교회의 공식적인 입장은 부정적입니다. 가톨릭 내부 법규에 따라 해당 교구 주교가 조사하여 1차 결론을 내렸어요. 이곳 주교가 '초자연적인 존재의 발현으로 볼 수 없다'는 결론을 내렸어요.

　교황청에서는 신도들의 메주고레 여행에 대해서 공식적인 순례는 금하지만 개인적인 여행은 허락한다는 입장이었어요. 가톨릭교회의 공식 입장이 성모 발현을 부정했었지만, 일반 가톨릭 신자들은 이곳을 성모 발현

성지로 인정하는 경향이 짙었습니다.

  그러다가 2010년 3월 17일에 교황 베네딕토 16세Pope Benedict XVI에 의해 카밀로 루이니 추기경Cardinal Camillo Ruini을 위원장으로 하는 로마 교황청 산하 메주고레 현상 조사위원회를 구성했어요. 2018년 5월 31일에는 순례자들을 위한 배려가 필요하다고 인정한 로마 교황청이 교황 프란치스코의 지시에 따라 이곳에 교황청 상주 특사를 파견했어요. 2019년 5월 12일에는 로마 교황청이 메주고레 순례를 공식적으로 승인했어요.

  인근에 있는 십자가산의 콘크리트 십자가도 이곳의 명물입니다. 1933년 농작물에 피해를 주는 우박을 동반한 폭풍우가 멈춘 것에 대한 감사의 표시로 14톤의 콘크리트를 사용하여 해발 520미터 높이의 산 위에 콘크리트 십자가를 세웠어요.

  2007년에 한국인이 성모 마리아 동상을 세워 한글로 '한반도에 평화를……'이라는 문구를 새겨 넣었어요. 2007년경에 우리나라 대구에서 신앙심이 깊은 한 여인이 불치병을 앓던 아이를 데리고 이 기도 동산에 와서 기도를 드렸어요. 30일째가 되는 날에 아이가 걷고 말을 하며 깨끗하게 나았어요.

  아이의 아버지가 이 소식을 듣고 바로 달려왔어요. 물론 비행기를 타고 날아왔겠지요. 이 사실을 야곱 성당의 신부님께 알리며 뜻 깊은 일을 하고 싶다고 했어요. 이렇게 해서 이 기도 동산에 성모 마리아 동상이 한국인에 의해 세워져 전 세계에서 치유 기적을 원하는 사람들이 많이 찾고 있어요.

마르코 폴로의 고향 코르출라!

메주고레를 떠나 마르코 폴로의 고향인 코르출라^{Korcula}로 가기 위해 2시간 30분을 달려 오레비치 항으로 갔어요. 아! 뿔사! 아침부터 내리던 비가 점점 더 굵어지더니 오레비치^{Orebic} 항에 가까이 오니 이제는 폭풍이 비와 함께 몰아칩니다. 항구에 연락을 하니 오늘은 코르출라 행 배가 출항하지 않는답니다.

메주고레와 코르출라를 보고 보스니아 헤르체고비나의 네움^{Neum}에 가서 하루를 묵고 다시 크로아티아의 두브로브니크^{Dubrovnik}로 갈 예정이었어요. 날씨로 인해 여정을 갑자기 바꾸기로 했어요. 일단 네움을 거쳐 두브로브니크로 가서 민생고도 해결하고 간략하게 두브로브니크를 스캔하고 네움으로 와서 잠을 자기로 했어요.

예정을 바꾸어 두브로브니크를 향해 가려니 국경을 넘어야 합니다. 그런데 좀 이상한 것이 크로아티아가 남북으로 연결되어 왔는데 이곳에 와서는 중간에 보스니아 헤르체고비나를 거쳐 두브로브니크로 가야 합니다. 우째 이런 일이! 그 이유를 알아보면 원래 네움은 크로아티아의 영토였는데 베네치아의 공격을 막기 위해 보스니아 헤르체고비나의 도움을 받고 그에 대한 댓가로 네움을 보스니아 헤르체고비나에게 주었어요. 지금은 크로아티아가 네움을 돌려받고 싶지만 보스니아 헤르체고비나는 절대로 돌려 줄 수 없답니다. 왜냐하면 만약에 네움을 크로아티아에 양보하면 보스니아 헤르체고비나는 아드리아 해로 나갈 수 있는 길이 없어져 내

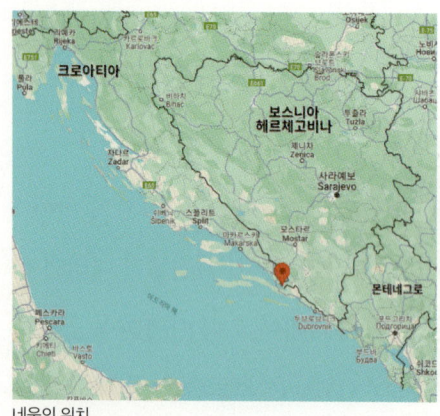
네움의 위치

류 국가가 되기 때문입니다.

따라서 네움은 보스니아 헤르체고비나에서 바다에 닿아 있는 유일한 해안지대입니다. 이 작은 바닷가 마을 때문에 보스니아 헤르체고비나는 아드리아 해로 통하는 약 21킬로미터의 좁은 해안선을 확보하여 내륙국에서 벗어났어요. 네움은 행정 구역상으로는 보스니아 헤르체고비나 연방에 속하는 헤르체고비나 네레트바 주에 속합니다.

오늘은 스케줄이 바뀌는 바람에 좀 일찍 네움에 있는 아드리아 해변의 아드리아 호텔에 짐을 풀었어요. 아드리아 해가 내려다보이는 객실에 테라스가 있어요. 테라스에 앉아 느긋하게 이 지역의 포도주로 여독을 풀었어요. 아드리아 해의 아드리아 호텔이라! 기억에 오래 남을 것 같습니다.

이 작은 바닷가 마을인 네움의 관광수입이 보스니아 헤르체고비나의 수도인 사라예보보다 더 많아요. 네움은 보스니아 헤르체고비나의 귀한 보석이라고 할 수 있어요. 코르출라 섬으로 가려니 아름답고 큰 다리가 나타납니다. 이 다리가 바로 중국 자본으로 2022년 6월에 지어진 펠레샤츠 브릿지 Peljesac Bridge입니다. 중국이 일대일로一帶一路의 일환으로 지은 다리입니다. 중국 자본으로 사회간접자본을 건설한 스리랑카, 파키스탄 등이 경제적 어려움을 겪고 있는데, 이 나라는 괜찮을지 괜한 걱정을 해 봅니다. 아무튼 이 다리를 통해 시원스럽게 아드리아 해를 건너니 기분은

크로아티아와 보니스아 헤르체고비나의 국경선

펠레샤츠 브릿지

좋습니다.

네움에서 다시 코르출라 섬으로 향했어요. 다행히 오늘은 바람이 잔잔합니다. 오레비치 항에 오니 크지도 작지도 않은 배가 기다리고 있어요. 저 멀리 보이는 붉은 지붕의 마을이 바로 코르출라입니다. 약 15분 정도 물위를 달리더니 우리를 작은 선착장에 내려줍니다. 섬 주위를 큰 소나무가 감싸고 있어요. 이탈리아 로마에서 본 소나무와 같아요. 한국의 소나무와는 좀 달라요. 소나무 외에도 지중해성 수목들이 코르출라 섬을 더욱 아름답게 꾸미고 있어요.

구시가지 입구에 계단이 나타납니다. 그리고 계단 위에는 남문이 웅장하게 서 있어요. 코르출라 섬에는 성곽을 따라 건설된 도로를 제외한 모든 도로에 계단이 설치되어 있어서 계단 걱정이 필요 없어서 '생각의 도로'라고 불립니다. 남문을 통해 구시가지로 들어가면 1301년부터 1806년까지 건축된 중앙부의 로마네스크 및 고딕 건축 양식 대성당인 성 마르코 대성당St. Mark's Church, 15세기의 프란체스코회 수도원과 베네치아 고딕 회랑,

섬 주위의 소나무

남문

시민 회의장, 옛 베네치아 행정관궁, 15세기와 16세기 현지 상인 귀족들의 궁전 그리고 대규모 성벽들이 웅장합니다.

두브로브니크성과 차이가 있다면 미니 두브로브니크성으로 불릴 만큼 많이 닮았는데 크기가 작아요. 중앙 길을 걷다 보면 좌우로 골목이 있는데 왼쪽의 서쪽 도로 끝에는 파란 바다가 보여요. 오른쪽 골목 끝은 바다가 보이지 않아요. 아마 해풍과 관련이 있는 것 같아요. 남문과 북문의 중간쯤 오른쪽 골목에 그 유명한 마르코 폴로의 생가가 있어요. 골목 양쪽의 집이 연결되어 있는데 꽤 부유한 집이네요. 마르코 폴로는 부유한 상인의 아들로 태어나 아버지와 삼촌이 상

성 마르코 대성당

마르코 폴로 생가와 생가 앞에 걸린 여행 경로

업을 위해 중국 원나라까지 다녀왔어요. 다시 아버지와 삼촌이 중국 원나라로 갈 때 17세의 마르코 폴로도 함께 떠났어요. 코르출라 섬에서 2년이나 걸려 중국 원나라의 수도 베이징에 도착했어요. 아버지와 삼촌은 코르출라 섬으로 돌아왔지만 마르코 폴로는 원나라에 남아 쿠빌라이 칸으로부터 벼슬을 받아 중국의 여러 곳을 17년간 여행했어요.

쿠빌라이 칸의 공주 코카친이 일한국伊汗國으로 시집을 가게 되는데 이때 안전하게 수행할 사람으로 마르코 폴로Marco Polo가 선발되었어요. 우여곡절 끝에 일왕국에 도착했지만 일한국의 왕은 사망하여 왕의 아들에게 코카친 공주를 맡기고 마르코 폴로는 코르출라 섬으로 돌아왔어요.

17년만에 마르코 폴로는 고향으로 돌아왔지만 코르출라 섬이 소속된 베네치아와 제노바가 전쟁 중이었어요. 마르코 폴로는 제노바의 전쟁 포로가 되어 제노바 감옥에서 감옥 동료들에게 17년간 겪은 이야기를 일일 연속극처럼 들려주었어요. 이 때 제노바 감옥에 함께 수감되었던 피렌체 출신의 루스티켈로Rustichello da Pisa가 듣고 〈동방견문록〉을 펴냈어요. 사실 저자는 루스티켈로인 셈입니다.

  동방견문록에 지팡구가 나와요. 황금으로 된 섬이죠. 아마 지금의 대만 혹은 일본일 것으로 추정됩니다. 콜럼버스가 이 지팡구를 찾기 위해 가다가 아메리카 대륙을 발견하게 되었지요. 아직도 크라출라에는 폴로라는 성을 가진 사람들이 살고 있어요.

  이곳에는 포도주가 유명하고 와이너리가 많아요. CONZUM이라는 마트에 들러 혹시 마르코 폴로 와인이 있는지 물어보았더니 없다고 했어요. 여러 종류의 와인이 많은데 이왕이면 마르코 폴로 와인의 브랜드를 붙이면 더 잘 팔릴 터인데 쬐끔 아쉬웠어요. 마르코 폴로가 베네치아 출신으로 알고 있는데 웬 코르출라 출신이냐고 묻는 분들이 있어요. 그 이유는 당시에 코르출라 섬이 베네치아 공화국의 소속으로 있었기에 베네치아 출신으로 알려진 것 같아요. 베를린 올림픽에서 손기정 선수가 마라톤에서 금메달을 땄을 때, 우리나라가 일본의 식민지였기에 일장기를 달고 참가해 수상을 했지요. 당시로서는 일본 선수로 알려졌겠지요. 마르코 폴로가 크로아티아 사람이었다는 사실을 알게 되었어요.

지상의 최대 낙원 두브로브니크

　오늘은 어제 날씨 관계로 스케줄이 바뀌어 잠시 들렀던 지상 최대의 낙원이라고 불리는 두브로브니크Dubrovnik를 향해 출발합니다. 두 시간 반을 달려 두브로브니크로 왔어요. 웅장한 성벽에서 견고함이 느껴집니다.

　두브로브니크는 크로아티아 아드리아 해를 낀 달마티아 해안의 작은 도시입니다. 두브로브니크는 7세기에 도시가 형성되어 1945년 유고슬라비아 연방의 일부가 되었다가 1991년 독립을 선포한 크로아티아에 속하게 되었어요. 7세기에 해상무역을 중심으로 하는 도시국가인 라구사 공화국Respublica Ragusina으로 시작했어요. 현재 인구는 45,000명 정도입니다.

두브로브니크 위치

　라구사 공화국은 이탈리아의 베네치아와 경쟁한 아드리아해안 유일의 해상무역 도시국가였어요. 9세기부터 발칸과 이탈리아의 무역 중심지로 막강한 부를 축적하여 11~13세기에는 금과 은의 수출항으로 번영하였어요. 15~16세기에 무역의 전성기를 맞았고 엄격한 사회계급 체계를 유지하며 유럽에서 처음으로 노예 매매 제도를 1416년에 폐지하는 등 미국과 영국보다 더 높은 의식을 보여주었어요. 1667년에 큰 지진으로 도시의 많은 부분이 파괴되었다가 나폴레옹 전쟁 때 다시 옛날의 영광을 누렸어요.

  1999년부터 도시 복원작업이 시작되어 성채, 왕궁, 수도원, 교회 등 역사적인 기념물 가운데 크게 손상된 건물들이 복원되었고 옛 명성을 되찾을 만큼 아름다운 해안도시로 탈바꿈했어요. 두브로브니크는 크로아티아 문학의 중요한 부분을 차지하는 달마티아 문학의 보물창고입니다.

  남문인 정문을 통해 성안으로 들어갔어요. 프란치스코 수도회의 수도사들이 세운 프란치스코 수도원이 웅장하며 고색창연합니다. 프란치스코 수도원 앞에 광장이 있고 이 광장에서 북쪽으로 반짝반짝 하얀 대리석이 깔린 플라차 대로 Placa Stradun 와 연결됩니다.

  성 사비오르 성당 Church of St. Salvation 맞은편에 있는 16개 조각이 새겨

프란치스코 수도원

진 오노프리오 분수 Velika Onofrijeva Fontana가 인상적입니다. 이 분수는 1448년에 오노프리오 데 라 카바가 만들어 자기 이름을 이 분수에 붙였어요. 오노프리오 분수는 중앙에 커다란 돔 모양의 석

플라차 대로

조물이 있고 그 아래는 16면으로 되어 있는데, 각 면마다 사람과 여러 동물들의 얼굴 모양의 석조물 입으로 물이 졸졸 흘러나옵니다. 목마른 관광객들이 목을 축이기도 하고 갖고 온 물병에 물을 담기도 하네요. 저도 한 모금 마시려다 멈추었어요. 물은 깨끗하겠지만 물을 바꾸어 먹으면 배탈이 날 수 있기 때문입니다. 동물 머리로 봐서는 원숭이와 곰도 있는데 12지신상은 아닐 테고 나름대로의 의미가 있겠지요.

오노프리오 분수

385

원래 오노프리오 분수는 돔 위에 커다란 조각상이 장식되어 있었으나 1667년의 대지진으로 파괴되어 지금은 그 모습을 볼 수 없어요. 오노프리오 분수의 물은 약 20킬로미터 떨어진 리예카 두브로바츠카Rijeka Dubrovacka에 있는 우물에서 공급받고 있어요. 둘 사이에 놓인 수로는 크로아티아에서 건설된 최초의 수로이며 당시로서는 멀리 떨어진 곳으로부터 물을 공급받는 시설 자체가 획기적이었어요. 로마와 터키에서 수도교를 볼 수 있었어요. 오노프리오가 설계한 또 다른 분수가 중앙로인 스트라둔Stradun의 끝에 위치한 타워에 있네요. 이 분수에는 우아한 돌고래가 뛰노는 장식이 어울리네요.

두브로브니크의 성벽 투어

두브로브니크의 성벽과 구시가지 전역은 1979년 유네스코 세계문화유산 목록에 등재된 도시입니다. 성벽을 비롯하여 역사와 전통을 지닌 건축물들이 보존되어 있어서 세계적인 관광 도시로 각광을 받고 있어요. 도심의 성 블라이세 성당Church of Saint Blaise은 14세기에 건축되었다가 지진과 화재 이후 18세기에 현재의 바로크양식으로 재건축되었어요.

두브로브니크의 대표적인 지역 축제인 여름 축제는 7월 중순에서 8월 중순까지 여름 한 달간 계속되는 60년이 넘는 문화 행사로 공연과 콘서트

두브로브니크의 성벽과 성벽에 감싸인 도시

등 다양하게 구성되어 도시 전체가 함께 즐기는 오랜 전통이 되었어요.

크로아티아의 두브로브니크에 가면 꿈은 곧 현실이 된다는 말이 있어요. 두브로브니크는 아드리아 해의 진주라고 불립니다. 구시가지는 바다를 바라보고 튼튼한 성벽에 둘러싸여 중세의 모습을 간직하고 있어요. 이 아름다움을 지키기 위해 유고 내전 때 유럽의 지성들이 인간 방어벽을 만들어 성이 폭격 받는 것을 막아내기도 했어요.

13세기에 세워진 철옹성 같은 두터운 성벽은 후손들에게 두툼한 보루가 되어 유럽인들이 가장 동경하는 최고의 휴양지가 되었어요. 버나드 쇼는 "진정한 낙원을 원한다면 두브로브니크로 가라!"는 명언을 남겼어요. 두브로브니크를 이틀간 방문했는데 이틀 모두 비가 오네요. 두브로브니크를 떠나기 전에 꼭 해야 할 일은 단연히 성벽 투어죠.

정문을 들어와 왼쪽에서 표를 끊은 후 곧장 위로 올라가서 시계 반대 방향으로 아드리아 해의 성벽 위에 드디어 발길을 옮깁니다. 유럽의 여행자들이 두브로브니크를 찾는 이유를 알겠어요.

두브로브니크의 성벽 길에서 보는 이모저모

두브로브니크의 성벽 길에서 보는 이모저모

  성벽의 길이는 2km, 높이는 25m, 두께는 3m나 됩니다. 성벽에 오르니 아드리아 해가 눈앞에 펼쳐집니다. 우산이 바람에 날려 비를 맞아도 아주 기분 좋은 비로 느껴집니다. 절벽 위에 세워진 성 밑으로 바닷물이 들어와 해자로 연결되어 멀리서 보면 성이 물 위에 떠 있는 것처럼 보여요. 성벽 위에서 내려다보는 골목과 길을 걷고 있는 사람들의 풍경이 왜 두브로브니크가 아드리아 해의 진주라고 불리는지 알게 해 줍니다.

  성벽의 길이 2km 중 1km는 바다와 구시가지 안을 보며 사진을 찍기에 안성맞춤이라 여행객들은 포즈를 취하느라 여념이 없었어요. 가끔 가정집도 만날 수 있어요. 이제 남은 1km에는 비록 바다는 멀어졌지만 두브로브니크성의 진면목을 보여줍니다. 성벽의 높은 전망대와 배경의 뒷산이 조화를 이룹니다. 이렇게 성벽 위를 걸으며 정신없이 사진을 찍다 보니 벌써 두 시간이 훌쩍 지났어요. 성벽 아래로 내려와 오노프리오 분수대 뒤의 유료 화장실에 1유로를 지불하고 들어가 영역 표시를 하고 오늘의 일정을 마무리합니다.

스폰자 궁과 헤르체그노비

두브로브니크를 이틀에 걸쳐 방문해 네움Neum의 호텔에서 아드리아 해를 감상하며 편안한 밤을 보냈어요. 네움은 사우디아라비아가 준비 중인 초대형 프로젝트와 전혀 다릅니다. 네움Neom은 미래의 신도시이고, 네움은 보스니아 헤르체고비나 연방의 헤르체고비나 네테르바 주에 속하는 역사와 전통이 숨쉬는 도시입니다. 네움과 네움이 비슷해서 헷갈렸죠?

두브로브니크를 떠나며 오노프리오 분수에서 시작되는 구시가지의 스트라둔 골목길을 따라가면 북문 근처 좌측에 차분히 자리 잡은 스폰자 궁

스폰자 궁

Sponza Palace이 있어요. 스폰자 궁은 1516년부터 1522까지 해상무역 중심 도시국가인 라구사 공화국의 모든 무역을 취급하는 세관으로 지었어요. 당시 두브로브니크에서 유행하던 후기 고딕양식과 르네상스양식이 혼재된 건물로 건축가 파스코에 밀리체비치Paskoje Milicevic가 건축했어요.

스폰자 궁은 커다란 직사각형으로 되어 있으며 우아한 아케이드와 기다란 고딕양식의 창문 등이 특징입니다. 중앙 홀은 오래전에는 많은 무역인들이 모이는 장소로 사용되었어요. 한쪽 귀퉁이의 부속 건물에는 14세기 국립조폐국과 은행, 귀중품 창고 등이 있었어요.

스폰자 궁은 두브로브니크에서도 아름다운 건물로 꼽히며 1667년의 대지진에도 부서지지 않고 잘 보존되어 있어요. 16세기 말에는 라구사 공화국의 중앙문화센터로 바뀌었어요. 지금은 매년 두브로브니크 여름 축제의 개막식이 열리며 중앙 홀은 미술관으로 이용되고 있어요. 제가 두브로브니크 성을 방문할 때마다 비가 많이 왔는데, 비를 피하는 장소로도 안성맞춤이었어요.

크로아티아를 떠나며 크로아티아를 사랑하게 되었어요. 카타르 월드컵에서 크로아티아가 일본과 모로코를 이길 때 밤을 세워가며 응원했어요. 국가로 독립하여 건국하자마자 월드컵 준우승, 2018년 모스크바 월드컵 준우승, 2022년 카타르 월드컵 3위 참 대단합니다. 인구 4백만 정도로 월드컵에서 이렇게 좋은 성적을 내니 존경스럽고 제가 방문하여 크로아티아와 인연을 맺었고 이제는 크로아티아의 광팬이 되었어요.

이제 크로아티아에서 보스니아 헤르체고비나로 왔다가 다시 몬테네그로로 왔어요. 몬테네그로는 발칸 유럽 남동부에 위치한 유럽 내에서도 작

헤르체그노비 위치

은 신생국가입니다. 과거의 몬테네그로는 세르비아공화국과 함께 새로운 유고슬라비아 연방에서 세르비아 몬테네그로 연합을 구성하기도 했어요. 2006년 5월 21일에 치러진 독립을 묻는 국민투표에서 독립을 결정하여 독립국가가 되었어요. 몬테네그로의 국민 대다수가 정교도이고 이슬람교도, 가톨릭교도 그리고 유대교도 등이 있어요. 몬테네그로는 유로화를 사용해요.

호텔 테라스에서 본 아드리아해

오늘은 헤르체그노비 Herceg Novi 의 아드리아호텔에 여장을 풀었어요. 헤르체그노비는 몬테네그로 남서부 아드리아 해변에 있는 도시입니다. 아드리아는 현지어로 '물고기를 잡으러 간다'는 의미랍니다. 한국어로는 딸이 아닌 '아들이야'가 '아드리아'로 되었답니다. 😄 헤르체그노비는 '새로운 성'이라는 의미의 카스텔누오보 Castelnuovo로 오랫동안 불렸어요.

헤르체그노비는 황토욕과 광물질 온천으로 유명합니다. 또 도시 경관이 다양하고 그림처럼 아름답습니다. 아드리아 호텔의 테라스 아래로 아드리아 해가 펼쳐져 있어요. 호텔의 정문으로 나가 길을 건너면 또 항구가 있고 마트도 있어요. 호텔의 앞뒷면이 바다로 에워싸여 있어요.

밤은 깊어가지만 이렇게 아름다운 해변에서 잠을 자기에는 경치가 너무 아까워서 길 건너 마트에 가서 레드와인을 한 병 사 와서 룸메이트와 블루투스 스피커를 통해 나오는 폴모리 Paul Mauriat 악단의 엘 콘도르 파사 El condor pasa를 듣고 있자니 몬테네그로 아드리아 해의 밤은 깊어만 갑니다.

코토르와 포드고리차

두브로브니크에서 아드리아 해를 따라 남쪽으로 계속 내려가면 몬테네그로 국경을 넘게 되고 호수와도 같은 거대한 코토르 만Kotor Bay이 나오네요. 코토르 만을 둘러싸고 있는 산들이 아주 높지는 않은데 만에 닿은 수로로 물이 콸콸 흘러 엄청난 물이 폭포수처럼 만으로 유입됩니다. 어디서 이 많은 물이 나올까 그리 높지도 않고 산 위에 만년설이 있는 것도 아닌데 신기하게도 만의 경계에서 갑자기 많은 물이 쏟아져 들어옵니다.

만을 따라 꼬불꼬불한 길을 30분 정도 달리니 코토르 고성이 나옵니다. 코토르는 중세 세르비아 네만리치 왕가에 의해 지어진 성벽으로 둘러싸인 신비로운 분위기의 마을입니다. 여러 나라의 통치를 번갈아 받은 수난의 역사를 가지고 있지만 몬테네그로에서 가장 잘 보존된 중세 도시 중 하나로 유네스코 세계유산으로 지정되어 있어요.

코토르에는 고대 로마시대부터 사람들이 정착해 살았고, 유스티아누스 1세Justinianus I 때 이곳에 요새가 건립되었어요. 1002년 제1차 불가리아제국의 통치를 받았고, 1420년에서 1797년까지 베네치아공화국의 지배를 받았어요. 1538년에서 1571년과 1657년부터 1699년까지 오스만 투르크의 통치를 받았어요. 이후에 오스트리아-헝가리제국 등의 지배를 받았고, 제2차 세계대전 당시에는 이탈리아에 통합되었어요. 1945년 이후 유고슬라비아공화국의 몬테네그로 도시로 편입되었답니다. 1979년 몬테네그로 해안 지역에 발생한 대지진으로 구시가의 절반이 파괴되었고, 성 트뤼폰

성문 입구와 입구에 새겨진 큰 별과 숫자

성당Katedrala Svetog Tripuna도 상당히 파괴되었어요.

성 입구에서 입장표를 사서 웅장한 돌문을 들어서려니 성문 앞에 1944년 11월 21일이라는 숫자와 함께 큰 별이 새겨져 있어요. 아마 제2차 세계대전에서 이탈리아를 물리친 승리를 기념하는 문구인 것 같습니다. 아마 얼마 후 유고슬라비아연방을 만든 티토의 작품이 아닐까 생각됩니다.

성안으로 들어가니 고색창연한 건물들과 시계탑 그리고 성당이 아기자기하게 골목에서 맞아줍니다. 시계탑 뒤로는 높은 바위산이 우리를 내려다보고 있어요. 천혜의 요새입니다. 뒤는 바위산, 앞은 코토르 만 바다입니다. 성 트뤼폰 성당이 900년의 역사를 고스란히 간직하고 있어요. 골목길을 따라 피자 가게와 카페도 있고 기념품점도 있어요.

코토르 성을 한 바퀴 돌고 나니 배에서 꼬르륵 소리가 납니다. 성 밖 해변의 아주 넓은 공간에 야외 탁자와 의자가 있는 레스토랑으로 들어갔어요. 토마토와 치즈 그리고 올리브가 예쁜 접시 위에 담겨 애피타이저로 나오네요. 음식의 빛깔이 아주 좋습니다. 메인 메뉴도 푸짐합니다. 마지

시계탑과 성

막 아이스크림 디저트도 일품이었어요.

멋진 해변과 맛있는 레스토랑을 뒤로 하고 스베티 스테판^{Sveti Stefan} 섬으로 향했어요. 꼬불꼬불한 코토르 만을 한 시간 정도 달리니 석양을 받으며 스베티 스테판 섬이 눈앞에 나타났어요. 스베티 스테판은 몬테네그로의 섬이자 리조트로 과거에는 섬이었지만 현재는 본토와 연결되어 있어요. 오래 전 15세기 모습이

트뤼폰 성당

남아 있는 어촌이었으나 1950년대에 마을 주민들이 떠난 뒤부터 고급 호텔들이 들어서면서 몬테네그로 연안에서 유명한 호화로운 휴양지로 바뀌었답니다.

석양을 등진 스베티 스테판

스베티 스테판은 1970년대부터 1990년대까지 마릴린 먼로$^{Marilyn\ Monroe}$, 소피아 로렌$^{Sophia\ Loren}$, 클라우디아 쉬퍼$^{Claudia\ Schiffer}$ 등 여러 유명인들이 즐겨 찾는 휴양지로 인기를 누렸고 지금은 열다섯 개 나라에서 호화 호텔을 운영하는 아만^{AMAN} 리조트에 의해 호텔과 리조트 등으로 재개발되어 운영 중이네요.

이제 크로아티아, 슬로베니아, 보스니아 헤르체고비치 그리고 몬테네그로의 여행을 마무리 하고 포드고리차^{Podgorica}로 가서 비행기를 탑니다. 포드고리차는 몬테네그로의 중심인 제타^{Zeta} 평원의 북쪽에 자리 잡고 있어요. 포드고리차는 바다와 대륙으로 이어지는 여러 주요 도시의 교차로에 있어 몬테네그로의 행정, 정치, 경제, 교통, 교육 및 문화를 대표하는 중심지이자 몬테네그로의 수도입니다. 포드고리차에서 2시간 정도 비행하면 튀르키예의 이스탄불 공항을 거쳐 한국으로 갑니다.

* 본 도서는 2023년도 경희사이버대학교 연구비 지원에 의한 결과임(KHCU 2023-8).

최고 호텔관광대학의 최초 관광학 박사가 쓴
이병원 교수의 지중해 아드리아해 여행 스케치

초판 인쇄 2024년 08월 20일
초판 발행 2024년 08월 26일

지은이 이병원 / **펴낸이** 서대종
편집 서승철 / **디자인** 박정현

펴낸곳 도서출판 담아내기 / **인쇄** 와이엠미디어
주소 서울시 마포구 희우정로 100, 5층 / **팩스번호** 02-6499-7669
등록일 2020년 9월 24일 / **등록번호** 제2020-000259호

ISBN 979-11-972134-5-8 03980

* 이 책의 내용을 허가 없이 전재하거나 복제할 경우 법적인 제재를 받을 수 있습니다.
* 잘못된 책은 구입하신 서점에서 교환해 드립니다.
* 정가는 표지에 표시되어 있습니다.